JN121456

ともに食べるということ

共食にみる日本人の感性

福田育弘
Ikuhiro Fukuda

教育評論社

はじめに

共食というと、なにか無条件にいいこと、やるべきことのように思っていないだろうか。でも、ほんとうにそうしたものだったのだろうか。そんな素朴な問いがこの著作の出発点だ。

この背景には、わたしが長年フィールドとしているフランスでの食事の在り方が、どこか日本の飲食とは違っているのではないかと感じつづけてきた体験がある。食事の内容が違っているのは当たりまえ、食事の仕方が異なっているのも当然。最初はとまどうが、慣れれば問題ない。ただ、同じ共食といっても、なにか違うのではないか。そんな気がしていたのだ。

飲食を文化現象としてとらえた場合、それは単純なモノやコトには還元できない。たとえば、日本人にとって消費量が減ってもお米のご飯は重要な主食だし、フランス人にとってもパンとワインは消費の落ち込みにもかかわらず、あいかわらず文化的アイデンティティを保証する飲食物だ。

それはモノやコト自体というより、人がそれらのモノゴトにどういうイメージを抱き、そこにどのような価値づけをおこなっているかがいかに重要であるかをしめしている。つまり、日本語としてやや生硬な感はまぬかれないが、問題になるのは「表象」なのである。多くの場合、こうした対象や行為への表象は社会である程度共有されているので、「社会的表象」といってもいいだろう。

文化学の要点は、こうしたモノやコトの社会的な表象の研究にある。そうした表象がどう形成され、どのように共有され変遷してきたかを解明するのだ。表象とは対象や行為に関して人が抱くイメージや価値づけだから、人間に焦点を当てれば、それはモノゴトへの感性といいかえられる。そして、多くの場合、日常の生活文化において、こうした表象ないし感性は、まず意識されることはない。その社会に暮らす人びとにとって当たりまえだからだ。

とすれば、文化学は、とくに日常の生活文化を対象とする場合、当たりまえを疑い、その当たりまえが当たりまえになった経緯をあきらかにする研究領域といえるだろう。

当たりまえが当たりまえでなかったことを探求するのは、結構ワクワクする。と同時に、当たりまえが一種の呪縛になっている場合、その呪縛を解くことにもなる。たとえば、現代日本における共食のように。

とくに飲食は、素材や料理から食べ方や食べる行為そのものまでさまざまな価値づけがなされ、強力なイメージが形成される領域なので、飲食においてはモノやコトの探求だけでなく、そのモノやコトが人びとにとってどうイメージされ価値づけられているか、つまり飲食の表象が検討されなくてはならない。あるいは、飲食への感性が問題にされなくてはならない。

ついでに補足しておけば、感性という語に関して、飲食にかかわる人がもつ感性のことを本書では「飲食の感性」として論じている。

というわけで、飲食研究では、他の研究以上に対象や行為の分析だけでは、不十分であることがおわかりいただけたと思う。それが、わたしが飲食の文化学的研究をあえて「飲食表象論」という、あまり馴染みのない表現で呼ぶ理由である。そして、この著作はそんな飲食表象論の共食というテーマでの試みである。

ともに食べるということ ＊ もくじ

第一章　共食と団欒（だんらん）
――共食を楽しむ感性の誕生

第二章　共食の場と共食の軸
――日本人の飲食の感性を考える

第三章　美食と共食
――ガストロノミーあるいは美食はどう語られ、どう実践されるか

第六章　いただきまーす！ アンパンマン

——日本的な飲食の感性を体現するヒーロー

装丁＝中濱健治

第一章　共食と団欒（だんらん）

——共食を楽しむ感性の誕生

一　共食と団欒はどういう関係なのか

「共食（きょうしょく）」というと、みなさんはどんなイメージをもたれるだろうか。複数の人びとがつどい、楽し気に食事する風景を思い描かれるのではないだろうか。いやなイメージや、緊張をさそう場面が連想されることはまずない。そう、「共食」という言葉には、プラスの価値がともなっているのだ。気心の知れた家族や気のおけない友人と、あるいは恋人同士で、食卓をかこむ食事はたしかに楽しい。なごやかな雰囲気が食卓をつつむ。まさに団欒というのにふさわしい時間と空間だ。このように共食は団欒とむすびついて、さらにその価値を増す。団欒としての共食という社会的表象[1]、社会で共有されたイメージと暗黙の価値づけが成立していることがわかる。

そんな団欒としての共食を代表するのが、家族での団欒だ。家族が食卓をかこんで楽し気に食事をする光景は、映画やドラマ、マンガやアニメでもしばしば描かれる。幸せで仲のよい家族関係を象徴する場面だ。食品のコマーシャルでもしばしば家族団欒の食事風景が使われる。そこで食される食べ物や飲まれる飲み物が、あきらかにプラスの価値を帯びるからだ。

しかし、だれかとともにとる食事のすべてがかならずしも楽しくなごやかなものとはかぎらない。いやな上司との宴席、好きでもない相手との会食。いくら食事が美味しくても、そこに団欒はない。共食イコール団欒ではないのだ。

フランスの美食家ブリヤ・サヴァラン[2]（一七五五―一八二六）はすでに十九世紀初頭、日本では明治三十年代に、「食卓の喜び」を十全に味わう条件として、「そこそこに美味しい料理、よいワイン」のほかに、「感じのよい会食者」「十分な時間」をあげている。[3] 極上の料理とそれに合う高級ワインなどといっていないことは意外かもしれない。しかし、「十分な時間」という条件は団欒としての食事をゆったりととるフランス人の言葉として納得できる。ただし、ここでは「感じのよい会食者」をあげていることに注目したい。上司であっても感じがよければ食事は楽しいものになる。好きな相手は感じがいいにきまっているから、なおさらだ。

ところで、日本では、共食はいつから団欒とむすびついたのだろうか。わたしたちは共食というと、かならず楽し気でなごやかなもの、つまり団欒であると思いがちだ。しかし、前述の例からもわかるように、共食はつねに団欒とはかぎらない。さらに、団欒としての共食は、多くの場合、家族の食事にもとめられがちだが、はたして家族の食事はいつも団欒だったのだろうか。ひょっとするとわたしたちは「団欒としての共食信仰」とでもいうべき、ある種の社会的思い込みを抱いていて、自身の飲食行為をやや窮屈なものにしているのではないだろうか。

ここでは、そうしたことを多面的に考えてみたい。

二　共食にもいろいろある

日本で飲食研究を先駆的に主導してきた文化人類学者の石毛直道[4]（一九三七―）は、今西錦司（一九〇二―九二）とそれを引き継ぐ霊長類学研究の成果から「家族とは性と食をめぐって成立した集団である」と要約したうえで、[5]さらに自身の研究をふまえ、人間は「共食する動物」であると定義している。[6]なぜなら、性は基本的に男女のカップルをつなぐだけだが、飲食は家族の構成員全員をつなぐからだ。

しかし、その後の人類の長い歴史のなかで、家族での共食はさまざまに変容し、時代と社会によって異なる形態と意味を生みだしてきたことも、また事実である。

たとえば、石毛直道は、『食卓文明論』で、東アジアにおいては、家族の共食がかならずしも当たりまえではなかったことを具体的な事例とともに紹介している。

石毛は「かつての中国の大家族では、家族が性別の共食集団にわかれ、男女別々に食事をすることがおおかったようである」と述べ、徹底した父系制で、父親を共有する複数の家族がともに暮らす解放前の中国では、複数の妻が食事の準備にたずさわり、男たちがまず食べ、そのあと女性と幼児が食事をしたという。[7]ここには東アジアにひろく浸透した儒教の道徳規範、男女を隔離し、長幼の序を重んじる規範が作用している。

これは中国同様、徹底した父系制の大家族での生活を営む朝鮮半島でも同じだった。いや、石毛によると、さらに男女と世代の隔離は徹底していた。別棟の台所で調理された食事は、家族構成員のそれぞれの居室に運ばれるが、その順番は厳密に決まっており、主婦はまず祖父母と夫のいる部屋に運び、彼らの食事が済んだのちに、別棟の男子に運び、その男子の食事が済んでやっと主婦の食事となる。しかも、主婦の食事の場は、居室ではなく、台所の土間のこともあった。[8]

ここに作用している規範は、家族は共食して団欒すべしという見方とは真逆ともいえる、家族は男女長幼の序をわきまえて別々に食事をすべしという徹底した儒教道徳である。毎日欠かさず摂取される食事は、儒教的道徳を実践し、その規範を身体化する公的な性格をもった儀礼的行為だった。

このような徹底した家族分離食は、朝鮮戦争（一九五〇—五三）後に大きく変化して、朝鮮半島でも家族そろっての共食が多くみられるようになった。しかし、石毛によると、「現在でも、男女別に食事をし、とくに老人は他の家族とは別に食事をする家庭もすくなからずある[9]」という。

では、かつての日本はどうだったのだろうか。

日本では明治になるまえから家族は基本的にともに食事をとっていた。石毛は、その理由として、日本には中国や朝鮮半島ほど儒教思想が一般の民衆までひろく浸透しておらず、せいぜい武士階級の倫理にとどまったこと、さらに明治民法が武士の制度をもとにした父系の家制度を規範にしたため見落としがちであるが、日本は父系と母系をあわせた双系制である点をあげている。

事実、商家では、跡取り息子が無能とされた場合、有能な男子を娘の婿にむかえたり、養子にしたりするなど、民衆のレベルでは、「血族の原理よりも、経営体としての機能が優先[10]」された。

こうして、日本ではかねてより、家族が家庭内で共食をしていたことが歴史的な事実として確認できる。

三　日常のなかの儀礼的行為

しかし、日本ではむかしから家族は共食していたといっても、それはそのまま家族の団欒を意味しない。食事をともにするだけの家庭での共同食は、家庭という共同体のなかば公的な行事であり、個人の楽しみとは異なる役割をになっていた。

それは食具と食事の配膳によくあらわれている。

中世以降、日本人は個人用の小テーブルともいうべき脚のない折敷（おしき）や個人用の膳に各人の料理を分配して食事をしてきた。こうした銘々膳の大きな特徴は、膳の大きさと高さが家庭内の秩序を表現していたことだ。江戸時代になると武家でも町家でも銘々膳は家族の構成によって高さや大きさが異なるのがふつうだった。

左の図は井原西鶴（一六四二―一六九三）の『日本永代蔵』（一六八八年）の「巻六 第二 見立てて養子が利発」の刊行当時の挿絵である。これをみると、床の間の一番近い上座に家の主（あるじ）であり家長である主人が座り、その横に跡取りとなる養子がいて、そのふたりをほかの家族がかこんでいる。ただし、主人の膳が一番高くて大きく、次に高くて大きいのが養子の膳である。ほかの家族の膳はやや低くて小さい。しかも、尾頭（おかしら）つきの鯛の焼き物は主人の前に置かれている。このように食具だけでなく、料理の内容も、家庭内秩序をあらわしていた。毎日の食事は家庭内身分関係の視覚化という役割をになっていたのだ。日本でも、この点では儒教的規範が食事にもちこまれていたのである。

そもそも、家族での共食には、儀礼的な意味があった。社会心理学者の井上忠司は『「家庭」という風景 社会心理史ノート』で、「食事はもともと神前での共食行為である。きわめて厳粛な儀式の時間なのであった」(11)と述べている。

「共同飲食」をちぢめた「共食」という語は本来宗教的意味をもった語であり、『デジタル大辞泉』によると「トーテムやその他の崇拝対象に供物をそなえ、それをともに食べる儀礼。崇拝対象との一体化を図り、集団の共同・連帯を確認、強化する意味がある」とされ、「日本では直会(なおらい)がその一例」とある。直会とは、祭事のさいに神に供えた神酒(みき)や神饌(しんせん)をみなでいただく神人共食の宴会である。

『日本永代蔵』巻6（1688年）（復刻版、山海堂出版部、1937年、国立国会図書館蔵）

事実、かつての日本の家庭では、いただき物があれば、神棚にお供えするのが普通だった。さらに、仏教と神道とが共存する日本では、家庭でも先祖を仏壇にまつり、ご飯が炊けるとまず仏壇にお供えするのが当たりまえだった。

茶道や料理を中心に日本の歴史や文化を研究する熊倉功夫（一九四三―）は『文化としてのマナー』で、次のように述べている。

> 食事の開始が型を失なってきたことも近代化の特徴だ。食事に至る手順は、箱膳時代、チャブ台時代とも、驚くほど整然としていた。飯が炊けるとまず神仏へのお供えから始まった。ほとんどすべての報告に神仏への供物が登場する。(12)

熊倉功夫がここで「ほとんどすべての報告」としているのは、一九八三年から石毛直道が代表となって開始された国立民族学博物館の共同研究「現代日本における家庭と食卓――銘々膳からチャブ台へ――」で実施された家庭の食事に関する詳細な聞き取り調査の二百八十四にのぼる報告事例のことである。

この共同研究には、熊倉功夫や井上忠司のほか、民俗学の芳井敬郎(よしいたかお)、生活学の立場から居住空間や道具の研究をおこなう山口昌伴(やまぐちまさとも)、物質文化論の立場から生活用具の設計・デザインを研究する車政弘、おなじく物質文化論の立場から食物史を研究する植田啓司といった、専門を異にする立場の研究者七名が参加した。この共同研究の成果は、石毛直道と井上忠司の共同編集で、大部の報告書『国立民族学博物館研究報告別冊16号』としてまとめられ、一九九一年に刊行されている。

この調査によって、明治末から大正期を実際に生きた人びとから家庭での食事に関する証言がひろくえられたことはまことに貴重であり、この調査結果は、その後、この共同研究に参加した研究者たちがそれぞれの著作や論文で活用しているだけでなく、多くの近代日本の飲食研究関連著作で援用されている。その意味で画期的な研究であった。

この調査結果はさまざまな視点から前掲の『報告』で分析されているが、その基本的な枠組みは、「箱膳」という銘々膳を使用していた時期、チャブ台という坐式の食卓を使用していた時期、椅子式のダイニングテーブルを使用している時期の三つの時期に分けて、そこでの食事の在り方とその変遷をあとづけるというものである。

ちなみに、これまでの通説では、一般家庭の箱膳からチャブ台への転換期は、都市部でサラリーマン世帯が増加し、農村でも政府主導で「生活改善運動」が展開された明治末から大正初期、チャブ台からテーブルへの移行は、ダイニングルームを組みこんだ公団住宅が建設されだした昭和三十年（一九五五年）ごろとされていた。しかし、この調査により、それぞれの実際の普及はそれより遅い時期であり、チャブ台の普及は大正後期の一九二〇年代から昭和初期の一九三〇年代、テーブルの浸透は一九六〇年代から七〇年代であることが判明した[13]。

井上忠司は、このずれについて、「世相・風俗をうんぬんする識者の多くが、きまってその初期の流行現象に着目するように、チャブ台やテーブルをめぐっても、もっぱら初期の流行現象が語られてきたようである[14]」と述べている。生活文化においては、新しい現象は過大に語られる傾向にあることがわかる。新しいものが当たりまえになるのは、新しさがなくなって、ことさら語られなくなる時期であると考えていいだろう。文化研究において重要な視点である。

さて、まず団欒としての共食を考えるにあたって、この調査の報告事例からみえてくるのは、かつて家庭内の共同飲食は、なかば義務としての儀礼的性格を有していたという事実である。楽し気な団欒とはほど遠い、やや緊張感をはらんだ共食の在り方である。

四　しつけの場でもある家庭の共食

家庭内共同飲食が儀礼的な性格をもっていたことは、比較的新しく家庭の一員となった子どもにとってより大きな緊張感をあたえていた。食事の場は、しつけの場であったからだ。熊倉功夫は「食事は箱膳時代から厳しいしつけの場であった」と述べ、食事の基本は、「箸づかいと姿勢、さらに沈黙である」(15)と説明している。

箸づかいのしつけが厳しかった事例として、熊倉は兵庫県の大正二年（一九一三年）生まれの女性の証言を引いている。

「箸の上げ下ろしについては厳しくしつけられていて、一般にいけないとされる〝ねぶりばし〟〝さしばし〟〝さぐりばし〟〝寄せばし〟などはもちろん、汁を飲む時には箸を置くようにということまで注意されていた。食べる順は、まずご飯を食べ、次にみそ汁をのみ、おかずを食べる。とにかく間にご飯を入れるように言われていた。(16)」

最後の箸づかいのタブーは、菜から菜へと移ってはいけないとする「移り箸」である。これは昭和三十年以前には教科書にも載っていた、やってはいけない箸づかいだったが、その後の副食の増加とその摂取の栄養学的奨励によってタブーではなくなってきている。食事作法が時代と社会で変化する好例である。

しかし、ほかのタブーはテーブルが主流になったいまでも残っている。ただ、チャブ台時代は、「汁を飲む時には箸を置く」という記述にみられるように、箸づかいはいま以上に厳しくしつけられていたことがわかる。まだあまり箸を上手に使いこなせない子どもには、食事は緊張感のある場であったにちがいない。団欒どころではない。

さらに食べる姿勢にもうるさかった。二百八十四の報告事例を量的に分析した井上は、箱膳時代とチャブ台時代を通じて、総じて食べるさいにもとめられた姿勢を数値化している。箱膳時代に適正とされた姿勢の第一位は正座である。この時代には八二・八％の人が正座をもとめられており、チャブ台時代でも八二・三％と高い。しかし、椅子にちゃんと座るという意味での正座の要求度合いは、テーブル時代になると一七・六％に低下する。[17] 低い箱膳やチャブ台を前に座って美しく適切に食べるには、正座が要求されるが、椅子に座るテーブルでは、座り方にさほどうるさくなるのは納得できる。

正座での食事は、畳に坐して食事をとっていた時代の基本姿勢であった。これもいまからみれば当時の食事が共同でとられていたとはいえ、くつろいだ団欒の場でなかったことを思わせるマナーである。

しかし、なによりもわたしたちにとって家庭での食事が団欒でなかったと感じさせるのは、食事中の会話の禁止である。

井上の数値化によれば、なんと箱膳時代、「会話は厳禁」の割合は八三・三％にものぼる。「静かにならよい」一九・四％、「話してもよい」は二四・一％、ともに高くない。ただし、「会話は厳禁」「静かにならよい」「話してもよい」の三つの数値は、チャブ台時代は、それぞれ三二・四％、一三・二％、三六・八％、テーブル時代は、五・〇％、一五・〇％、六二・五％と変化している[18]。チャブ台時代は、食事中の会話厳禁の家庭がまだ三分の一ほどある一方で、三分の一強の家庭では会話がみとめられている。さらに、テーブル時代になると、会話は過半の家庭でみとめられ、会話の厳禁は少数の例外となる。

団欒はそこに参加する人間の自由な発言が前提となって成立すると考えていいだろう。したがって、この食事での会話の禁止は、かつての食事がおよそ団欒とはほど遠かったことを如実に物語っている。

さらに、このしつけとしての食事に拍車をかけたのが、会話がある場合、それは家長である父親からの説教や小言であったことだ。

熊倉功夫は、さきほどの国立民族学博物館の共同研究で実施された調査から、「食事のすんだ直後にねころぶな。牛になる」「大声はいかん」「腹巻きをせねばいかん。冷やしたらいかん」とか、あるいは「悪いことをするな」「勉強をしっかりやれ」「夜遅くまで遊んではいけない」といった具体的証言をいくつか引きながら、「ほとんどが教訓であり説教であった」とまとめている。[19]

家族による共同の食事は、飲食作法を教え込む場であるだけでなく、一家のあるじであり、生活経験のある父親が、子どもたちに、生活上の教えや規範を伝える場でもあった。

この調査内容の質的な面からの分析を担当した芳井敬郎は、当時おこなわれていた家族の食事を「薄暗い光りの下で、ただ黙々と食物を口に運んでいただけ」と証言している報告事例を紹介している。[20] そして、会話があるとしても、それは父親の説教や小言だった。しつけをともなった暗い食事はいっそう暗くなったにちがいない。

家庭の食事は家族がそろった共食の場ではあったものの、現在のような団欒ではなく、生命維持の義務的営みであり、さらにそのうえで家庭内秩序を確認する儀礼であり、子どもを厳しくしつける家庭内身体教育の場であった。

五　外からやってきた男女参加の食卓という感性

これまでみてきたように、家庭内の日常の食事は団欒とはいいがたいものだった。しかし、そうではない食事もあった。なにか家庭内の祝い事があるさいの晴れがましい食事、日常のケの食事に対するハレの食事である。

といっても、戦後の家庭のように、誕生日とかクリスマスを祝う習慣はないので、そうしたハレの食事とは戦前まではおこなうのが習わしだった結婚の宴や、正月やお盆をはじめとした行事にともなった食事であった。こうした食事では、普段食べられないご馳走が供され、年長者中心とはいえ一定の団欒があったと推測できる。

しかし、なんといっても食事が楽しいひとときとなったのは、家庭外での食事だった。たとえば、行事食でもある祭事の食事。ここでは家族を越えた地域共同体の人びとが共同飲食をおこなう。それは楽しい食事だったにちがいない。

ただし、どちらかというと主役は一家の男たちであり、祭事の最後に神にささげた酒であるお神酒を神にささげた食物である神饌とともに食べ飲む、神人共食の儀式である直会(なおらい)を起源とする祭りでの酒宴も、酒宴の料理を準備するのは女性だが、そこに参加して楽しむのは男性だった。(21)

そもそも、日本では宴席となると、酒が主体となる。日本酒は日本人の主食である貴重な米をさらに手間暇かけて醸したものである。だからこそ、民俗学者の柳田国男(一八七五―一九六二)は、酒は特別なときに集団で徹底して飲んで酔いつぶれるのが礼儀だった、と『明治大正史 世相篇』で述べている。(22) ここには、主食を基本的なアルコール飲料の材料にしてきた日本の飲食文化の特殊性がある。そして、多くの場合、酒の共飲空間から女性は排除されてきた。

明治以降の近代化のなかで、外食産業が次第に発展し、外食が都市住民のあいだで徐々に広がっていくが、その主体も、社会にでて仕事をしている男性だった。これは近代以前も同じである。江戸時代、料亭や遊郭にかよって食事や性を楽しんだのは、もっぱら男性だった。

明治大正期の教科書を綿密に検討して家族団欒の実態を考察した家族関係学が専門の表真美は『食卓と家族　家族団らんの歴史的変遷』で、明治期の家事科（現在の家庭科）教科書群には「美味しくて楽しい家庭の食事によって、夫の外食をやめさせる旨の記述が複数みられた」[23]と述べている。たとえば、戸野みちゑ『家事新教科書』（大正二年〔一九一三年〕）には、「時には宅の料理まずしとて外にて食事する主人あるを聞く、主人の不心得もさることながら、主婦の罪も亦軽からざるなり。注意すべきことなり」[24]とある。教科書がやめさせる必要があると感じたほど、当時の夫たちは外食を頻繁におこない、家庭での食事をないがしろにしていたことがわかる。そんな外食に、当時の女性の参加はありえなかった。

しかし、明治になり、政府高官や財界人は、外国人とつきあう必要が生じた。当時、欧米の社交は婦人同伴が基本だった。こうして、当時の上流階級の人びとは、西洋風の食事に洋装の男女が参加する宴席を頻繁にもうけるようになる。その象徴が一八八三年（明治十六年）に建設された鹿鳴館である。

そこでは、西洋料理とワインが提供され、西洋人の高官をまねいて連夜の華やかな夜会が繰り広げられた。もちろん、日本側も男女が参加した。いや、むしろ主役は、西洋の夜会同様、女性たちだった。とくに人目を引いたのは、当時欧化政策を推進し、鹿鳴館の建設を発案した外務卿井上馨の夫人武子と、のちに外務大臣となる陸奥宗光の妻亮子だった。

フランス軍の軍艦艦長としてたまたま日本にいた作家のピエール・ロティは、鹿鳴館の夜会に参加して、日本人女性のダンスや身のこなしのぎこちなささをあざ笑っているが、料理とワインの見事さは素直にみとめている。(25)

行き過ぎた欧化主義が批判されることの多い鹿鳴館だが、不平等条約改正をめざして日本が欧米列強に劣らぬ文化国家であることをしめすための涙ぐましい努力の一環だったことは忘れてはならない。

こうした食卓の欧化はハレの舞台としての食卓に女性が参加する道をひらいた。明治以前の日本の伝統的な飲食文化は男性中心だった。しかし、西洋料理には女性も参加できる。いや、女性が中心でさえある。こうして、日本料理による宴会はあいかわらず男性中心だが、西洋料理のでる宴席は男女がともに参加するという外食の男女振り分け構造が明治期に上層階級でかたちづくられていく。

歴史学者の前坊洋（まえのぼうよう）は、こうした明治期の西洋料理の在り方をこまかく分析し、外食での西洋料理が結果として男女共食をもたらしたと結論づけている。(26)

このような男女振り分けの外食という構造は、フレンチ・イタリアンに女性がつどい、居酒屋に男性がたむろするという現代にまでつながる飲食文化の日本的な構造である。日本では、伝統的なものは男性が占有する傾向にあり、そのため新しいものは女性によってになわれ、それが女性のアイデンティティ形成の要素となっていく。(27) これは多くの分野でみられる現象だが、飲食文化もその例外ではない。むしろ、先駆的事例といえるだろう。(28)

六　外食でつちかわれた家族で食事を楽しむという感性

ただし、これはあくまで社会の上層のことにすぎない。しかも、男女が参加して、社交をめざした宴席ではあっても、それは本当の意味でのくつろいでうちとけた団欒とはいえなかっただろう。しかし、やがて大正中期から昭和初期にかけて、東京、大阪をはじめとした都市に西洋料理を日本化したカレーライス（当初はライスカレー）やオムライス、トンカツやコロッケといった洋食を食べさせる店が広まると、外食を家族で楽しむ行動が定着し、食事を家族で楽しむ感性が醸成されてくる。

こうして、大正時代になると、盛装して家族連れで日比谷公園にでかけ、「日比谷 松本楼」で洋食を食べることが市民の憧れになる。[29]「松本楼」は、明治三十六年（一九〇三年）に日比谷公園が開園するさいに、料亭「松本楼」を銀座で営んでいた小坂梅吉が開店した店で、当時めずらしかった洋食で話題になっていた。日本初の洋風近代式公園ということで、小坂は洋食店にしたのだと思われる。

このような過程で、西洋風宴会を受けつぐ洋食店が家族で楽しく外食する空間としてイメージされ、そのような空間として価値づけられていった。家族で共食するという社会的な表象は、洋食店という非日本的な飲食空間でこそ可能となったのである。

それは裏をかえせば、伝統的な日本料理をだす外食空間がいかに男性中心主義であったかを物語っている。事実、高級な和食店では女性が給仕をし、多くの場合、宴席ともなれば芸妓をよぶのがふつうだった。また、大正期から昭和初期に隆盛をきわめる「カフェー」も、女給をおいて、女給のサービスで男性客をひきつける男性中心の外食装置であり、現代のキャバレーやキャバクラに近い飲食空間だった。

こうした女性による給仕は日本人には当たりまえかもしれないが、フランスをはじめとした西洋諸国ではカフェのギャルソンにみられるように、給仕がもっぱら男性の仕事であることを考えると、この当たりまえも日本的な当たりまえだと気づく。

そんな男性中心主義的な飲食文化のなかで、ちょっとめかして外食を楽しむという行動と感性を庶民にまで広め、より身近なものにする画期となったのが、明治後期に開店し、大正末期（大正十二年［一九二三年］）の関東大震災で改築されて規模を拡充した百貨店の食堂だった。「三越」や「高島屋」といった日本の老舗百貨店は明治後半から大正時代にかけて呉服店から転身してできたものだった。

そんななかで、はじめて百貨店に食堂をもうけたのは日本橋の白木屋である。明治三十六年（一九〇三年）の改築のさいに子ども用の遊戯室をつくり、翌年にしる粉、そば、すしの店ができる。東京にある店の出張店だった。その後、多くの百貨店がみずから経営する食堂を店内にもうけるようになると、提供する料理も和から洋と次第に多彩になり、百人以上の収容人数をもつ大規模なものになっていく。(30)

百貨店自体は西洋起源の総合商店であるが、百貨店の食堂は日本的な設備だった。それは当事者たちにもはっきり意識されていた。というのも、日本の百貨店は「家族の行楽の場として利用されて[31]」いる点に大きな特徴があったからである。子ども連れの家族がゆっくり買い物をして、楽しく半日を過ごすには、老若男女が食事できる食堂が必要だった。まだ核家族化が進行していない三世代同居の世帯も多く、祖父母をともなった買い物もすくなくなかったからだ。大人をふくめた子どもから老人までが食べられる料理をだす、和洋なんでもありの百貨店の大食堂は、まさにそうした需要にうってつけの外食装置だった。

その意味で、先駆的に百貨店内に飲食店をおいた「白木屋」が、まず子どもの遊戯室をつくり、ついで飲食店を開店させたのは、家族そろっての行楽の場という、当時の百貨店の在り方を象徴している。

人口に膾炙（かいしゃ）する「お子様ランチ」も、まさに日本の百貨店の家族の行楽の場という性格をよく物語っている。お子様ランチのはじまりは昭和五年（一九三〇年）の三越日本橋本店の「お子様洋食」とされる。その後、昭和十年（一九三五年）の食堂改築のさいの「御子様献立」にはじめて「御子様ランチ」という名称が登場する。「御子様献立」には、「御子様ランチ　三十銭、オムレツ　十五銭、チキンライス　十五銭、ハヤシライス　十五銭、御子様弁当　三十銭、御子様寿シ　二十銭」のほか、「おしる粉　八銭、アイスクリーム　十五銭、コ、ア　五銭、フルーツ　五銭」といった子ども向けの甘味や、さらには「子供パン　十銭、赤ちゃんの御菓子　五銭[32]」まであって、なかなかきめのこまかい配慮がうかがえる。

こうして、デパートの食堂は家族連れの人びとが楽しく共食する場という感性をはぐくんでいく。すでに検討した国立民族学博物館の調査結果によれば、当時は箱膳とチャブ台が拮抗し、やがて都市部を中心にチャブ台が過半になっていく時代だった。家では、あいかわらず家長の監視のもと沈黙を強いられる義務的で儀式的な家族の共同飲食が繰り広げられていた。その一方で、買い物のさいに訪れる百貨店の食堂では、家族そろっての食事が楽しまれるようになってく。

こうした家族での外食がひろく庶民にまで浸透するのは、西洋料理が洋食として大衆化する大正末期から昭和初期のことだった。

七　家族での外食を応援した飲食ガイド

ところで、このような家族での外食を手助けしたものがある。昭和初期にさかんに刊行された、いわゆる「食べある記」である。

これ以前にも、「江戸案内」とか「東京案内」というたぐいの案内書は何冊も刊行されてきた。ただし、それらは基本的に江戸や東京を訪れた旅行者向けのガイドブックだった。ところが、「食べある記」は、大正期に大都市に形成された俸給生活者や官吏などの近代資本主義社会の中産階級、いわゆる「新中間層」に向けた案内書、しかも飲食店に特化した案内書だった。ここにこれらの「食べある記」の近代的な性格がある。

いいかえれば、このような都市住民向けの飲食案内が必要になるほど、当時の大都市の都市空間には急速に多様なジャンルの多彩な飲食店が展開しつつあり、そこにつどい食べ飲みたいと思う人びとがたくさんいたということにほかならない。

そして、この時代の飲食文化の大きな変化とは、ここまで検討してきたように、外食が家族で楽しむ娯楽となったことだった。高級なフレンチからファミレスまで、外食の楽しみが当たりまえとなったいまでは気づきにくいが、家族での外食が多くの人びとに広がりをみせたことは特筆しておいていい。

その嚆矢(こうし)ともいえる著作が、昭和四年（一九二九年）に出版された時事新報社家庭部編の『東京名物食べある記[33]』である。

事実、このあと、明治大正期にジャーナリストとして活躍し、食通としても有名だった松崎天民（一八七八―一九三四）の『京阪食べある記』（昭和五年）、その姉妹編『東京食べある記』（昭和六年）、白木正光編『大東京うまいもの食べある記』（昭和八年）が相次いで刊行され、いずれも版を重ねている。じつは、白木正光は日刊紙『時事新報』の編集局員で、『東京名物食べある記』の「はしがき」を執筆し、この著作のもとになった取材にもSとして参加している。

もともと、『東京名物食べある記』は昭和三年五月から昭和四年六月まで『時事新報』に連載された記事を編集したものだ。取材は、基本的に家庭部同人のMとHに編集局のSとイラスト（マンガ）

担当の久夫をくわえた四人によっておこなわれ、ときに久夫の代わりに小武やNが参加している。そのほか、Kという記者も何度か登場している。記事はMとHがおもに執筆を担当し、久夫や小武の軽妙なイラストとともに話題になった連載は、単行本として刊行されると好評を博し、こうしたジャンルのモデルとなる。

『東京名物食べある記』のもとになった連載は、百貨店の食堂めぐりからはじまっている。初回は松屋、第二回は高島屋で、第六回の読者からの投書をのぞいて十回まではすべて百貨店の食堂を取りあげている。その後も、第十四回は銀座松坂屋の食堂、第十三回はほてい屋（のちに買収され伊勢丹新宿店の一部となる）の食堂をあつかっており、連載二十三回中なんと十一回、つまり半分近くが百貨店の食堂に関する記事である。

なぜか。それは家族でくつろいで、ほどほどの出費で、それなりのものを食べられるからにほかならない。このことは本文の記述からもうかがえるが、著作としてまとめたさいにつけくわえられた冒頭の「はしがき」にある、震災後に多数出現した飲食店が「果して真に家庭人の享楽に価いするか」(34)という問いかけに明瞭である。

家族での共食空間をより快適なものにしたいと思っている記者たちは、料理やサービス、女給の服装などにもいくつか忌憚のない批判をくわえている。彼らの指摘で改善された点もいくつかあったようで、連載にはあった批判が単行本では削除されている例が複数ある一方で、「ほてい屋」の項の末尾には、女給の不潔な服装や店の雰囲気が増築にともなって改善された、という注記がある。

しかも、それらはすべて百貨店の食堂に関するもので、彼らの連載がいかに読まれ、また不特定多数の顧客を相手にする百貨店が店の評判と改善にいかに気をつかっていたかがよくわかる。いってみれば、彼らは家族共食主義の支持者であった。だから、彼らがいわゆる食通ではないのは当然であったし、食通を気取る必要がないことも自覚していた。

この企画に参加している面々には共通点がある。「左利きではない」ところだ（「東西珍味いかもの会」[35]）。つまり、下戸のHだけでなく、彼らは総じて酒好きではないのだ。夜に銀座のバーをめぐったおりや（「近代風景酒場のぞき」[36]）、著作で追加されたと思われる横浜のダンスホールやバーめぐりでは（「横浜踊り場」[37]）、アルコール飲料を飲んでいるものの、メインとなる食べある記では、取材が昼ということもあって、酒を飲んでいない。鰻や鍋、すしやドジョウといった日本酒が欲しくなる料理であっても酒を飲んだ形跡はない。

この酒を飲まないという彼らの姿勢は、女性や子どもも参加する家族的な共食という視点からは非常に重要だ。なぜなら、すでに述べたように、日本の食卓では、酒があると、酒が主役になり、男が中心となるからだ。料理は酒の摂取を美味しく長く飲むための補助手段になってしまう。家庭でも、父親がおかずをつまみに晩酌をして、家族は食事という光景はいまでもみられるだろう。貴重な主食を使って作った日本酒に深く刷り込まれた慣習と感性である。

だからこそ、老若男女の参加する共食空間では、少なくとも日本では、一度酒と食事が切り離される必要があった。そのうえで、現在のように日本酒がワイン化して食中酒になれば、つまり主役ではなく食事の一部となれば、アルコール飲料も共食空間にその位置をえることができる。[38]そのとき、アルコール飲料の役割は酔いではなく、ましてかつて推奨されたように酔いつぶれることでもなく、食事をより美味しくするためのものになる。ワイン産国でワインが料理に合わせて適切に選ばれるように。

八　伝統的な食通言説にあらがう

単行本となった『東京名物食べある記』では末尾のほうに置かれた「読者からの横槍」は、連載では初期の第六回に登場している。ここでいささか飲食にうるさい読者からの投書が紹介され、そこでは「SさんもHさんもMさんもたいした食道楽、食堂通ではないらしい」[39]と批判されている。しかし、彼らはそれにあえて反論することもなく、暗にこの連載は「食通」記事ではないと訴えているかのようだ。

そもそも、著作の「はしがき」には、「一人一円内外で簡単に食べられるところ」[40]を対象とすると宣言されている。

同時代の昭和四年に出版され、考現学を標榜して都市生活を詳細に観察して記録した今和次郎（一八八八―一九七三）の『新版大東京案内』には、日本料理の名店「新橋の花月」について「ちょっとした晩餐にも十円か十五円取る」とあり、ほかの有名店も「七八円は常識」、料理本位でコストパフォーマンスのよい「上方風」の店でも「五六円」とある。[41]「一人一円内外で簡単に食べられるところ」をもとめる彼らが最初からいわゆる食道楽や食堂通をめざしていないのはあきらかである。

ここで読者に価格の現実感をもってもらうために、当時の一円が現在のどのくらいの額にあたるのか、おおまかにしめしておいたほうがいいだろう。じつはこれは案外むずかしい。いまより希少で高いものもあれば、当時のほうが安いものもあるからだ。『東京名物食べある記』全体を精読すると、当時の一円は三千円程度かと思われる。

これだと最先端のフランス料理店モナミの「定食」、つまりコース料理の二円五十銭は七千五百円、東横食堂のライスカレー三十銭は九百円、藪そばのせいろう十三銭は三百九十円、銀座資生堂の破格な値段のコーヒー五十銭は千五百円となる。それなりに納得できるのではないだろうか。

さて、彼らがいわゆる食通ではないことは、「人形町かね萬――さい鍋」の項にあるように、全員が日本の食通の賞賛するふぐをこれまで食べたことがなく、「決死隊」のごとく食べに行き、ふぐの美味しさにはじめて気づくことからも推測できる。

彼らがもとめているのは、日本の食通がもとめる繊細な味覚の洗練ではなく、家族でそこそこの料理を楽しみながらくつろいで食べることのできる外食空間なのだ。その点で、たとえば、ほぼ同時代の木下謙次郎（一八六九―一九四七）の『美味求真』（大正十四年［一九二五年］）、に典型的にしめされているような、食材そのものがもつ本来の味をどこまでも禁欲的に追及する日本的な食通より[42]、食卓における社交を重視するフランス風の美食家（ガストロノーム）に近いといえるだろう。

すでに冒頭で紹介したように、フランス人のブリヤ・サヴァランは、木下の著作のちょうど百年前の一八二五年に刊行した『美味礼讃』のなかで美食の条件として、「そこそこに美味しい料理、よいワイン、感じのいい会食者、十分な時間」をあげ、みんなで楽しく食べるという社交性を重視している。

だから、ブリヤ・サヴァランは、「いかに御馳走が洗練されたものであっても、いくら趣向に贅が尽くしてあっても、ワインがまずく、会食者が適当に集められ、浮かぬ顔をした人がいて、食事がそそくさとなされるようでは、とうてい食卓の快楽は味わえない[43]」とも記したのだ。

これに対して、木下謙次郎に代表される日本的食通は会食者とのコミュニケーションではなく、食材本来の自然な味である「真味」をとおして、自然との洗練されたコミュニケーションに最大の価値をおく。家族の共食をもとめる「食べある記」の面々が日本的食通を意識的に避けたのは適切な判断だった。

その意味で、この「食べある記」は、彼ら自身がどれだけ意識的だったかは別にして、新たな飲食の感性を価値づけていると考えても、けっしておおげさではない。新しい感性は、しばしば意識しないかたちで編成されていくものなのだから。

この時代の美食言説で、例外的にプロの作る料理ではなく、家庭料理の重要性を説いたのは、本山荻舟（一八八一―一九五八）だった。大衆向けの歴史小説で知られた本山荻舟は、料理への造詣もふかく、一時期はみずから料理店を経営して料理に腕をふるったこともある食通で、晩年は膨大な自身の知識を『飲食事典』(44)にまとめることに費やした。そんな荻舟は、料理の蘊蓄をかたむけた数ある料理関連の著作のひとつ『美味はわが家に 荻舟食談』で、次のように語っている。

いくら一流といわれる家［料理店］の料理を食べあさつて見ても、たとえ一度はうまいと思つても、それはその時の感覚で、度重なれば鼻につき舌になずみ、到底一生の友にすることはできない。日常に用いて飽きることなく、随時任意に転換し得て、いつもうまく味わい得るのが手料理――わが家の料理である。(45)（［ ］は筆者補足）

荻舟は、砂糖や出汁を過剰に使うことで無駄なかたちで調理にこだわって、日本料理が重視すべき素材本来の味から遠ざかり、しかも西洋料理や中華料理にくらべて割高な、当時のプロの日本料理をことあるごとに痛烈に批判している。そんなプロの日本料理への批判が彼に料理店を開店させたのにちがいないし、荻舟自身は、家庭でも料理できるような、素材の味を活かした飽きのこない料理をめざしていたと思われる。

ただし、当時の美食家にはめずらしく家庭での料理を重視する姿勢がうかがえるものの、それはあくまで味覚の問題であった。そうした態度が、たとえば本山の別の著作『美味廻國』の次のような記述にうかがえる。

> すべての材料の新鮮を尚ぶ日本料理は、その材料の有つ自然の味を、活用することによつて生命があるので、加工が過ぎれば過ぎるほど、自然の味が失われることはいふまでもない。砂糖と醤油とで甘鹹に煮詰めることは、附味が本味を奪うものである。[46]

この指摘に典型的にみられるように、本山荻舟の家庭料理重視は、当時の過度な味つけ志向で無駄の多い日本料理への批判であり、家族の楽しい共食をめざしたものではなかった。むしろ、素材の味を活かすことを味覚的に追及している点で、木下謙次郎の美食言説につながっている。

これに対して、『東京名物食べある記』の面々がめざしたのは、家族で納得できる値段で楽しく美味しく食べられる店だった。『東京名物食べある記』の批評はときに辛辣で、それが多くの人の共感をよんだと思われる。共感をよぶほど、読者も外食に適正な価格と適切なサービスによる、楽しい共食をもとめていたといっていいだろう。

九　家庭でも団欒したい

こうして、家族で外出して洋食店や百貨店の食堂で共食を楽しむという感性が、確実に形成されていった。もちろん、これは家族でのハレの外出である。ただし、買い物のついでということもあり、大正期の人びとがやや敷居の高い「松本楼」にもとめていたものとは、おのずと異なっている。

新しく都市生活を分析対象とした民俗学では、「ケハレ」という従来の分析手法にはなかった概念が登場している。都市生活は、ケがハレ化する。現代の食生活をみればあきらかだ。食品の流通技術が発達し、多様な調理ずみの食品が中食と称されて展開されている現代家庭の毎日の食卓は、かつての人びとのハレの食卓に近い。とりあえず、このハレ化するケがケハレである。[47]

小さなハレという意味でプチハレといってもいいし、単純に日常の小お祭り化といってもいいだろう。毎日の主婦（主夫）の料理づくりの悩みは、日替わりの献立をいかに考え、いかに毎日異なる料理をだすかにある。レシピ本の多くも、毎日の変化に富んだ献立を提案している。まさにわたしたちの毎日の食卓は、多かれ少なかれハレの場になっている。

要するに、料理の内容レベルで、外食化しているといえるだろう。外食は楽しい団欒としての共食という社会的な表象を醸成し、食事は楽しいという感性をはぐくんだ。それが家庭の食事に還流しないと考えるほうがむずかしいのではないだろうか。

写真家兼ジャーナリストで、飲食につよい関心をよせる森枝卓士は、カレーが西洋料理経由で日本に定着した過程を分析し、外来の料理の普及を、「①レストラン、食堂などでメニューに登場する。②雑誌、書籍（あるいは現在ならテレビなど）のメディアで作りかた、あるいは「こんな料理」が今ブームとか紹介される。③一般家庭の食事にも登場する」という三段階にまとめている。[48] 人の交流がはげしい現代では、この前に「現地で出会う」という段階をいれてもいいかもしれない。いずれにしろ、料理というハードは外食や料理メディアによって家庭食になっていくという指摘は非常に納得できる。

とすれば、料理というハードにともなって、料理を食すときの楽しい雰囲気というソフトも外から家庭へ導入されるのではないだろうか。フランスの社会学者、ピエール・ブルデュー風にいえば、外で楽しく料理を食べるというプラティック（行動）を繰り返えせば、それが身体化したソフト、つまりはハビトゥス[49]（身体化した習慣としてのソフト）になり、家庭でも楽しく食べるというプラティックがさほど意識せずに作動すると説明できるだろう。[50]しかも、外食で食べた料理が家庭内で再現されるようになるのだから、なおさらだ。その料理を食べたときの雰囲気の再現を人びとは暗にもとめたにちがいない。

外食が都市の中産階級に普及した昭和初期は、すでにしめしたとおり、家庭での食事が箱膳からチャブ台に代わりつつある時代だった。その移行にともなって、「会話は厳禁」が八割から三割に減り、その一方で「話してもよい」が三割を超えるようになる。つまり、家庭内での食事が団欒としての共食に近づいた時期といえるだろう。

それは感性のレベルでは、外食での楽しさに導かれたものだったと、わたしには思われる。少なくとも、ちょっとした外出で家族そろって食べたときの楽しさが記憶に蓄積され、それが家庭での毎日の食事でももとめられだしたと考えても、あながちまちがいではないだろう。外食における共食の楽しさが家庭の食事を団欒に変えていくひとつの要因となったことは否定できない。

しかも、このプチハレ共食は、あくまで買い物という生活に必要な行為の付随物であり、これはかつての年中行事や祭事のように、あらかじめ決められたそれ自体が目的となる営みではなく、自分たちの意志でみずから選択しておこなう行為である。ある意味、ケハレの特色は、ハレを選択して、ケをハレとするという点にある。日常の選択的プチハレ化である。だとすれば、ケである家庭の食事を、いま少し楽しいもの、ハレなものにしようと考えるのは典型的な選択的プチハレ化といえるだろう。

ただし、こうした思考過程は意識的におこなわれるのでなく、外食を繰り返すなかで、家庭の食事でも、感性のレベルでなにがしかの団欒をもとめるという方向に作用したと考えられる。

一〇　識者も推奨する団欒

しかも、ここで見落としてはならないのは、家庭での食事に団欒をもとめるような主張が明治から大正にかけて数多くなされてきたという歴史的な事実である。

家庭での団欒を推奨する著作としてかならずとりあげられるのが、明治大正期を代表する社会主義者堺利彦（一八七一―一九三三）が明治三十七年（一九〇四年）に刊行した『家庭の新風味』である。

この著作は『新家庭論』と改題されて一九七九年に講談社学術文庫におさめられた。たんなる識者の家庭への考えを説いた説教風のエセーではなく、「家庭の組織」からはじめて、「家庭の事務」「家庭の文学」「家庭の親愛」「家庭の和楽」をへて、「家庭の教育」にまでおよぶ首尾一貫した家庭論だ。家庭とはなにか、家庭とはどうあるべきかを、当時の日本の現状を考慮しながら、懇切丁寧にわかりやすく体系的に説明している。

だから、『新家庭論』という文庫版のタイトルは、まさにそのとおりなのだが、原題の『家庭の新風味』もすてがたい。なぜなら、まさに新しいあるべき家庭、あってほしい家庭の味わいをこの著作が具体的に描いているからだ。そもそも、議論の中心のひとつに家族が共食することで生まれる団欒をすえている。まさに家庭の「新風味」である。堺はなるべく多くの人に、新しい家庭が作る新風味を味わってもらいたいと願っていた。

当時は明治の旧民法で定められた家制度のもと、絶大な権限をもつ家長を中心に家庭生活が営まれていた。それを変えていこうとすれば、説教風のエセーや提言ではまったく不十分だ。社会全体を変えようという堺は、多くの同志たちが天下国家の問題を論じ、日常の家庭生活をさして顧みなかったのとは異なり、人間という視点から、人間生活の基盤となる家庭を問題にし、そこから社会を変えていこう、変えていかねばならないと思っていた。

こうして夫がしばしば外食をして、さらに外に妾までかこうのが当たりまえだった時代に、堺は夫婦和合の家庭論をその在り方のイロハから説いた。いかに明治の家庭がいびつで不安定だったかは、離婚率の高さにあらわれている。家族史の専門家、湯沢雍彦が『明治の結婚 明治の離婚 家庭内ジェンダーの原点』(51)で分析しているように、当時の社会では、家風に合わなければ、妻は簡単に離婚させせられた。その結果、明治の離婚率は現在とくらべて、一・五倍も高かった。

そんな時代に、堺利彦は夫婦愛にもとづく家族の和合を軸に団欒する家庭を構想した。それを象徴するのが家庭で楽しく共食する団欒風景だ。

食事での団欒の重要性は全体が六冊（事実上の章）と補遺からなるこの著作で、後半の「第五冊　家庭の和楽」で説かれている。これまでの論を集約するのが、「家庭の和楽」である。あるべき「食卓」を堺は次のように描く。

> 一家団欒の趣はもっとも多く食卓の上に現われる。「食事は、かならず同時に同一食卓においてせねばならぬ」とは前に言ったことであるが、一家の者が一つの食卓を囲んで、相並び、相向かって、笑い、語り、食い、飲む、これがもし無いならば、家庭の和楽の半分は減じてしまうであろう。(52)

まず注目したいのは、「食卓を囲んで」と書かれていることだ。これはあきらかに堺が、チャブ台ないし、テーブルを想定していることをしめしている。しかし、この著作が刊行された明治三十年代の食卓の主流は箱膳だった。一部の都市の中産知識階級にようやくチャブ台が普及しだした時代である。堺が想定した家族の団欒は一同が相向かい合うチャブ台が条件だったことがわかる。

このあと堺は――ここが堺らしいのだが――、「朝飯の食卓」、「昼飯の食卓」、「夕飯の食卓」と具体的にどのように団欒がおこなわれるべきか叙述する。父が外ではたらき、子どもが学校にいて、母のみとなる昼食をのぞいて、食卓では家族間の会話による交流が重視される。もちろん、もっとも重要な団欒の機会は夕食である。

> 夕飯の食卓はもっとも楽しきもっともにぎやかなる団欒である。各〻異なりたる一日を過ごしたことなれば、たがいに珍しき話を交換する。たがいにその働きをねぎらいあう、たがいにそのあやまちのなかったことを祝しあう。酒もある、菓子もある、一日中でもっともごちそうがある。疲れたからだと心とをそれに補って、ランプの光を身に浴びて暖かきかおりを身にしめて、外は真暗き闇の中に明るき、美しきこの家、この室、限りなき安心と満足とがいずれもの胸に浮かぶ。[53]

堺の叙述はまさに団欒する家族を描いている。こうあるべきと説くのではなく、読者が「そうあるといいなぁ」と思える家族の団欒をありありとイメージさせる書き方だ。父用の酒、子ども用の菓子と飲食物への配慮もこまかい。

しかし、次の「食卓を楽しむの風」の文体は少し異なっている。まず、食事は、住まいや衣服と同じく、必要だけではない、趣味の側面、実用以外の精神的な役割があることを確認したあと、次のように述べる。

> そこで前にいうごとく、食卓の上では努めて一家だんらんの和楽の趣を現わすようにして、なるべく食卓を楽しむ風を養うがよろしい。早飯を一芸の中に数えるなどは、戦国の武士の家には必要もあったであろうが、我々の家庭においては、衛生の上からいっても、趣味の上からいっても、けっして面白いことではない[54]。

文体が描写から勧告に変わっている。それだけ、当時の家庭の食卓が義務化したもので、手早く黙って済ませることがふつうだったとわかる。家族での共食を楽しむ感性がいかにとぼしかったかが浮き彫りになる記述だ。

じつは、最初の引用に「「食事は、かならず同時に同一食卓においてせねばならぬ」とは前に言ったことであるが」とあるように、すでに「第二冊　家庭の事務」で「一家団欒の景色はもっとも多く食事のときにある」と述べたあとでこの主張がなされ、さらに食卓とは「大きな一つの台のことで、テーブルといってもよい、シッポク台といってもよい、とにかく従来の膳というものを廃したいと我輩は思う[55]」と述べている。家庭内共食が団欒になるには、ひとつの食卓を家族が共有することが必要だと、堺利彦は見抜いていた。それは、堺にとって「家族の和楽」を保証する「家族の事務」に属するものだった。

一一　国も家庭での共食を推奨した!?

こうした団欒推奨言説ともいうべき家族の食事での団欒を説いた主張、つまり家族の共食を団欒とむすびつけるべきだとする考え方を、明治から大正にかけて刊行された啓蒙書や雑誌、教科書やその関連図書で丹念にひろい、分析したのが、すでに紹介した表真美の『食卓と家族　家族団らんの歴史的変遷』である。

表によると、「「食卓での家族団らん」に関する日本ではじめての言説は、巖本善治の『通信女学講義録』(明治二十年)に掲載された記事といえる」[56]という。堺にさかのぼること十七年である。

巖本善治(一八六三―一九四二)は、プロテスタントで女性教育に尽力した教育者だった。彼は、西洋の家族との交際経験から、家庭での食事は団欒であるべきだと、キリスト教的な家族愛の思想から説いている。

堺利彦の社会主義思想といい、巖本善治のプロテスタンティズムといい、家族団欒という価値観は日本の外、欧米から導入されたものだったとわかる。そうした外来の思想や価値観が根づくには時間がかかる。しかも、日常生活にかかわるものだから、なおさらだ。日常生活とは基本的に保守的で、これまでの習慣を維持しようとする傾向が強い。なかでも毎日複数回おこなわれる飲食は身体への刷り込みが深く、新しい行動が浸透しにくい。

ただし、当時の識者たちの影響力は、現代とはちがって、はるかに大きかった。それは、とくに知識階級において、のちのち家族の食事における団欒が受け容れられる素地を準備したとはいえるだろう。

さらに、こうした家族での共食団欒表象は、近代日本の国家的政策とむすびつくことでさらに影響力を増したことが、表の分析からみえてくる。

家族は、単身者が増えた現在でも、社会の基本単位である。家族のさまざまな機能が外在化したが(たとえば、老人は介護保険によって家族ではなく介護施設が面倒をみる)、家族社会学を専門にする山田昌弘によれば、それでも「子どもを生み育てる社会的機能」と「個人に情緒的安らぎをあたえる個人的機能」が家族にはあるという[57]。

しかし、明治大正期の家族は、家制度によって、そのままダイレクトに国家という社会の基盤を構成していた。家の健全な運営は、国家が教育をとおして国民に教え導く道徳の要だった。

表は明治期の修身教科書に関する先行研究であきらかになった食事風景の図の変化、具体的には明治二十五年(一八九二年)の銘々膳を用いた食事風景が明治四十五年(一九一二年)にはチャブ台を用いた食事風景に変わるという事実をふまえ、明治三十一年(一八九八年)刊行の家事教科書に食卓での団欒に関する記述があることを指摘し、これが「国家が利用した「家庭内で温和に規律化された家庭」と「食卓での家族団らん」が結びつく最初の言説といえる[58]」と結論づけている。

食卓での家族団欒は、このようにして、国家的な秩序の基盤として修身や家事の教科書で繰り返し説かれ、日本人の意識に刷り込まれていった。

これらの分析からみえてくるのは、家族での共食による団欒というイメージと価値観が、左翼的な思想家から、キリスト教徒にいたる幅広いオピニオンリーダー兼実践者たちによってささえられただけでなく、その意図を異にしながらも、近代国家を円滑に運営するための国家の政策においても奨励されてきたという歴史的な事実である。家庭で共食し団欒するという非常にシンプルな営みが、これほど多くの人びとを動員し、国家までが参与していたということは、考えてみればかなり驚くべき事態である。いまでも飲食研究は比較的低くみられがちな分野であるが、新しい飲食文化の創出はじつは知識人や国家も巻き込む遠大な課題であった。

これほど多様で長年にわたって繰り広げられた家族団欒言説が、人びとに影響をあたえなかったとは考えにくい。人びとは、家族は本来共食して、しかもその共食は団欒でなければならないと思うようになったとしても不思議はない。

しかし、実際の家庭の多くはまだ銘々膳で、チャブ台に代わった家庭でも、楽しい団欒は理念でしかなかった。そんなときに、多くの都市住民が百貨店での外食で家族との共食の楽しさを実地に経験する。経験は理念より強力である。感性レベルで家族そろっておこなわれる食事の楽しさを知った人びとが、家庭での食事にもそれを暗に期待したとしても無理はない。そんなとき、長く説かれてきた理念は、その感性を適正なものとみなすよう、うながしたのではないだろうか。

一二　外からきたチャブ台

家族での食事どきの団欒という考えは、日本のものではなかった。そうした食事も普段の生活には存在しなかった。いや、それどころか食事を楽しむという感性さえ、日本ではだれもが共有している一般的感性ではなかった。それも外からきたのである。その外とは、西洋からの外来思想という外であり、西洋料理を基軸にした外食という外である。

じつは、家庭の食事時の団欒をうながした重要な舞台装置であるチャブ台も、外からもたらされた。畳に坐して食事をするための道具であるチャブ台は、その形態からいかにも日本的な家具のひとつだと思われるかもしれない。しかし、実際は洋家具の日本的なアレンジなのだ。

国立民族学博物館の共同研究で、チャブ台の家具としての分析を担当した山口昌伴は、チャブ台の来歴を丹念に調査し、洋風のティーテーブルの脚を短くすることで日本の生活に適応させた、「日本で発明された洋風家具」だという。

チャブ台は、日本で発明された洋風家具であり、その脚折れ機能もふくめて大正期までは、洋風であるがゆえに普及に拍車がかかり、普及を遂げたところで、それが床坐式起居の風景になじむものであったために、和風のものとしてうけとられはじめ、のちに椅子座式テーブルとの対比において、チャブ台のある風景が日本的生活の原風景であるかのごとく、チャブ台が和風

家具として追認されていった、という図式が成り立つのである。(59)

チャブ台が日本的なものとイメージされ、そこに日本的な団欒の価値が含意されていった背景には、国民的なテレビアニメ、『サザエさん』や『ちびまる子ちゃん』の家族団欒の食事場面に登場する食卓が、丸型や長方形のチャブ台だったこともあるだろう。このふたつの作品は、最初はマンガとして、ついで連続テレビアニメとして、長年にわたって多くの人びとに親しまれてきた。(60) チャブ台の日本的団欒という表象が形成されるうえで大きな役割をはたしたと考えていいだろう。

さらに、家庭で普及したチャブ台が、その日本的イメージにもかかわらず洋風家具が起源だっただけでなく、そもそもチャブ台自体が外食店を発信源としているらしい。

ここまでとりあえずチャブ台としてきたが、その名称は地方によっていろいろと異なる。チャブ台について論じた多くの論者がこの名称の多様性を指摘しているが、それをまとめるように山口昌伴は、明治四十三年(一九一〇年)から昭和三年(一九二八年)までに特許庁に申請された実用新案にみられる食卓の呼称を調べ「「チャブ台は関東、しっぽく台は一例だが関西、食台は関東、飯台は関西と、大きくわかれていることがわかる」(61) と地域差のある事実を説明している。

チャブ台という名称の起源については諸説あるが、(62) チャブ台と同じものをさす関西のしっぽく台について、石毛直道は、「享保年間から上方ではシッポク料理が一時流行した」事実をふまえ、「本州におけるシッポクダイという名称は、この江戸時代の京、大坂におけるシッポク料理の食卓に起源するものであろう」[63]と推測している。シッポク料理とは、江戸時代に西洋人や中国人が多く居留した長崎で、中国料理や西洋料理が日本化して生まれた宴会料理であり、いまも長崎にこの料理をだす店がいくつかある。

では、関東のチャブ台はどうだろうか。

石毛は、明治四年（一八七一年）に刊行された仮名垣魯文（一八二九―一八九四）の『西洋道中膝栗毛』のなかに「ちゃぶちゃぶ」という表現が西洋料理店の意味で使われていること、明治二十五年（一八九二年）刊行の山田美妙編の『日本大辞書』に「ちゃぶ屋 西洋料理屋」とあることを出発点に、江戸時代末期に開港された横浜で外人と交渉する日本人のブロークン・イングリッシュである横浜英語で食事をすることを「ちゃぶちゃぶ」といっており、やがて「ちゃぶちゃぶや」が外国人相手の食堂をさすようになり、さらにそこで使用するテーブルが「チャブチャブ台」ないし「チャブ台」と呼ばれるようになったと考証している。

つまり、関西のシッポク台も、関東のチャブ台も、料理屋起源であることがわかる。石毛は次のように結論づけている。

> 長崎以外の場所でのシッポク台は、シッポク料理を供する料理屋での食卓であった。横浜のチャブ台、チャブチャブ台も西洋料理屋のテーブルに起源する。してみると、料理屋での会食の食卓が家庭にとりこまれて、明治時代のチャブ台が成立したと考えてよいだろう。[64]

チャブ台が洋家具起源であるだけでなく、その名称もなんと外国料理店が起源であった。そして、この二重に外来の坐式の食卓が家庭内の食事の団欒を可能にしたのである。

そもそも家庭の食事で団欒するという発想が外来のものであり、さらに外来の料理を外食することで食卓での団欒が発見され、それが起点となって外来の食卓が家庭内共食を団欒へと変えていったのだ。さらにその後、その食卓での共食が、外来性を脱色されて、日本的団欒としてイメージされるようになったのである。物質面と精神面でのなかなか見事な外来文化の日本化というほかない。

一三　かつての日本にもあった団欒

こうした先人たちや国家の涙ぐましいともいえる努力の結果、都市の中産階級、進歩的な知識層の家庭で、食事での団欒が少しずつおこなわれるようになっていく。

しかし、先人たちは日本の家族にも団欒のひとときがあったことを忘れていた。あるいは、西洋風に家族の食事を団欒にしなければならないという点にばかり目がいき、しかも当時の日本の食事が儀礼的なしつけの場として団欒とはほど遠かったために、かえって食事の雰囲気を変えることこそ重要と考えたのかもしれない。

じつは、日本の家庭の日常生活では、家族の団欒は食事とは別のところにあった。おもに食後のひとときである。その時間こそが、家族がそろってくつろぐ団欒の時間だった。この点について、熊倉功夫は「箱膳やチャブ台の時代に一家に団らんがなかったわけではない。そもそも食事と団らんは別個のものであった。(……)一般に食事は黙って、素早くすませると、食後の、今日よりよほど豊かな時間が一家団らんにあてられていた[65]」と分析したあと、報告書から次のような証言を引いている。

「夕食の後は、家族団らんの時間である。母が昔の話をしたり、家長が自分の持つ知識を子供たちに教えたり、また世間話をする。」「食事中のおしゃべりはほとんどしないで、食事は早くすませることになっていた。談話などは、ほりごたつのある別の部屋でしていた。」「食事中に話をすることはなかったが、夜風呂にはいる前、家族が集まったときに話した[66]。」

熊倉は、「こうした団らんでは、今は失なわれた豊かな昔話や伝統的な知識の伝授が盛んにおこなわれたことだろう」と補足しているが、いまのようにテレビやネットのない時代、食後のひとときこそ家族が語り合う場であったことは想像にかたくない。お腹が空いているので、まず黙って食べ、生理的欲求を満たす。それから、ゆっくり落ち着いて家族がまじわって精神的欲求を満たす。これはこれでメリハリのある合理的な家族の生活様式だったといえるだろう。

熊倉は、この項を、「食卓とちがった場にあった団らんの意味をもう一度見つめなおす必要がある」という一文でむすんでいるが、団欒にみえてもテレビを介した団欒が多い現在、食事とは切り離されつつ、隣接していたかつての食後の団欒の利点をみなおすことは、西洋視点から日本をみる場合におこりがちな視野狭窄を矯正するために、ときに必要である。

もちろん、その後、広がった食事中の家族団欒の意義を重々認識してのことであるが、戦前の日本の在り方を封建道徳や国家主義一色に塗りつぶしかねない偏狭さには注意しなければならない。とくに、生活文化を考えるときはこれが重要である。

わたしたちはついつい現在の視点と感覚で、過去の人びとの生活をとらえがちであるが、これは現在を過去に投影した見方である。心性や感性の歴史を研究するアナール派の始祖のひとりで、そうした研究に先鞭をつけたフランスの歴史学者リュシアン・フェーヴル（一八七八―一九五六）が「もっとも危険で、もっとも重大で、もっとも有害な心理的アナクロニズム」[67]として戒めたのは、こうした安易な現在の視点からの過去の解釈だった。

現代の研究者が食事のさいに団欒がなかったからといって、日本の家庭に団欒がなかったとするのは、ある種の心理的アナクロニズム（時代錯誤）であるし、同時代の知識人や国家が日本的な団欒に注目していないのは、西洋視点による視野狭窄だといえるだろう。

一四　家庭の共食での団欒はいつ実現したのか

こうして家庭の共食での団欒は、外からの影響で家庭内に徐々に浸透し、明治から大正、大正から昭和、戦前の昭和から戦後へと時代がうつり変わるなかで、箱膳からチャブ台へ、チャブ台からテーブルへと食卓が変化したのをきっかけに、次第に十全に実現されるようになっていく。

では、家庭の共食での団欒は、いつ十全に実現されたのだろうか。

この疑問に答えるまえに、家族で食事を楽しく食べるという感性が発見されたとした、大正末から昭和初期の時代の、これまでふれなかった問題点をおさえておこう。このような家族での会食の楽しみを大衆化したのは、百貨店の食堂だった、とすでに述べた。

しかし、ここであえてふれなかった事実がある。それは、欧米の百貨店が個人の顧客、とくに婦人が多かったのに対して、日本の百貨店では母親と子どもという家族連れが多かったという点である[68]。もちろん、夫婦同伴の家族連れもあった。もともと百貨店は多様な商品、しかも質のよい、いまでいえばブランドものの商品をあつかう商業施設なので、男性が自身の衣服や装身具を買うこともあるし、そうした場合、日本では妻をともなうことが多かった。とはいっても、デパート関係者が気づいていたように、おもな顧客は婦人と子どもの組み合わせだった。

すでに紹介した『東京名物食べある記』のもとになった文章は一年間にわたって『時事新報』に連載された記事であり、そのために連載担当の数人の記者と挿絵画家は、週に一、二度記事の対象となった飲食店を訪れている。平日に取材をおこなっていたこともあって、多くの飲食店で出会う客は、女性のグループや、婦人と子ども、婦人とその母らしき女性、さらにはそこに子どもがくわわった女性客であったことが記事から読みとれる。

こうした傾向は、『東京名物食べある記』にも「S」として参加した白木正光がのちに編集した『大東京うまいもの食べある記』でも同じである。(69)

そもそも、男性は仕事関連の宴席や、私的な交友で自分の楽しみのための外食をすでに経験しており、食べたり飲んだりすることの楽しさを十分に味わっていた。江戸時代からつづく男性の特権である。重要な点は、もっぱら家庭で食事を用意するだけで(70)、食事自体を楽しむという経験のなかった主婦たちが外食の楽しさを発見したことにある。それをもたらしたのが、百貨店の食堂での外食体験だった。しかも、この体験は子どもとともに体験され、ときには夫ともいっしょだった。こうした家族での食事の楽しさの発見こそ、重要だった。はじめて女性が体験した食事の楽しみが外食をとおして夫婦のあいだで共有され、男女対等になったのである。

では、こうした男女差をみとめたうえで、家族での家庭内の共食が十分なかたちで団欒となったのはいつか。この問題を論じた論者の多くは戦後の高度成長期（一九五五年から七〇年代）であったとみる。(71)

一五　つかのまの家庭の団欒の実現

しかし、ここにも問題は残る。高度成長期は、夫が会社で仕事、妻が家で家事、という家族社会学者の落合恵美子が定義した「近代家族」が成立し、[72]それが効率的に機能した時代だった。

この時代、日本全体の高度経済成長によって、ほぼすべての世帯の収入が右肩上がりで増加した。夫は会社でおおむね加重な労働を課され、妻が子育てをふくめた家事全般を負担した。ただし、夫の身分は終身雇用制で保証され、賃金も年功序列によって増加した。そのため、夫は家庭での不在をやむなしと考え、妻もそれを受け入れた。家族のために忙しくはたらくのが夫の役目であり、夫のいない家庭をささえるのが妻の役割だった。同じく家族社会学者の山田昌弘が説明するように、高度成長期にあっては、それがもっとも合理的な選択だった。[73]

簡単にいうと、物資的に豊かになり、民主主義思想も浸透した高度成長期の近代家族でようやく十全に実現したかにみえた家族の団欒としての共食には、夫がしばしば不在であり、さらに激しくなる受験戦争のための塾通いで、やがて子どもたちも不在となった、ということである。

生活史研究家の小泉和子は、「ようやく実現した家族団欒も大人の長時間労働や子供の進学競争などで次々と家族が欠けはじめ、家族の会話はテレビに取って代わられることになっていった[74]」と述べている。そう、団欒している家族の食事は、高度成長期に各家庭が所有するようになったテレビによってつながっているのである。

井上忠司はすでに一九八八年の時点で、「団らんらしき形態の条件が、おのおのの家庭にととのいつつあるかにみえたのだった。が、そのじつ、家庭の各メンバーはひとつの食卓をかこみながらも、それぞれテレビの方向を見つめつつ、ひとりごとを言いあっていたのではなかったか」と辛辣な分析をしたあとで、「そしていまや、テレビのホーム・ドラマ番組のなかに、かえって〝団らん〟のシーンを見るという逆説さえ、日常の情景となってしまった[75]」と指摘している。井上はさらにふみこんで、「ドラマのシーンに実生活を近づけたいとする〝団らん信仰〟は、人びとのあいだに、ますます強迫的かつ支配的となっているといえよう[76]」と結論づけている。

たしかに、戦前戦後の家族映画から戦後のテレビのホームドラマにいたる多様な映像作品を、生産と受容という視点から社会学的に分析した坂本佳鶴恵の指摘するように、「一九六〇年代後半から七〇年代はホームドラマの絶頂期であり、視聴率においてもテレビ番組に占めていた時間においても、他を圧倒するジャンルであった[77]」。しかも、なんと「一九七〇〜七五までの民放ドラマ番組視聴率年間ベスト3には、すべてホームドラマが顔を出している[78]」と指摘している。

そして、こうしたホームドラマにつきものだったのが家族での共食場面だった。

井上忠司が指摘しているように、現実には実現すると同時に崩壊の兆しをはらんでいた家庭の食事での団欒は、現実に問題があったからこそ、テレビドラマで理想の家族像として描かれ、人びとの団欒願望をかりたてたといえるだろう。

さらに、一九八〇年代になると家族の団欒は内側からむしばまれていく。その兆候を象徴的にしめすのが、一九八三年に公開された森田芳光監督の映画『家族ゲーム』の細長いテーブルに家族が一列に座って食事をする衝撃的なシーンだ。何度も繰り返される横並びで対面しない食事シーンは家族が表面上は共食していても、そこには団欒がないことを明確にわたしたちに描いてみせた。まさに、家族というゲームをしているにすぎないのだ。

こうして、一九八〇年代前半には、「個食」とか、「孤食」という表現が新聞や雑誌でさかんに用いられるようになり、家族の共食の崩壊が現実の問題として論じられるようになっていく。

先述の表真美は、著作の結論部分で、「明治二〇年から現代まで、食卓での家族団らんの一二〇年の歴史のなかで、我々の家庭に実現したのは戦後から一九八〇年代初頭までのわずか三〇年、日本の文化には定着しなかった、人々の意識のなかにのみ存在したといっても過言ではない[79]」とかなり悲観的な見解をしめして著作をむすんでいる。

たしかに、テレビどころか、コンピュータネットワークが発達し、スマートフォンを操作しながら食事をするのが当たりまえの光景となったいま、家族での共食は崩壊しているようにも思える。その食事内容も従来の和食から大きくはなれ、インスタント食品や冷凍食品、あるいは調理済みの中食にたよって規範なき無秩序状態を呈している。

そんな外部調理品にたよる家庭の食事の実態を、マーケティング調査の専門家、岩村暢子は、長期間にわたって実地調査し、複数の著作で具体的に報告している[80]。たとえば、ある家族の夕食は、「主婦と長女・次女は、レトルトのイカ墨パスタ、牛乳、麦茶。主婦だけもずく酢も。夫は外食で焼きそば、焼き鳥、おでん」[81]、別の家族の夕食は、「冷凍トンカツ、冷凍ポテトフライ、インスタント味噌汁」[82]である。

こんな報告をみると、家族の団欒に悲観的になるのは、当然かもしれない。しかし、はたして、本当にそれほど悲観的なのだろうか。

一六　家庭料理の外部委託

外部調理にたよった家庭の食事が増えていることは、統計をみるまでもなくあきらかだ。

総務省が毎年おこなっている「家計調査」をみても、「調理済み食品」は年々増えている。同じく「家計調査」からは、一世帯あたりの食費がかならずしも増加傾向ではなく、二〇〇〇年を基準にすると、一〇%ほど減少していることもわかる。そんななかで調理済み食品の消費は伸びているのだ。生産面でも、「中食」といわれる調理済み食品を販売する部門は堅実な伸びをしめしている。

しかし、これは夫婦共働きが一九九〇年代以降当たりまえになり、さらに技術の発展で、インスタント食品や冷凍食品が多様化しただけでなく、その質を向上させ、さらに料理済み食品も多彩化して手作りを売りにした高品質な中食もすくなくない。そもそもデパートの地下の食品売り場（いわゆるデパ地下）にいけば、高級料亭や高級食材店の弁当や調理済み食品がめじろおしだ。

かつては季節のものを素材に、家庭の料理は母親によって手作りされていた。いまはそれが崩壊し、無秩序になっている。わたしたちは、そう思いがちだ。しかし、かつて食生活はそれほど健全で豊かだったのだろうか。

国立民族学博物館の聞き取り調査では、その報告書の冒頭で熊倉功夫が「聞き取り調査に答えた被験者たちは、かなり明確に60、70年前の食生活を語ってくれた。これは、食事内容の単純さによるもので、ほとんど日々変ることのない食生活を営んでいたからに過ぎない[83]」と述べている。この点がやや驚きをもって、調査報告の冒頭で確認されているのは、熊倉も昔の証言が思いのほか鮮明だったこと、そしてその理由が納得できるものだったからと思われる。

当時の家庭では、いまの家庭の食事のように日替わり献立ではなく、熊倉が報告している実例をまとめると、ほぼ日本中どこでも同じで、朝食はご飯と味噌汁と漬物、昼食は場合によってここに一品野菜の煮物がつき、夕食はご飯と汁と漬物に一品がくわわることが多く、その一品となる野菜の煮物が干し魚の焼き物や煮魚に代わることもあった。

しかも、いまのように流通が発達していないので、毎日毎日同じ野菜がつづいていた。肉類が食卓に出ることはきわめてまれで、魚も干物が多く、これも同じものがつづきがちで、刺し身は海辺の地方をのぞくと、まず食卓にのぼることはなかった。だからこそ、取材された老人たちは数十年前の毎日の家庭の食事を容易に思い出すことができたのだ。現代の人が年老いて、同じ質問をされたら、こうはいかないだろう。

もう少し時代をくだってみよう。国立民族学博物館の調査に答えた人びとは明治末期、つまり一九〇〇年代生まれの人びとである。たとえば、日本人の飲食に関する著作を複数刊行している一九三三年（昭和八年）生まれの小泉和子は、国立民族学博物館の取材に応じた人びとの子ども世代にあたる。その小泉は、子ども時代の家庭の食生活について、「ご馳走といえば、まず刺し身・天婦羅・すき焼きである。これは今も変わらないが、昔は今よりずっとずっとたいへんな大ご馳走だった」とふりかえったあと、「三度の食事が単調だったから、ときどきつくるご馳走はたいへんにうれしいものだったのである。それに家でつくるということは、それ自体が一種のイベントで、とくに子供にとっては大きな楽しみであった[84]」と述べている。

小泉の子ども時代は、戦前の昭和である。明治大正期より、庶民の食生活は多彩で豊かになっていたはずである。事実、ときに「刺し身・天婦羅・すき焼き」といったご馳走が家庭でも食べられていた。それでも、日常の家庭の食事は「単調だった」と小泉は述べる。

もちろん、その当時、小泉がたまのご馳走とした「刺し身・天婦羅・すき焼き」はいまではさしてご馳走とはいえない。すでに紹介した岩村の著作でも、こうした料理が家庭でふつうに食べられている。ただ、多くは冷凍だったり、調理済みのものだったりするけれども。

しかし、それは小泉の子ども時代にすでにはじまっていた。たとえば、大衆化した洋食であるトンカツやコロッケは肉屋で調理済みのものを買うのがふつうだった。『聞き書き　東京の食事[85]』に載っている証言を引きながら、小泉は次のように述懐している。

近くに肉屋がない武蔵野の農家以外は「トンカツ・コロッケなどは家で揚げずに、近くの肉屋から揚げたてを買い求めて、せん切りのキャベツをたっぷり添えて食べた」といっている。コロッケとカツレツはできたものを買っていたのである。

私の家などもコロッケとカツは肉屋で買ってきていた。肉屋がソースもかけてくれた。父だけがカツで家族はコロッケだった[86]。

つまり、食が豊かになりつつあった戦前の昭和でも、いくつかのおかずは調理済みのものだったのだ。中食や冷凍食品などの調理済み食品が発達したいまと同じである。規模と範囲の違いにすぎない。しかも、ソースまでかけてもらっている。多様な味つけの調味料が増えている現代のほうが、自分で好みの味つけにできるという点で「調理」の余地が残っているともいえる。

さらに、小泉がたまのご馳走とする「刺し身だけは、釣りをするとか、特別に器用な人を別として家庭ではつくらずに魚屋に頼んだ[87]」とある。これも家庭の調理の外部委託であり、現代はその範囲が広がっているにすぎないともいえるだろう。

こうした多くの証言を閲読してみえてくるのは、明治大正期には家族で食べる楽しみが日常の食事にはまずなく、さらに時代がくだると、日常の家庭の食事は単調だが、たまのご馳走をとおして家族で食べる喜びが体験されているという事実である。

やはり、家族が共食して団欒するという以前に、共食する楽しみが基本であり、その経験こそが家族での共食の喜びをささえていることがわかる。

一七　団欒としての共食を選択していく時代

このように考えてくると、家族の食事での団欒は崩れつつあっても、共食の楽しみは外食や家庭での食事をとおして、大半の人びとに深く根づいているともいえる。わたしは、その部分を重視したいと思う。

たしかに、近年外食も「お一人様」といわれるように孤食化している。といっても、それはかつても昼食や独身者にはよくあったことであり、やはり友人や家族との食事、つまり共食が楽しいという感性はその基本において大きく変わっていないのではないだろうか。わたし自身の経験からいえば、気の合った人との共食は、とくにちょっといい外食店、高級和食店やエスニック料理店、フレンチやイタリアンでは、頻繁に観察されるように思う。

明治以来の近代化の長い過程のなかで、日本人は、男女や長幼の序の別なくひとしくともに食べる喜びを経験してきた。かつて大人の男性たちだけの特権だった食べる喜びは、日本人全員に共有されてきたのである。

そのうえで、わたしたちはみずから選択して、共食による団欒を実践しているといっていいだろう。家族自体が多様化し、さまざまな家族の形態がみとめられつつある現在、食べる喜びをともにする相手はそれぞれの人が自分の自由意志で選択するようになっている。それが現状である。もちろん、ひとりで食べることも選択肢のひとつである。

そもそも、すでに述べたように、日本における美食言説は、食べる人間が料理に向かい合ってそこに美味を見出すという求道的な姿勢を基礎に成立してきた。料理人にして陶芸家だった北大路魯山人[88]の数ある著作はその証左であるし、大衆化した形態としてマンガをもとにテレビドラマ化して人気のある『孤独のグルメ』[89]や庶民的なラーメンやカレーなどを評価する「B級グルメ」[90]にも日本的な味覚追及の姿勢がみとめられる。

こうした日本人独特の美食的性向は、ひとりで飲食を楽しむという人びとの行動を助長すると考えていいだろう。ただ、この点はさらに考察が必要であるが、そこにもじつは作る人との交流というかたちで、西洋とは異なる、ある種の共食があるように思える。この点については、二章・三章で論じたい。

ただ確実にいえることは、飲食行為の基本にすでに確立した飲食を楽しむという感性がはたらいているということだ。岩村が報告する奇妙な食事風景も家族が楽しく食べていないとはいいきれないだろう。

家族の崩壊が問題視された一九八〇年代以降、とくに二〇〇〇年代になると、映画やドラマで家族ではない人びとが家族のような関係をむすぶ、「疑似家族」を描く映画やテレビドラマがいくつも登場する。映画では是枝裕和の一連の作品[91]やテレビドラマでは二〇一一年に放映された『マルモのおきて』[92]（フジテレビ系列）などがそうした作品といえるだろう。これらの作品では、ともに食べるという行為が家族的な関係を築いていく主要な要素となる。

じつは、ヨーロッパでこのような疑似家族のテーマが描かれるのは、一九七〇年代である。こうした傾向をしめすもっとも早い作品のひとつは、一九七四年公開のイタリア・フランス合作映画、ルキノ・ヴィスコンティ監督の『家族の肖像』である。ここでも、まったく関係のない、世代も思想も異なる人びとがひとつの家につどう。そして、そんな彼らが一堂に会して食事を摂る場面が象徴的な場面として描かれている。もちろん、このような無関係な人びとを家族にする家族化力としての共食が、どのように描かれ、どのようなものとして機能しているかは、また別途くわしく論じる必要があるだろう。

いずれにしろ、一九八〇年代以降の家族崩壊を機に家族をむすびつける力を弱めた共食は、その一方で家族でない人びとを親密なかたちでむすびつけ、そこに家族的な関係をつくりだす力をもちだしたといえるように思われる。人とともに食事をする共食の楽しみは、人間関係の本質を構成する重要な要素になっていることはまちがいない[93]。

□注

（1）ここでいう「表象」とは、本文にあるようにあるものごとに関してわたしたちの多くが多かれ少なかれ抱く「イメージと暗黙の価値づけ」のことである。これは現代のフランスの歴史学（とくにアナール派歴史学）や社会学でごくふつうに使用される概念である。こうしたひろい意味での「表象」について、アナール派のアラン・コルバンは次のように述べている。「人間は、外部のもの、人間、出来事、観念、思想に対して、自分の行動を決定づけるために表象を築きあげる。それは、また人やものを命名するためであり、同時にものを描き、出来事を解釈するためでもあります。」（アラン・コルバン著、小倉孝誠訳「〈セミナー〉歴史・社会的表象・文学」、アラン・コルバン著、小倉孝誠、野村正人、小倉和子訳『時間・欲望・恐怖　歴史学と感覚の人類学』藤原書店、一九九三年〈原著一九九一年〉、三三五—三三六頁）。したがって、このような「表象」は、「表象芸術」というさいの「表象」よりひろい概念である。

（2）ブリア＝サヴァランと表記されることもあるが、この書籍では「ブリヤ・サヴァラン」とする。

（3）ブリア－サヴァラン著、関根秀雄、戸部松実訳『美味礼讃』（上）岩波文庫、一九六七年、二四二頁。訳文は原著にあたって福田が少しだけ変更した。Brillat-Savarin, *Physiologie du goût*, Flammarion, Paris,1982 (la première parution : 1825), p. 173.

（4）文化人類学者としての長期にわたるアフリカでのフィールドワークの体験を一般向けに解説した『食生活を探検する』を一九六九年に講談社から刊行して注目をあびたのち（一九八〇年に文春文庫に収録）、飲食に関する数多くの著作を発表し、それらは現在『石毛直道自選著作集』（ドメス出版、二〇一二—二〇一三年）にまとめられている。

（5）石毛直道『食卓文明論　チャブ台はどこへ消えた?』中公叢書、二〇〇五年、一三頁。

（6）石毛直道『食事の文明論』中公新書、一九八二年、五一頁（二〇一六年に中公文庫で再刊）。

（7）前掲書『食卓文明論　チャブ台はどこへ消えた?』、一〇〇頁

（8）同書、一〇一—一〇五頁。

（9）同書、一〇五頁。

（10）同書、一三三頁。

(11) 井上忠司『「家庭」という風景 社会心理史ノート』NHKブックス、一九八八年、一五七頁。
(12) 熊倉功夫『文化としてのマナー』岩波書店、一九九九年、四四頁。
(13) 井上忠司「食卓生活史の調査と分析：食卓生活史の量的分析」、石毛直道・井上忠司編『国立民族学博物館研究報告別冊 16号 現代日本における家庭と食卓――銘々膳からチャブ台へ――』国立民族学博物館、一九九一年、六八―七〇頁。
(14) 同論文、七〇頁。
(15) 前掲書『文化としてのマナー』、四九―五〇頁。
(16) 同書、五〇頁。「資料編」、前掲報告書『国立民族学博物館研究報告別冊 16号』、二四七頁。ここでの引用はもとの資料の表記法にしたがった。
(17) 前掲論文「食卓生活史の調査と分析：食卓生活史の量的分析」、前掲報告書『国立民族学博物館研究報告別冊 16号』、七七頁。
(18) 同論文、七八―八〇頁。
(19) 前掲書『文化としてのマナー』、五五―五六頁。
(20) 芳井敬郎「食卓生活史の調査と分析：食卓生活史の質的分析（その1）――食事空間と食卓・食器」、前掲報告書『国立民族学博物館研究報告別冊 16号』、八五頁。
(21) 中川順子「「男女共同参画社会」とジェンダー」、『立命館産業社会論集』第42巻1号、二〇〇六年、五九頁。
(22) 柳田國男『明治大正史 世相編』講談社学術文庫、一九九三年（初刊行一九三一年）、「第7章 酒」二二七―二四八頁。
(23) 表真美『食卓と家族 家族団らんの歴史的変遷』世界思想社、二〇一〇年、一五六頁。
(24) 同書、一一六頁。

(25) ピエール・ロティ著、村上菊一郎、吉氷清訳「江戸の舞踏会」『秋の日本』角川文庫、一九五三年(リバイバル・コレクションとして一九九〇年に復刊)、五三―七三頁。Pierre Loti, *Japoneries d'automne*, Calmann Lévy, 1889, pp. 77-106.

(26) 前坊洋『明治西洋料理起源』岩波書店、二〇〇〇年。

(27) 片岡栄美「文化的寛容性と象徴的境界 現代の文化資本と階層再生産」、今田高俊編『日本の階層システム 5 社会階層のポストモダン』東京大学出版会、二〇〇〇年、一八一―二二〇頁。片岡栄美「「大衆文化社会」の文化的再生産 階層再生産、文化的再生産とジェンダー構造のリンケージ」、宮島喬・石井洋二郎編『文化の権力 反射するブルデュー』藤原書店、二〇〇三年、一〇一―一三五頁。

(28) 大正から昭和初期の飲食文化の日本的男女振り分け構造については以下の拙論参照。福田育弘「外食の大衆化と飲食空間のジェンダー化 ――関東大震災後の飲食場の再編成――」、『学術研究 人文科学・社会科学編』第62号、早稲田大学教育・総合科学学術院、二〇一四年、二八一―三〇九頁。

(29) 前島康彦『日比谷公園 日本最初の洋風国民広場』東京公園文庫、郷学舎、一九八〇年、五九―六〇頁。

(30) 初田亨『百貨店の誕生』ちくま学芸文庫、一九九九年(初刊行一九九三年)、一四五―一七二頁。

(31) 同書、一四七頁。

(32) 同書、一五三―一五四頁。

(33) この「食べある記」は、二〇二〇年、新字新かなづかいで、教育評論社より復刻版が刊行された。

(34) 時事新報社家庭部編『東京名物食べある記』教育評論社、二〇二〇年(初刊行一九二九年)、九頁。この復刻本には、頁上に初刊行時の頁数もあり、それだと一頁。

(35) 同書、二〇一―二〇四頁。原著では一八三―一八六頁。

(36) 同書、六七―七一頁。原著では四九―五三頁。

(37) 同書、二〇七－二一三頁。原著では一八九－一九五頁。
(38) 福田育弘『新・ワイン学入門』集英社インターナショナル、二〇一五年、一五一－二一七頁。
(39) 前掲書『東京名物 食べある記』、二〇七頁。原著では一八九頁。
(40) 同書、一〇頁。原著では二頁。
(41) 今和次郎『新版大東京案内』(上)、ちくま学芸文庫、二〇〇一年(初刊行一九二九年)、一九三－一九四頁。
(42) 木下謙次郎『美味求真』五月書房、二〇一二年(初刊行一九二五年)、一八－二三頁、六二－一三二頁。本書二章参照。
(43) 前掲書『美味礼讃』、二四三頁。ここでも原文にあたって(*Op. cit.* p.174)訳語を福田が変更した。
(44) 本山荻舟の死の二カ月後の昭和三十三年(一九五八年)十二月に刊行された。『飲食事典』は二〇一二年に上下巻本として平凡社ライブラリーで復刻された。
(45) 本山荻舟『美味はわが家に 萩舟食談』住吉書店、一九五三年、二〇一－二〇二頁。
(46) 本山萩舟編『美味廻國』四條書房、一九三一年、二四四頁。原文は総ルビだが、煩雑になるので、ここではわかりにくいものだけルビを付した。
(47)「ケハレ」については、以下の著作を参考。神崎宣武『盛り場の民俗史』岩波新書、一九九三年。ケハレとは、ハレの時空間における行動を許容するケの時空間のことである。つまり、ケとハレが混在した空間である。その例としてあげられる時空間のひとつが、現代の盛り場である。
(48) 森枝卓士『カレーライスと日本人』講談社現代新書、一九八九年、一八八頁。
(49) ブルデューの「文化資本」と「ハビトゥス」については、フランス文学者でブルデューの多くの著作の翻訳者でもある石井洋二郎『差異と欲望ブルデューの『ディスタンクシオン』を読む』(藤原書店、一九九三年)がわかりやすい(とくに「第1章「資本」概念の拡大」と「第3章 ハビトゥスの構造と機能」)。

(50) ピエール・ブルデュー著、石井洋二郎訳『ディスタンクシオン 社会的判断力批判 I』)藤原書店、一九九〇年、二五九—三四三頁。Pierre Bourdieu, La distinction : critique sociale du jugement, Les Editions de Minuit, 1979, pp.189-248.

(51) 湯沢雍彦『明治の結婚 明治の離婚 家庭内ジェンダーの原点』角川書店、二〇〇五年。

(52) 堺利彦『新家庭論』講談社学術文庫、一九七九(初刊行一九〇四年)、二一九頁。

(53) 同書、二一九—二二〇頁。

(54) 同書、二二〇頁。

(55) 同書、一〇四頁。

(56) 前掲書『食卓と家族 家族団らんの歴史的変遷』、六三頁。

(57) 山田昌弘『迷走する家族 戦後家族モデルの形成と解体』有斐閣、二〇〇五年、一四—五二頁。

(58) 前掲書『食卓と家族 家族団らんの歴史的変遷』、一五七—一五八頁。

(59) 山口昌伴「物質文化としての食卓:チャブ台の正体 —— その姿と形の変遷とその意味」、前掲報告書『国立民族学博物館研究報告別冊 16号』、一五一頁。

(60)『サザエさん』は、戦後昭和二十一年(一九四六年)にまずマンガとして、ついで昭和四十四年(一九六九年)からはテレビアニメとなっている。『ちびまる子ちゃん』は、『サザエさん』と同じように、昭和六十一年(一九八六年)にマンガとしてはじまり、平成二年(一九九〇年)にテレビアニメとなって放映されている。

(61) 前掲論文「物質文化としての食卓:チャブ台の正体 —— その姿と形の変遷とその意味」、前掲報告書『国立民族学博物館研究報告別冊 16号』、一六〇—一六一頁。

(62) 小泉和子「ちゃぶ台という言葉」、小泉和子編著『ちゃぶ台の昭和』河出書房新社、二〇〇二年、一一八―一一九頁。

(63) 前掲書『食卓文明論 チャブ台はどこへ消えた?』、一四四頁。

(64) 同書、一五二―一五三頁。

(65) 前掲書『文化としてのマナー』、六〇頁

(66) 同書、同頁。

(67) リュシアン・フェーヴル著、小倉孝誠訳、「歴史学と心理学」、リュシアン・フェーヴル、ジョルジュ・デュビィ、アラン・コルバン著、小倉孝誠編、大久保康明、小倉孝誠、坂口哲啓訳『感性の歴史』藤原書店、一九九七年(原論文一九三八―九五年)、三三頁。

(68) 前掲書『百貨店の誕生』、一四五―一五六頁。

(69) 白木正光編『大東京うまいもの食べある記』、丸ノ内出版、一九三三年(『コレクション・モダン都市文化 13 グルメ案内記』ゆまに書房、二〇〇五年に再録)。この分析については注28にある拙論参照。

(70) ただし、都市市民の中流以上の家庭では女中がいるのがふつうで、女主人は食事の指図はしても、料理を作るのは女中だった。

(71) 前掲書『食卓と家族 家族団らんの歴史的変遷』、一六七頁、前掲論文「ちゃぶ台という言葉」、一〇一頁、前掲書『食卓文明論』、二一七―二一八頁、など。

(72) 落合恵美子『21世紀家族へ 家族の戦後体制の見かた・超えかた』第四版、有斐閣選書、二〇一九年(初版一九九四年)、九三―一〇八頁。

(73) 前掲書『迷走する家族 戦後家族モデルの形成と解体』、一一八―一五七頁。

(74) 前掲書『ちゃぶ台の昭和』、一〇六頁。

(75) 前掲書『「家庭」という風景 社会心理史ノート』、一六三頁。

(76) 同書、同頁。

(77) 坂本佳鶴惠『〈家族〉イメージの誕生 日本映画にみる〈ホームドラマ〉の形成』新曜社、一九九七、三六八頁。高い視聴率を記録した代表的なテレビの連続ホームドラマには、『肝っ玉かあさん』(一九六八—七二年)、『ありがとう』(一九七〇—七五年)、『時間ですよ』(一九七〇—七四年)、『寺内貫太郎一家』(一九七四—七五年) などがある。

(78) 同書、同頁。

(79) 前掲書『食卓と家族 家族団らんの歴史的変遷』、一六七頁。

(80) 岩村暢子は一九九八年から、一九六〇年以降生まれの主婦が作る家庭の食卓を対象として、事前に個別面談をして食事に関するインタビューをおこなったうえで、一週間にわたって当該家庭の毎日三度の食事がどのようなものであったかを写真つきで報告してもらう【食DRIVE】という詳細な調査をおこなっており、それらの調査結果がこれまでに四冊の著作で解説と分析つきで紹介されている。『変わる家族 変わる食卓 真実に破壊されるマーケティング常識』勁草書房、二〇〇三年(中公文庫二〇〇九年)、『普通の家族がいちばん怖い 徹底調査！破滅する日本の食卓』新潮社、二〇〇七年、『家族の勝手でしょ！ 写真274枚で見る食卓の喜劇』新潮社、二〇一〇年、『残念な和食にもワケがある 写真で見るニッポンの食卓の今』中央公論新社、二〇一七年。

(81) 前掲書『家族の勝手でしょ！ 写真274枚で見る食卓の喜劇』、二二三頁。

(82) 同書、五五頁。

(83) 熊倉功夫「食卓生活史の調査と分析：食卓生活史の質的分析(その2)——食べものと食べかた——」、前掲報告書『国立民族学博物館研究報告別冊 16号』、九九頁。

(84) 前掲書『ちゃぶ台の昭和』、三〇—三三頁。

(85)「日本の食生活全集 東京」編集委員会編『聞き書 東京の食事(日本の食生活全集 13)』農山漁村

文化協会、一九八八年。

(86)前掲書『ちゃぶ台の昭和』、二六―二七頁。

(87)同書、三〇頁。

(88)たとえば、以下の著作。北大路魯山人『春夏秋冬 料理王国』中公文庫、二〇一〇年(初刊行一九六〇年)、『魯山人の真髄』河出文庫、二〇一五年。

(89)久住昌之原作、谷口ジロー作画『孤独のグルメ』。『月刊PANJA』(扶桑社)誌上で一九九四年から一九九六年まで連載されたのち、一九九七年に単行本として刊行され、二〇一二年よりテレビ東京系列でテレビドラマ化された。

(90)「B級グルメ」という言葉は、一九八五―八六年ごろから使われるようになった。

(91)『歩いても 歩いても』(二〇〇八年)、『海街diary』(二〇一五年)、『万引き家族』(二〇一八年)など。

(92)テレビドラマ『マルモのおきて』について、作家で生活史研究家の阿古真理が以下の著でかなりこまかい分析をおこなっている。阿古真理『昭和の洋食 平成のカフェ飯 家庭料理の80年』筑摩書房、二〇一三年、二四二―二四八頁。分析の視点は、「疑似家族」という表現こそ使っていないが、ここでの論点と重なる。

(93)日本の戦後の共食がもつ「家族絶対主義」的思い込み(表象)の負の作用を意識して、「食べるという行為が本来持っていた多様な可能性、食べることによって生まれる多様な出会い」を回復するために、農業史・食の思想史を専門とする藤原辰史は最近「縁食(えんしょく)」という概念を提唱している(『縁食論 孤食と共食のあいだ』ミシマ社、二〇二〇年)。「縁食」とは、ある意味で、ゆるいつながりを許容する新しい共食のかたちといえるだろう。

第二章　共食の場と共食の軸

——日本人の飲食の感性を考える

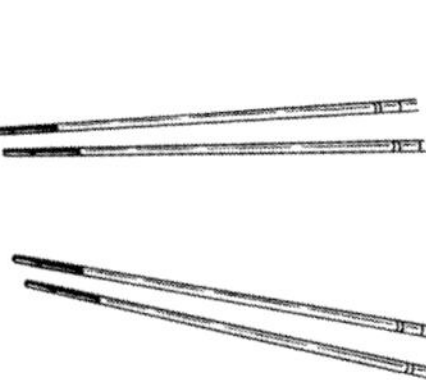

一　日本人の飲食の特徴

日本人の飲食行為の特徴とは、なんだろうか。そうした行為をささえる日本人の飲食の感性とは、どのような特質をもつのだろうか。

こうした問いかけをするとき、もちろん、日本人の飲食行為が時代や地域によって変化し、それをささえる飲食の感性も変容していることを忘れてはならない。

そもそも、繰り返しおこなわれる飲食行為によって飲食への感性が醸成され、その飲食の感性が飲食行為を導いている。前章で指摘したように、フランスの社会学者ピエール・ブルデューは、このような具体的な行為と行為によって形成される身体的な行動図式にはたらく相互の形成と変容の過程を、「プラティック」と「ハビトゥス」という概念で説明した。(1) 習慣的に繰り返される具体的な行為が「プラティック」で、それをささえる身体化した慣習の図式が「ハビトゥス」である。

具体例で説明しよう。わたしたちがご飯とおかずと味噌汁のお膳を前にしたとき、手前に置かれた箸を使って、ご飯を中心に適宜、おかずと味噌汁を食べる。ごく当たりまえの行為である。このような行為が即座にできるのも、日々こうした飲食行為が繰り返し身体に刷り込まれてきたからにほかならない。

毎日の飲食場面で、こうした飲食行為、つまり飲食のプラティックが繰り返され、身体図式としてお膳を前に適切にふるまうハビトゥスが身体に刷り込まれる。いったん刷り込まれたハビトゥスは飲食場面でさほど意識することなく自然に作動し、多くの日本人にとって当たりまえで自然な、飲食のプラティックを導いていく。

ブルデューの社会学では、日常生活で社会的に形成され身体に刻印されるハビトゥスという概念だけがクローズアップされがちだが、ブルデューがハビトゥスという概念を自身の理論にもちこんだのは、慣習とか習慣と呼ばれているものを、具体的な目にみえる行為とそれを導く目にみえない身体図式とに分け、それによって慣習とか習慣とかされるものの形成の動的な在り方を分析の俎上にのせるためであった。

ある種の文化的な行動が社会的な刷り込みの結果であり、この当たりまえの動作がけっしてだれにとっても当たりまえではないと気づくには、異なる飲食文化に身をおいてみるのがわかりやすい。たとえば、フランスで育ったフランス人なら、おそらくまず味噌汁をすべて飲み、それからおかずを食べるだろう。事実、フランスをはじめとした西洋の日本料理店では、まず味噌汁がだされ、それからおかずとご飯をもってくることもめずらしくない。日本人には「え、なんで味噌汁だけ」と思えるおかしな食事のだし方・食べ方だが、前菜（フランス語ではアントレ）、メイン（プラ・プランシパル）を食べ、さらに甘いものをデザート（デセール）として食べるフランスでは、スープとみなされる味噌汁はアントレにあたるからだ。

さらに、問題は複雑である。日本の食事は、一汁三菜や一汁二菜といわれるように、おおむね複数のおかずから構成されているのが普通だ。日本人なら適宜複数のおかずを食べていくが、日ごろから家庭でも順番に料理がだされ（その基本は前菜・メイン・デザートの三品構成）、それらを順次食べていくことを当たりまえとするフランス人にとって、同時にだされる複数のおかずは戸惑いを引き起こす。その結果、彼らにとって前菜的なものにみえる漬け物を最初に食べてしまったり、いくらうながしても、あるおかずだけを集中的に食べてしまうということが起こる。

しかも、日本人ならだれもができる「口中調味」が西洋人にはまずできないので、問題はいっそう厄介なものになる。ご飯が口のなかにあるうちにおかずや汁物を口に入れたり、おかずを食べたり汁を飲んだりした直後にご飯を口のなかに入れて口中で混ぜ合わせるという口中調味自体が、じつは長い刷り込みの結果なのだ。ご飯とおかずが混ぜ合わさって美味しく感じるという味覚的なプラスの価値づけも、こうした刷り込みによって生まれた飲食の感性にほかならない。

長いあいだ、複数のおかず、前菜（アントレ）とメイン（プラ・プランシパル）、場合によっては、デザートの一部であるチーズとさらに甘いデザートを、それぞれ順番に単独で賞味し、それらの味を混ぜ合わせないことに文化的価値があると刷り込まれているフランス人には、複数の料理を適宜つまむことができないばかりか、日本的に複数の料理をつまむ行為の中心であり象徴でもある口中調味が至難の業となる。

このように考えると、飲食のプラティックとハビトゥスの問題が、じつは飲食行為や飲食物に対する価値観をふくんだ感性の問題であることがみえてくる。たとえば、わたしたちが前にしたおかずに筍（たけのこ）や松茸（まつたけ）があれば、そこに春や秋を感じるだろうし、さらにいまでは高価なものになった松茸に豪華さを覚えるだろう。しかし、そうした食材に馴染みがないフランス人には、ただの野菜やキノコとしか映らないし、そこに季節感や豪華さを感じることもないだろう。繰り返されるプラティックで形成されるハビトゥスは、結果として味覚的価値判断もふくむ飲食の感性を形成する。少し前置きが長くなったのは、料理だけでなく、飲食という行為自体が文化的で社会的な意味をもつことを確認したかったからだ。

そのうえで、ここで考えてみたいテーマは、そうしたハビトゥスと価値観に規定された日本人の飲食の感性のどこに特徴があるか、である。とくに問題にしたいのは、飲食の文化的な価値が集中する美食と、社会的な価値が集約される共食である。つまり、なにを美味しいと感じ、なにをもって共食とするかである。

人間を他の動物から区別する定義は、「道具を使う動物である」「言語を使用する動物である」など、学問分野によっていろいろあるが、文化人類学者であり、日本における学術的な飲食研究の先駆者である石毛直道は、「人間は共食する動物である」(2)と定義する。たしかに、動物が共食することはほとんどない。人類学は動物として身体的に頑強ではないホモサピエンスが当初から集団で生活していたことを教えている。食糧の確保というレベルで個の生存は集団によって保証されていた。共食は人間の生存条件であり、人間の社会性の基盤なのだ。したがって、共食という概念がなくとも、どの時代のどの社会においても共食的な行為がなんらかのかたちでプラスの方向で価値づけられてきた。しかし、その価値づけられかたは時代や社会によって異なり、共食行為の意味と範囲も同じように異なっている。日本人の共食とはなにかが問われなくてはならない所以(ゆえん)である。

さらに問題は、美食と共食の関係である。なにを美味しいと思うか。どのように食べるのが美味しいとされるのか。これが文化的な価値づけとしての美食である。文化的な価値づけである美食と社会的な価値づけである共食の関係も、時代と社会によって異なっている。この点も考察しなければならない。

でも、どうやって。それにはこのいささか長い前置きがすでに手がかりをあたえてくれる。飲食のように日々の刷り込みが深く、当たりまえとなっている領域においては、外からの視点、いいかえれば異なる社会との比較が有効であるということだ。

以下では、こうした外の視点を活用しながら、日本においてさまざまな理由で飲食のプラティックが大きく変化し、新たな飲食のハビトゥスが形成され、それが日本人の飲食の感性にどういう影響をあたえたかを考察したい。

二　ミシュランガイドにみる飲食の日本的感性

ホテルレストランガイド『ミシュランガイド』（*Le Guide Michelin*）は、もっとも広範囲な地域をカバーし、もっとも体系的な観光用のガイドブックである。『ミシュランガイド』が最初に刊行されたのは一九〇〇年、長期休暇(ヴァカンス)の習慣が政治家や弁護士・医者、ジャーナリストや文化人といった社会わりだした時代である。

の上層階級に広まり、移動手段が十九世紀に発達した鉄道から当時普及しはじめた自動車に振り替わりだした時代である。

十九世紀の初頭から高まりつつあった旅行熱に応じて、ヨーロッパの各国では、個人が編集した旅行ガイドが刊行される。一八三二年にはドイツのカール・ベデカー、一八三六年にはイギリスのジョン・マレー、一八四一年にはフランスのアドルフ・ジョアンヌが、それぞれ旅行用の観光ガイドを刊行している。そのような風潮にのって一九〇〇年にはじめて刊行されたのが『ミシュランガイド』だった。

なぜ、フランスの大手タイヤメーカーが観光ガイドをだすのか。車での移動がまだ困難だった時代に、旅に必要な、車の修理工場、ガソリンスタンドなどの情報を掲載したのが始まりというが、わかりやすくいえば、車での観光を促進し、自動車の購入者が増えれば、結果としてタイヤの需要が伸びるということだ。ここが鉄道旅行を想定したそれまでの観光ガイドとの違いだった。

当初は、自動車の保有者に無料で配布された手帳サイズの小冊子だった『ミシュランガイド』は、毎年改訂され、やがて星印（実際は六つの花弁からなる花マークのようにみえる）による料理の評価やナイフとフォークをあらわすクヴェールマーク（ナイフとフォークが斜めに交差してバツ印のようにみえる）による店舗の格付けを導入して内容が充実すると有料となり、現在にいたっている。毎年改訂される観光ガイドとしては『ミシュランガイド』は世界的にみても非常に古いものである。(3)

『ミシュランガイド』が対象としている地域は、現在では当初のフランスを越えて、西欧の諸国におよび（ベルギー、オランダ、イタリア、ドイツ、スペイン、ポルトガル、イギリス、アイルランドなど）、二〇〇五年にはアメリカのニューヨークシティを対象とした版が、二〇〇七年には非西洋地域をはじめて対象とした東京版が刊行された。(4) かつてはフランス版だけで毎年数十万の発行部数を誇ったが、現在では『ミシュランガイド』の評価がウェブサイトでも参照できるため、書籍としての発行部数はかつてほどではない。それでも、世界でもっとも影響力のあるホテルレストランガイドであることに変わりはない。

『ミシュランガイド』の体系性は、毎年のガイドの冒頭に載せられている「ミシュランガイドのコミットメント」（Les Engagements du Guide Michelin）に明確にしめされている。二〇〇七年からは『ミシュランガイド東京』が刊行されており、その冒頭に掲げられた日本語の「ミシュランガイドのコミットメント」では、「匿名調査」「独立性」「セレクション」「年次更新」「一貫性」が『ミシュランガイド』の独自性として強調されている。調査員が身分を明かさず、店側や関係者から金品の供与を受けることなく、独自の調査で店を選び、毎年評価を更新するとともに、評価の基準が明確に規定されて一貫していること。これがほかのガイドと異なって『ミシュランガイド』が体系的な理由である。

こうした『ミシュランガイド』の恒常性、汎用性、体系性がかえって各地域の飲食文化の特性を照らし出す。『ミシュランガイド』がおおむね類似した飲食文化をもつ西洋の国々を対象としている場合はさして問題とならなかった判断基準が、はじめて大きく異なる飲食文化をもつ日本を対象とすることで、一貫した基準を維持しようとするがゆえに、かえって表記上で一定の増補を施すことを余儀なくされたからだ。

フランス版と日本版でのもっとも大きな違いはレストランの料理のジャンル分けである。もともとフランス版は、国別に料理を分類しており、掲載店の九〇％以上はフランス料理である。しかし、日本版では当然ながら掲載されるフランス料理店の軒数は星のついたレストラン全体の約半分以下、平均して三〇％前後で、その割合は年々低下している。主流は日本料理店で、恒常的に六〇％を超えている。もちろん、西洋料理としては数軒のスペイン料理店と数軒から十数軒と増えつつあるイタリア料理店が、非西洋料理としては数軒の中国料理店と韓国やアジアの料理を提供する料理店がふくまれている（再度確認するが、これは星のついた店のことである）。

そのうえで、日本料理というジャンルは当初からさらに細分化され、懐石風の「日本料理」（当初は「和食」）のほか、「寿司」「蕎麦」（当初は「そば会席」）[5]「天ぷら」「うなぎ」「ふぐ」「鉄板焼」などの下位ジャンルがあり、この下位ジャンルは、その後「天ぷら」「精進料理」「とんかつ」から「おでん」「すきやき」「蟹料理」のほか、「焼鳥」「お好み焼き」「居酒屋」におよび、はては「ラーメン」「餃子」「おにぎり」までくわわり、当初八項目だったものが、二〇二一年版では二十六項目にまでに増えている。

フランスでは、ブイヤベースを売りにする店でも、最低限魚を食べない人のために、フランス人ならだれでも食べるアントルコット（リヴロースステーキ）があり、また肉料理を専門にする店でも、ヨーロッパ人の好きなサーモンのポワレぐらいはかならずメニューに載っている。

日本に来たフランス人によく「とりあえずおまえの知っている近くの美味しい店に行こう」といわれるが、なにを食べるのかあらかじめ限定しないと、あとで困ることになる。事実、すし屋にいって、肉料理はないのかといわれたこともあれば、うなぎ好きの男性をうなぎ屋に連れていったら、奥様がうなぎ嫌いで食べる料理がなかったこともある。

日本人にとって当たりまえの飲食店における料理の専門化と個別化は、ヨーロッパ基準ではすでに特異な文化現象であることがわかる。日本人にとって、専門店化とはその分野での料理の質の高さを意味する。なんでもありのファミリーレストランには、なんでもあるものの、「なんでもそこそこだ」と感じてしまうのが日本人ではないだろうか。

事実、一九七〇年代以降、高度経済成長と一億総中流化の流れのなかで「ファミリーレストラン」という名称で展開してきた多くのチェーン店は、バブル崩壊以後伸び悩んでいる。この事実からも日本人の飲食の感性が専門的で個別的であることに価値をおいていることが理解できるだろう。

ただし、わたしがここで注目したい日本版『ミシュランガイド』の独自性は、一見するとよりこまかい別の点にある。こまかいといっても、よりわかりやすい違いでもある。というのも、問題にしたいのは、店の雰囲気や性格が簡単にわかるよう店名の右横につけられた、いくつかの記号だからだ。

たとえば、これまでの欧米版『ミシュランガイド』にはなかった記号に、日本酒の徳利と猪口が左右に並んだマークある。

これが日本酒の品揃えがいいことをしめす記号だと理解するのは難しくない。凡例を説明した冒頭に近い頁には「興味深い日本酒」とある。本家の『ミシュランガイド』にある「興味深いワイン」をしめすぶどう房のマークと同類である。

靴に斜めの線が引かれたマークも欧米版にはない記号だが、これも容易に想像がつく。これらの店では「靴を脱ぐ」必要があるということだ。つまり、畳の敷かれた座敷で食事をする飲食店である。これもわかりやすい。

では、丸でかこまれた電話の受話器とナイフが並んだマークと、同じ図柄で受話器に斜線が引かれたマークのふたつはどうだろうか。これらも電話のイラストから、先が「要予約」、あとが「予約不可」と想像がつく。しかし、このふたつの記号も日本以外の『ミシュランガイド』にはなかった(6)。要予約のほうは二〇〇八年の東京版からからあったが、「予約不可」のほうは二〇一一年に登場する。「居酒屋」や「うなぎ」屋など、予約を取らない掲載店が増えたためだ。

フランス版では、三つ星店や評判の店の解説の最後に括弧で「予約推奨」と記されることはあるが、基本的に予約するのが慣行であり、まして予約不可というようなレストランは考えられない。

二〇一五年版以降、日本版では「ラーメン」店や「お好み焼き」店が掲載され、この「予約不可」のマークが増えていく。いかに日本では庶民的な飲食店がその専門化という洗練によってミシュランガイドに評価されているかが理解できる。

最後の事例は、料理がそれなりの質なら、内装やサービスをふくめた雰囲気もよくなるという西洋的常識から逸脱する日本の飲食文化の特徴を示唆している。『ミシュランガイド』的な、ということは西洋的な見方からすれば、三つ星から、一九九七年よりフランス版に登場した手頃な価格で美味しい料理の食べられる店をしめすビブグルマン Bib Gourmand（食いしん坊のビブ）をへて、星なしまでの五段階[7]に分かれた料理を評価する星の数と、日本では「快適度」とされ、五段階に分かれるクヴェール（ナイフとフォーク）数で区分される店の格はおおむね比例する。とりわけ星のついた店はそういう傾向にあり、星の多い店は格式も高くなることが多い（ただしこの逆、格式が高くなると星も増えるということはない）。

たとえば、二〇二一年の『ミシュランガイド』の東京とパリの三つ星店をくらべてみよう。パリの十軒はすべてフランス料理で、店の格が最上級であることをしめす5クヴェールがもっとも多く五軒、4クヴェールが三軒、ややカジュアルでもそれなりの服装とマナーが要求される3クヴェールが二軒である。これ以下の店はない。これに対して、東京では、三つ星十二軒のうち、5クヴェールが一軒、4クヴェールが四軒、3クヴェールが二軒、2クヴェールが六軒もある。

ちなみに、三つ星5クヴェールはフランス料理「ジョエル・ロブション」、4クヴェールのうちの三軒は「フランス料理」、ほかの一軒はきらびやかな内装と創意に富んだあでやかな料理で知られる「龍吟（りゅうぎん）」、3クヴェールのひとつは日本人シェフによる現代風のフランス料理店「カンテサンス」と「中国料理」一軒で、2クヴェール五軒のうち四軒は「寿司」で、一軒は「日本料理」である。「日本料理」と区分されているのは、伝統的な懐石風の高級和食店だ。フランス的な格式と料理の質の一致は日本では通用しないことがわかる。こうした傾向は二〇〇八年版の『ミシュランガイド東京』からつづいており、今後変わるとは思われない[8]。

ここで、フランス的な格式が問題だという見方も成り立つだろう。しかし、二〇一〇年版から刊行されている京都・大阪版では、見事な日本庭園で知られる「吉兆 嵐山本店」や京都の老舗料亭で美しい和風建築の「菊乃井本店」が、星による料理（ともに三つ星）への評価とは別に格式で5クヴェールの最高の評価を受けているから、『ミシュランガイド』の格式評価がけっして日本的な格式とズレているわけではない。

機能しないのは、格式と料理の対応関係なのだ。くわえて二〇一五年版からはフランス版にないさらに簡素な店をしめす、ゆげのたつどんぶりの右横に一膳の箸が置かれたマークが登場した。ラーメン店で星を獲得した店があらわれたことへの対応と考えられる。箸の位置がフランス人に馴染みのある縦置きの中国風なのはご愛敬だ。もちろん、このマークのつくほとんどの店には「予約不可」のマークが付されている。

そうした味と格の不対応をよくしめすのが、料理が高評価を受けながら、格式で劣るとされた店舗にほぼ共通してつけられている日本版『ミシュランガイド』独自の記号、左右に細長い長方形の上に黒丸がひとつ、下にさらに黒丸が三つ横に並んだマークである。なんの記号かおわかりだろうか。

「カウンター席が主体」という意味である。三つ星のついた「寿司」屋をふくめ、ほとんどのすし店[9]にはこのマークがついている。日本のすし屋は、高級店でも、いや高級店ほどカウンター主体である。すしは、とくに江戸前の握りずしは鮮度のいい魚介を握り立ての状態で食べるのが一番美味しいからだ。日本的な飲食の感性の大きな特徴であり、鮮度のいい魚介の鮮度を活かして賞味するすし屋に、それが典型的にあらわれていることがわかる。二〇二一年版では、三つ星の「日本料理」店六軒のうち三軒にも、この記号が付されている。

ただし、この記号はあくまでその店舗が「カウンター席が主体」であることをしめすだけで、「カウンター席のみ」を意味するわけではない。実際には、どの三つ星店にも、カウンター席のほかに、テーブル席や座敷があることが多い。とはいえ、「カウンター席が主体」であることも事実である。

そもそも、三つ星の「日本料理」店五軒のうち二軒をのぞいて、『ミシュランガイド』に掲載された写真にカウンター席が写っている。ちなみに、掲載店にかならず店内の写真が添えられるのも日本版『ミシュランガイド』の特徴のひとつであった。[10] 高級な「日本料理」でも「カウンター主体」の店が多く、「カウンター主体」でなくとも、カウンターが置かれている店の数は驚くほど多い。

カウンターで高級な料理を食すということはフランスでは考えられない。ゆったりとした空間で、心地のよい椅子に腰掛け、こまやかなサービスを受けながら、気のおけない家族や友人たちと、じっくり料理を味わって食べてこそ正餐であるという根強い刷り込みがあるからだ。カウンターはあくまでバーやカフェで一杯引っかけたり、ファーストフード店で簡便に食事を済ましたりするためのかりそめの空間にすぎない。

しかし、『ミシュランガイド』の日本版が独自の記号によって外国人の旅行者に注意をうながすように、現代の日本では、フランス人にとって落ち着かない仮の飲食空間でしかないカウンターこそが、料理を賞味する特権的な空間として評価されている。そこには、日本的な飲食の感性にとって、そうした場こそが美食の空間であり、また会食者同士の社交に重きをおく西洋的な共食とは異なる日本的な共食のかたちがあるといえそうである。

三　日本的な共食のかたち「カウンター割烹」

カウンターが現代の日本でどう評価され、どのようなものとして感じられているのか。

一九九〇年代ごろから「カウンター割烹（かっぽう）」という表現があちこちに登場している。そこで「カウンター割烹」を検索語として『朝日新聞』『読売新聞』『毎日新聞』『日本経済新聞（日経新聞）』の記事を調べてみると、(11)『朝日新聞』『読売新聞』各十件、『毎日新聞』六件、『日経新聞』十四件(12)の記事がみつかった。

初出は『日経新聞』が一九九〇年、『朝日新聞』が一九九五年、『読売新聞』は一九九八年、『毎日新聞』は二〇〇〇年である。経済界の動向に敏感な『日経新聞』の記事が一番早いのはうなずける。なにかのついでに「カウンター割烹」にふれただけの記事も数件あるが、それ以外のほとんどの記事は大阪や京都を中心にカウンター割烹が広がりをみせていることを伝え、そのよさを作る側と食べる側の視点から紹介している。

もっとも早い『日経流通新聞（現『日経MJ』）』の一九九〇年九月十一日の九面に掲載された記事は「味の素とダイエーが折半出資したジャンニーノ・ジャパンが東京・銀座の銀座フォリービル内にイタリア料理店「ジャンニーノ・ギンザ」を開店した」ことを伝える短い記事で、最後にビル内の飲食店運営会社がビル「全体を「三味美房」と名付け、八・九階のジャンニーノのほか、キューアンドエス（東京、川村正一氏）の運営する中華料理店「天厨菜館」が六、七階に、同じくカウンター割烹「気楽」が五階にオープンした」（傍点筆者）とむすんでいる。この記事からは、飲食業界ではすでに「カウンター割烹」がひろく知られた営業形態だったことが伝わってくる。

『朝日新聞』での初出となる一九九五年四月二十二日の夕刊八面の記事もカウンター割烹を紹介する内容ではなく、「カウンター割烹」のよさを前提に語っている。「天ぷらをおいしく揚げる栗原雅直（食楽考）」と題されたその記事は、「寡聞にして東京しか知らないが、天政（水道橋）やてん茂（日本橋）は、目の前でご主人が揚げるてんぷらを、その場でさめないうちに食べるぜいたくなカウンター割烹だ」という一文ではじまり、「てんぷらの味は、揚げのタイミングで決まる。一種のアートとも言える。例えばみかわ（茅場町）のご主人がてんぷらを引き上げるタイミングの絶妙さは、見ていても息がつまるようである」とつづいている。

天ぷらは揚げたてが一番美味いから、カウンター形式の食べ方にふさわしい料理のひとつだ。「その場でさめないうちに食べるぜいたくなカウンター割烹」という表現がそれをよくしめしている。日本の多くの天ぷら店がかなり大きなカウンター席をメインにしているのも納得できる。

同じ『朝日新聞』の二〇一〇年十一月二十二日朝刊の「グローブ52号」八頁の記事は、六本木の住宅街にある日本料理店「かんだ」の店主を紹介したものだ。「カウンター割烹の命はライブ感覚だ。飽きられぬ秘訣は三口目が勝負」というリードではじまる記事は、カウンター割烹の特徴を次のように説明している。

一見(いちげん)の客であれば、店主の神田裕行(47)も最初の一杯に注目している。何をどんなペースで飲むか。ビールをグイと空ければイケる口とみて、料理はしばらく酒肴(しゅこう)中心の組み立てとなる。

カウンター割烹の命は、そうしたライブ感覚だという。日本酒を楽しむ客と、ワインで通す客に同じ料理は出せない。ワインでも白の飲みっぷりに勢いがあれば、いずれ赤に移るだろうと、2品後に肉料理を用意させる。即興が延々と続く。

神田は、包丁を握りながら客をあしらい、従業員を統率する。毎晩がカウンターを挟んだ真剣勝負。非常口はない。「逃げも隠れもできないから、逃げ隠れしなくてもいいように精進しています」と神田はいう。

カウンター形式の飲食空間は料理人にとって、そのときどきのお客にあったサービスを提供できる臨機応変の形式であり、こまやかな気配りが要求される供応空間であることがよくわかる。食べる側も料理人に自分の希望を伝えることができるし、なにが今日は美味いのか、どの食材が旬なのか料理人から教えてもらうこともできる。美味しい食事をもとめて作る側と食べる側がコミュニケーションするのが、「カウンター割烹」の醍醐味（だいごみ）である。

その一方で、食べ手同士のコミュニケーションもテーブル形式とは変化する。一九九八年五月二十八日の『朝日新聞』夕刊九面の記事は「テーブルでは向き合わせの位置で、上下関係が出来てしまう。接待の場合はそれでいいだろうが、その分だけ話がきれいごとになる。その点カウンターに横に並ぶと、まったく対等で正直に話ができるような気がする」という「文藝春秋最高顧問」の発言を伝えている。

思い思いの料理をつつき、自分の好きな酒を飲みながら、ときに料理人との飲食談義をはさみつつ、それを潤滑剤としてくつろいだコミュニケーションが展開される。これもまたカウンター形式のよいところだ。

さらに、カウンター形式の店では、料理人がみずから給仕をし、食べ手の食べ方に応じて料理をだせるため、料理に無駄がでにくく、人手もかからない。その結果、テーブル席や座敷を主体にした店よりも、料理の単価を安くすることができる。高級和食店の料理でも、カウンターでなら手頃な価格で味わうことも可能となる。『朝日新聞』の二〇一三年八月二十五日大阪朝刊一七面の記事は、その利点を次のように伝えている。

京都で近年オープンする日本料理店のほとんどがカウンターを中心とした店で、「さいき」などミシュランの一つ星にも数多く輝く。才木さんは「料亭には庭、掛け軸、花、器、料理、接客など日本文化を体現した最高のおもてなしがあるが、今はその分の経費を食材にかけようと思う料理人が多い。カウンター割烹は京料理の入門編の役割を担っている」という。

『日経ＭＪ』の二〇〇四年十月六日二〇面の記事も、「京都の「美山荘」、カウンターで割烹」というリードのあと、次のような内容がつづいている。

もともと食事だけでも利用でき、野菜やキノコ、川魚など地元産の食材を生かした「摘草料理」を座敷で庭の緑を眺めながらゆっくりと食べるコースが人気だったが、料金はひとり1万5000円からと、あくまで格式の高い料理旅館だ。そこに今年五月、カウンターで脚を伸ばして食事する「名栗の板敷きの間」が登場した。料金も同じ摘草料理のメニューとして、8000円からと比較的手軽に設定した。

同じ『日経ＭＪ』の二〇〇五年三月十八日四面の記事は、カウンター割烹「祇園さゝ木」が若い女性に人気であることを伝え、「若いご主人がカウンターの中に陣取り、客の好みや酒食の進み具合を見て、変幻自在に料理を組み立てていく。だからこの店のコース料理は、隣り合う客が全く違うものを食べているという光景が珍しくない」とカウンターでの食事の魅力を伝えている。

事実、『ミシュランガイド』の京都・大阪版には、「カウンターが主体」のマークのついた懐石を基調にした日本料理店が目白押しだ。

こうしたカウンター形式の飲食店の隆盛は、日本では、すし屋や高級和食店だけでなく、ラーメン屋やワインバーにまでひろくみられる現象である。それを美食というレベルで考えれば、その要点は、作り手が季節の食材をもっともいい状態で客の好みに応じて調理して提供するということであり、食べ手は食べ手でそのときどきのもっともいい状態の食材を自分の好みに応じて調理してもらい賞味することができるということになるだろう。それを可能にするのが、作り手を食べ手と向かい合わせ、両者のコミュニケーションをうながすカウンターという飲食空間なのだ。

こうして日本的な美食が食材をもっともいい状態で食材に合った調理法で料理して提供し、ときをうつさず最良の状態で食すことにあること、日本的な共食がなによりも食材をはさんだ作り手と食べ手のコミュニケーションにあることがみえてくる。

しかし、カウンター形式の飲食は歴史的にみれば、そう古いものではない。いつから、どのように広まったものなのだろうか。

四　「カウンター割烹」の登場

多くの新聞記事が指摘しているように、[13] カウンターをメインとする飲食店は明治末（一九一〇年前後）から大正期（一九一二―二六年）に大阪ではじまった。

大阪在住で、NPO法人「浪速魚菜の会」を主宰し、大阪食文化の専門誌『浮瀬』の編集長を務める笹井良隆の編著『大阪食文化大全』によると、大正十三年（一九二四年）に大阪の新町に開業した「浜作」が意識的にカウンターを主体にして和食をだした最初の店だったという。

大正十三年、北浜にあった仕出屋で修行した森川栄と塩見安三の二人の料理人が、新町に「浜作」を開業した。森川が新鮮な魚介を割き、塩見が烹方を担当する。また、カウンターを取り巻くように置かれた椅子は、板前の手許が覗き込めるように一段高く作られていたという。こうして「浜作」は、華麗な割烹の技をカンター越しに客にみせる、斬新なスタイルを取り入れたのである。[14]

この著作には、森川が、その後、昭和二年（一九二七年）に祇園に開店した「祇園 浜作」の創業当時の写真が載っている。そこにはL字型のかなり幅のひろい木製のカウンターの内側に立って調理をする森川自身のほか、ふたりの男性料理人とひとりの和服姿の女性給仕が写っている。

笹井良隆は「「浜作」のような割烹店は他にもあったかもしれないが、ここまでカウンターを意識した店はなかっただろう」と述べ、「新しい割烹として、料理を食べるだけでなく、観ても楽しんでもらう。そのお得意の高いサービス精神は、いかにも実利の町、大阪らしい発想だといえよう(15)」と「浜作」の創意を高く評価している。

こうしたカウンター割烹が食べ手に受けた背景には、関西で多かった自宅へ料理を運ぶ「仕出屋」もふくめ、「すべてが仕込み料理、客が来る前に、事前に作っておくという作り置き料理」であり、「これでは旨さのタイミングを逸してしまう(16)」という京阪の都市部によくみられた外食店の在り方があった。カウンター形式は、こうした欠点を解消する画期的な給仕法であり、食べ方であった。

ただし、笹井良隆も「カウンター割烹の濫觴［はじまり］は、大正時代にできた新町の「浜作」より早く、明治時代に遡ることになるだろう(17)」と述べている。実際にいくつかの古い大阪案内の類いを調べてみると、それ以前にも簡易な椅子に腰掛けてカウンター形式に近いかたちで、できあがるはしから料理を食べさせる店が何軒かあったことがわかる。たとえば、明治三十六年（一九〇三年）に刊行された『夜の京阪』には、次のような記述がある。

> それから是も美味いので通つて居るが、店の形式の異つたのは、御霊筋の魚治で、一組二組の客の上れる小坐敷もあるが、表は腰を掛けて飲食する事になつて居る、立派な料理屋でも出すまいと思ふやうな代物を使つて、寧ろ自慢で喰はせるのだ、只の腰掛けだと思つて飛込んだ

ものは、其の料理の佳いのにも驚くだらうが、亦勘定の不廉にも一驚を喫するであらう、是れと同式の家は、他にも幾軒もあつて、南の寶善寺内には『みどり』を頭として、入船、四五銭亭抔いふのがあつたが、入船は近頃休業し、四五銭亭も腰掛け式を廢めて、櫓町のはうで只の料理店を營んで居る、續いて名高いのは稲荷の玉水であつて、腰掛け式の外に坐つて飲食する處もあれば、二階にも幾つかの坐敷があつて、晝夜共に繁昌を極めて居るのは、畢竟安いのを以て賣込んだからである（……）材料は何があると聞いて、何を刺身にして何を吸物にしてと、好みの注文をするのがあれば、案じよう見造つてと言ふのもあり、一面識もない人物と隣り合つて、手酌に猪口を傾け、料理に舌鼓を鳴らす工合は、寔に平民的なもので、此式は東京にも無いではなないが、斯う大阪ほど盛んではない。[18]（後略）

この記述から、大阪の繁華街に腰掛け式で美味いものを食べさせる店が何軒かあったことがわかる。その典型が「魚治」で、二階には小さな座敷があるが、一階の表の通りに面した部分は「腰掛けて飲食する」スペースだった。ただ、料理は美味いが、値段が高いとも書かれている。とくに、「只の腰掛けだと思つて飛込んだものは、其の料理の佳いのにも驚くだらうが、亦勘定の不廉にも一驚を喫するであらう」とあって、この記述からは、料理が美味いので値段が高くても常連がついていること、多くの人にとってはまだまだ簡便な腰掛け式では料理もそこそこで値段も安いだろうという思い込みがあったことがわかる。

とはいえ、同じ腰掛け式の店に「四五銭亭」というのもあり、店名は一品料理の値段をあらわしているると思われるので、とすれば当時の物価からはかなり廉価(れんか)で、「魚治」が例外ともとれる。事実、同類の店構えの「玉水」の繁盛は、料理の値段が安いからだと指摘されている。

さらに、こうした腰掛け式の店が当時の大阪にはすでに何軒もあるが、腰掛け式をやめて「只の料理店」にもどったところもあったと書かれている。当時の「只の料理店」とは座敷式のことだから、この時代は座敷式から腰掛け式への端境期(はざかいき)だったことがうかがえる。

また、引用の後半には、その場で料理人になにができるかをたずね、適宜料理をだしてもらったり、適当にみつくろってもらったりすると、美味いものが食べられるとあるので、料理人と対面しながらの即席料理だったこともわかる。さらに、腰掛け式はどうも横並びの相席で、カウンター形式に近かったと推測できる。これをこの文章の筆者は「寔(まこと)に平民的」と形容し、そこに東京にはあまりない大阪の特徴を認めている。この記述から、東京では座敷中心の威厳のある店が相変わらず主流だった当時のよりひろい飲食事業もみえてくる。

じつは、ここでいわれている簡易な腰掛け式の飲食がどんなものだったかをうかがわせる版画が、明治四十五年（一九一二年）に刊行された『畿内見物　大阪の巻』に載っている。(19) この著作は明治中期から昭和初期までに何冊も刊行された文学者たちのご当地に関するエセーを集めたアンソロジーのひとつで、この著作にも吉井勇や木下杢太郎、与謝野晶子や上田敏といった人びとの文章が掲載されている。この著作の口絵や挿絵を描いたのが洋画家の中澤弘光で、そのひとつが左上の「魚治」

を描いたものだ。調理場で料理を準備する右端の店主らしき人物の後ろ姿の前に、いくつかの料理が無造作に置かれた幅のひろい長い木の卓がみえる。客は描かれてはいないが、調理場で作った料理をふりかえりざまに卓ともカウンターともいえる板の上に置いたといったおもむきの構図である。

カウンター割烹の場合、調理場がカウンターのすぐ前にあり、料理人の手際が客からみえるが、ここでは調理場は板の卓から距離を置いた壁向きにしつらえられていて、料理人は客に背中をみせている。完全なカウンター形式とはいえないが、料理人がその場で調理したものを後ろを向いてすぐに客にだせるので、これまでの客同士が相対しそこに料理が運ばれてくる座敷での会食とは大きく異なっている。さきほど引用した『夜の京阪』によれば、こうした店が大阪には数軒あったというから、たしかにカウンター割烹のはしりであり、本式のカウンター割烹への移行形態だともいえるだろう。

『畿内見物　大坂の巻』(1912年、東京都立図書館蔵)

これらの文献を参照すると、「浜作」が意識的にカウンターを利用し、カウンター割烹の嚆矢となったことがよくわかる。

こうして客と料理人が相対しながら、料理人が客の好みと腹具合に応じて料理をだし、客は客で自分の好みを料理人に伝え、料理人から食材や料理の情報をえながら料理を食べていくというカウンター割烹が完成する。

ただし、「カウンター割烹」という名称の誕生は第二次大戦後のことであり、新聞記事での初出が一九九〇年ということを考えると、おそらく一九八〇年代以降のことだと思われる。それ以前にカウンターが料理店と関連して語られている記事はない。そうした店は『夜の京阪』にもあるような「腰掛けて飲食する」店といわれており、大正や昭和のグルメ案内には、よく「腰掛料理」とか「腰掛け式」の「即席料理」という表現が登場する。これは当時依然として畳を敷いた「座敷」で坐して食べる方式が正式と考えられていたことをしめしている。

大阪の消費者の需要に合ったこのカウンター形式による料理屋は、やがて一九二六年になって元号が昭和に替わると、「急速に市内に増え」[20]ていく。このカウンター形式による飲食のプラティックが、新しい時代の飲食のハビトゥスを形成し、日本人の飲食の感性にも大きな影響をおよぼしていく。おそらくそれをささえたのは、商業都市大阪の比較的新しく勃興した実利に聡い商人階層に属する人びとだったと考えられる。

五　カウンター形式の広がり

このような座敷から腰掛けへの転換を、外食産業が繁栄する東京でうながしたのが大正十二年（一九二三年）の関東大震災だった。地震とそれにつづく大規模な火災は東京の大半の建造物を破壊し、都心を焼け野原にした。その後、復旧していく過程で、料理店の多くが近代的なキッチンを取り入れて、店構えも近代的なものになった。近代的なキッチンによって、そば屋や和食料理店でもカレーやトンカツをはじめとした洋食をだすことが可能となり、いまもみられる和洋折衷のメニューが登場する。

店構えの近代化は、畳の座敷が主体だった料理店に、椅子に腰掛けてテーブルで食すという新しい外食様式をもちこんだ。震災が日本人の飲食のプラティックの変更を余儀なくし、結果として古いハビトゥスが上書きされていったのだ。

明治二十八年（一八九五年）生まれの在野の歴史学者、森銑三（もりせんぞう）は大のそば好きで、震災後のそば屋の変容を次のように嘆いている。

藪そばの本家は、今は神田の連雀町にある。昨年の震災の為め、苦心を残されてゐた江戸そばの遺物は、一つ残らず焼け失せた。此程焼け跡に建てられたが、もう「神田のやぶ」の面影も薄い。テーブルに曲木椅子で、中腰になつてすゝるのでは、そばも根ツからうまくない。(21)

「神田のやぶ」は江戸時代からつづくそばの老舗（しにせ）で、「更科」「砂場」と並ぶそばの名店だった。江戸情緒を残す東京に暮らし、そばをこよなく愛した森にとって、畳に坐すのではなく、椅子に腰掛けてテーブルで食べるそばは情緒がないだけでなく、味覚的にも味気ない代物だった。旧来の文化資本(22)を深く身につけた森にとって、刷り込まれた飲食のハビトゥスの変更は難しく、それが新しい飲食のプラティックへの嫌悪となってあらわれている。ハビトゥスが感性をかたちづくる大きな要素となっていることがよくわかる。

すでに震災前から関西資本の大手カフェや料理店の東京進出ははじまっていた。震災による被害で大きな損失を被った多くの料理店が立て直しに苦労し、銀座をはじめとする東京の繁華街がほぼ更地になったため、震災後、こうした傾向が加速する。すでに一章に登場した歴史小説家で料理店まで営んだ料理好きの本山荻舟は昭和二十六年（一九五一年）刊行の『東京案内記』の「東京料理の變遷（へんせん）」で次のように書いている。

この江戸前の料理に一大変革をもたらしたのが、あの大正末期の大震災だ。これで有名な料理店という料理店はみんな焼けてしまつた。そしてこれを契機として関西料理が東京に進出してきた。(23)

このような変化をむかえつつあった震災後の東京にカウンター形式を看板に進出したのが、前述の「浜作」だった。昭和三年（一九二八年）に銀座八丁目に開店した「浜作」は現在までつづく銀座の人気店であり、その売りはカウンター形式による関西風の惣菜の客の好みを考慮した手早いその場での調理だった。

作家で食にうるさかった谷崎潤一郎（一八八六―一九六五）の晩年の傑作長編『瘋癲老人日記』の冒頭に近い場面に、この銀座の「浜作」が登場する。主人公は七十七歳の老人で、「婆サン」と呼ばれる妻と息子である浄吉の嫁の颯子とともに歌舞伎を観たあと、仕事帰りの浄吉と落ち合い、「浜作」で夕飯を食べることにする。主人公の日記という体裁で、地の文がカタカナ表記のため少し読みにくいが、予約の場面を引用してみよう。

「モウ五時ダネ、オ婆チャン、コレカラ銀座ヘ出テ晩飯ヲ喰ッテ帰ロウジャナイカ」
「銀座ノドコヘ」
「浜作ヘ行コウヨ、コノ間カラ鱧ガ喰イタクッテシヨウガナインダ」
颯子ヲ呼ンデ浜作ニ電話サセ、カウンターノ席ヲ三四人分取ッテオイテ貰ウ。六時ニ行クカラ浄吉モ来ラレタラ来ルヨウニ云ワセル。(24)（下線は谷崎による。次の引用でも同じ。）

わざわざカウンター席を指定して予約しているところがミソだ。時節は初夏で、鱧は初夏を代表する関西の味覚である。谷崎は東京日本橋の商家の生まれだが、大震災を機に中年時代に長く関西に移り住み、そこで関西の味を覚えた。

豫定通リ六時浜作着。浄吉ノ方ガ先ニ来テイル。婆サン、予、颯子、浄吉トイウ順ニ腰カケ

> ル。浄吉夫婦ハビール、予ラハ番茶ヲタムブラーニ入レテ貰ウ。突キ出シニ予ラハ滝川ドウフ、浄吉ハ枝豆、颯子ハモズク。予ハ滝川ドウフノ他ニ晒シ鯨ノ白味噌和エガ欲シクナッテ追加スル。刺身ハ鯛ノ薄ヅクリ二人前、鱧ノ梅肉二人前。鯛ハ婆サント浄吉、梅肉ハ予ト颯子デアル。焼キ物ハ予一人ダケガ鱧ノ附焼、他ノ三人ハ鮎ノ塩焼、吸物ハ四人トモ早松ノ土瓶蒸シ、ホカニ茄子ノ鴫焼。(25)

鱧以外にも、豆乳を寒天で固め滝状にしつらえて清涼感を演出した滝川豆腐や鮎の塩焼など、初夏の味覚が並ぶと同時に、白味噌、鯛、早松（さまつ）と関西の食材のオンパレードでもある。鮎も昔から関西のほうが美味いといわれてきたし、さまつは初夏にでる松茸に似たキノコで関西の料理店でよくみかける。

　これだけの品が自在に頼めて、しかも最良の状態でつぎつぎだせるカウンター形式の利点がよくわかる描写である。すでにかなりの量だが、主人公の老人は、さらに追加しようとして、妻にたしなめられる。すると、それを見越していたように「オ爺チャン、コレ召シ上ッテ下サラナイ？」(26)と颯子が食べかけの鱧を主人公に差しだす。じつは、老人もそれを期待していて、この颯子の残した鱧を内心嬉々として賞味する。そう、この小説の主題は、性的な機能を失ってもなお食と性に執着し、息子の若い嫁にエロスを感じる老人の愛欲の物語なのだ。

　ここで俄然カウンター席が重要な意味を帯びてくる。引用文からわかるように、主人公は颯子の隣に座り、妻と息子は端に座っている。つまり、妻や息子に正面からみられることなく、主人公は颯子と交渉できるのだ。

カウンター割烹の利点を「まったく対等で正直に話ができる」とした新聞記事を紹介したが、ここでは横並びによって生じる別の親密さが問題になっている。

小説冒頭で、食にからませて主題となる性の問題を鮮やかに提示する谷崎の手腕には感心するばかりだが、ここでは同時にカウンター割烹の魅力もいかんなく描かれている。選択と注文を料理人に直に告げつつ、自在に料理を賞味し、ときに共有さえできる。料理をはさんだ開放的であると同時に親密な空間、それがカウンター形式の飲食の魅力であり、利点でもある。

こうして、カウンター形式の料理店は東京にも広がっていく。その理由がよくわかる美食家谷崎の見事な描写である。

このような関西の割烹に押されて、江戸料理を受けつぐ伝統的な東京料理は急速に衰退していく。明治十一年（一八七八年）に岡山県に生まれ、明治末から昭和初期まで東京と大阪の双方で新聞記者として活躍し、都市風俗の深部に取材した探訪記を数多く残した、一章にも登場した松崎天民は、近代美食批評の先駆者でもあった。昭和五年（一九三〇年）刊行の「安くて美味い京阪の酒」という項目ではじまる『京阪食べある記』の「日本一の食味都市大阪」の項で次のように書いている。

私にしてみても、大阪へ旅行する折々、何よりの樂しみは、宿屋で食べる飯の味の美味いこと、酒の味の好いことにある次第を、否む譯にはいかなかつた。上方を知らぬ東京の人は、「大阪の味は水ッぽい」とか「何か知ら淡泊すぎる」とか云ふが、何ぞ知らん東京の味は、甘くて辛くて、何一つとして上方の風味に及ばぬと云つても、云ひ過ぎではなかつた。(27)

東京料理への痛烈な批判だが、東京の味もよく知り、東京の料理店の食べある記も著している松崎なので、それなりに説得力がある。つづけて松崎は東京料理の関西化を指摘している。

東京の料理が、次第に上方風になつてしまひ、關西化して來たことが、何より此の間の消息を語つて居た。昔からあつたといふ江戸前料理は、早く既に姿を消してしまつて、星ヶ丘茶寮にしても、錦水にしても、浪花家にしても、銀水にしても、白水にしても、「あすこは美味い」と云はれる家の料理は、大抵上方出の料理人が鹽梅(あんばい)した上方料理であつた。(28)

そもそも、これほどまで江戸料理が関西料理に圧倒された理由はなんなのか。東京人が大阪料理を「水ッぽい」とか「淡泊すぎる」というなら、江戸料理がもう少し残ってもいいはずだ。問題は料理自体にではなく、ひろい意味での料理の出し方・食べ方、つまり飲食のハビトゥスにあった。松崎は『京阪食べある記』の一年後にだした『東京食べある記』の「料亭は何處へ行く」という項で次のように嘆いている。

美味い上方風の東漸は、固より結構なことではあるが、東京料理としての美味さと云ふものが、強い特色といふものが、一軒や二軒はあつても宜からう。「宴會屋で、藝妓をあげて遊ぶところだ」とのみで、實際その家の女中だけでは、サービスも不完全であるやうな構成だつたり、これらの料亭で飲食する場合には、藝妓をあげることを以て常法の如くに心得、藝妓を呼ばずに飲食する客を、けちん坊の如くに待遇する習慣は、決して感心すべきことではなかつた。[29]

東京料理の衰退は、料理自体にあったというより、飲食のさいにはかならず座敷に芸者をよんで遊ぶ、その食べ方にあった。つまり、ある種の飲食のハビトゥスとそこに由来するプラティックに東京料理衰退の本当の原因があったのだ。芸者と遊ぶには金がかかる。その遊芸に重きをおいて料理の味をおろそかにしたのが衰退の理由だったとし、松崎はこれにつづく「食味第二主義の店」という項でそうした店を名指しで批判している。

このような芸者つき御座敷東京料理の対極にあるのが、関西で興隆したカウンター形式の関西風割烹料理だった。松崎も「銀座のうまい物屋」の項目で、まっさきに「大阪料理の濱作」をあげている。[30]

松崎より一世代若く、東京の風俗を子細に観察し書き残した、前述の今和次郎も、昭和四年（一九二九年）刊行の『新版 大東京案内』で、「大料理店の最低定價の宴會」について「食べ物はほんの少量で、まるで建物や調度を食べに行くやうなもの」と批判し、「大料理店ほど見識振つて舊式で厄介なものはない[31]」としながら、前年に銀座に開業した「浜作」を高く評価している。

> 銀座の資生堂裏へ開業した大阪料理の濱作は、腰掛式の手輕さにも拘らず、うまいといふ評判が高い。これは東京で見られなかつた上方式の店構へと、大阪風の包丁の鹽梅が、一つには東京の人達に珍奇である爲めかも知れない[32]。

さすがに松崎が注意しなかったカウンター形式に注目しているところは、新しい都市風俗に敏感だった今和次郎らしい。しかし、関西カウンター割烹の隆盛の理由は「珍奇」さにあったのではなく、外食の目的が御座敷料理に象徴される芸者をあげた宴席から、料理自体を楽しむという会食に移行し、それにともなって社会の飲食のプラティックとハビトゥスが変容しつつあることにあった。

それをささえたのは、大正期から昭和初期に新たに形成された官吏やサラリーマンからなるいわゆる「新中間層」だったと考えられる。座敷で芸者をあげて宴会をするにはそれなりの文化資本の蓄積が前提となる。しかし、多くが地方出身だった新中間層はそうした文化資本をもたず、より素人に近い女給がサービスをするカフェを好み、その一方でより実質的な会食をよしとした[33]。

関東大震災による物質的な近代化の促進を背景に、大正時代は、日本の飲食のハビトゥスが新たなプラティックによって塗り替えられていく時代だった。飲食への感性もこうしてより味覚中心のものになっていく。

六　カウンター形式料理の源流

いまでは多様なジャンルの料理をふくむことができるように、「カウンター割烹」と呼ばれているが、料理自体のもとをただせば、それは京阪の伝統的な日本料理であり、その源流は茶の湯の料理、江戸中期以降「懐石料理」といわれるようになる洗練された料理にある。(34)

そもそも、狭い茶室で亭主と呼ばれる主人から、食べ手である客が直接飲食の饗応を受ける茶会は、カウンター形式の飲食を、出会いのための演劇的所作として、究極まで様式化したものとみることができるだろう。

茶の湯とはなにか。これについては専門家や茶道家、研究者や歴史家のあいだに多くの議論があり、簡単に定義することはできないが、それでも茶会がはじまりから終わりまで亭主と客が対面して飲食を媒介に心を通わす時空間であるというのは、多くの論者や茶道の実践者が否定しない茶の湯の核心だろう。そこでは亭主は客をおもんぱかり、客は亭主の真心を感じてそれに投合し、心をかよわせる。茶や食べ物への洗練された味覚だけでなく、所作や道具へのこまやかな美意識を共有したうえで、感覚的にも精神的にも参加者が一体感をすみずみにいたるまで味わうのが茶の席だといえるだろう。心身にわたる共食空間の演出が茶の湯であり、その完成した形態は戦乱の十六世紀に生きた千利休を完成者とする「わび茶」とされ、そこでもとめられる心身合一の様態はかねてより茶道の古典に依拠して「一座建立」と呼ばれてきた。

茶の湯の歴史の第一人者である歴史学者の熊倉功夫は『茶の湯の歴史 千利休まで』（朝日新聞社）のなかで茶の湯の歴史とその理念を次のように簡潔に説明している。

> 千利休が創造したわび茶の理念は、それまでの遊興的な、別の言葉でいえば開放的な空間での楽しみという茶の湯の性格を一変させ、茶室という閉鎖的な空間で強い規範性を持つ行動を求め、喫茶の儀礼に、集中的に一座建立の盟約を実現しようとするものであった。それだけに結衆の儀礼として回し飲みは重要な意味を持ったのである。[35]

十六世紀は寄り合って句を着け合う「連歌」が盛んにおこなわれた。もともと、「一座建立」も連歌でいわれた言葉だった[36]。連歌のつどいは文学的な寄り合いであり、その意味で非日常でもあった。それを利休やその周囲の茶人たちは飯を食べ、茶を飲むという日常のもっとも卑近な行為（プラティック）に導入した。しかも、食ではなく、喫茶を最重要とした点も注目に値する。

十八世紀以降、ルイ十四世の絶対王政の政治的権力の誇示の場として発展し、十九世紀にいたってガストロノミー言説（美食言説）によって体系的に語られるようになったヨーロッパの高級料理としてのフランス料理[37]は、あくまで料理が主体であり、そこではワインもふくめた飲むことは食べることの一部だった。最後のデザートは食事を締めくくる食事の重要な構成要素だが[38]、そのあとに飲むコーヒーがフランス料理の主役となることはありえない。壮麗なフランス料理のコース全体が、最後のエスプレッソのためにあると考えるフランス人はいないだろう。

こう考えてみると、最後の濃茶の回し飲みにもっとも重要な意味を見出す茶会が、いかに独自な飲食文化であるかわかる。飲食欲を駆動力としながら、飲食欲をそれが展開する場面で統御しようとする禁欲性が強く感じられる。しかも、亭主の茶の点て方と客の飲み方に関するすべての動作が様式化されているのだから、単純に考えて驚くべき文化である。

当時は、武士の饗応料理として室町時代に確立された豪華な本膳料理が人びとがつどうさいの正式の料理だった。最低でも、汁一品と菜五から六品に飯が載った一の膳（本膳）に、汁や菜が複数置かれた二の膳や三の膳がだされる本膳料理は、非常に豪華で盛りだくさんな内容だった。主君が家臣の自宅を訪れる「お成り」ともなると、七の膳までだされることさえあった[39]。それに対して茶の湯の料理は、一汁三菜ないし一汁二菜であり、場合によっては和食として最低限ともいえる一汁一菜にまで切りつめられた簡素なものだった[40]。

十七世紀の作とされ、現在では偽書であることがほぼ確定した『南方録』とは異なり、利休の弟子が書いた『山上宗二記』（やまのうえそうじき）は、岩波文庫版の校訂者である熊倉功夫がその「解説」で「最も信頼すべき資料[41]」とした、茶の湯の歴史を研究する学者のあいだで評価の高い史料である。そこには「会席の事[42]」という茶の湯の料理の要諦を述べた一文があり、「物を入れて、そそうにみゆる様にするが専ら（もっぱ）なり」[43]とある。ちなみに、筒井紘一（つついひろいち）の『山上宗二記を読む』では、この一文の現代語訳は「器に食物を入れて粗相にみえるようにするのが第一である」[44]となっている。

利休の茶会での料理については、不意に訪れた茶人宅で、あらかじめ来訪を知っていた亭主が当時手がかかるためぜいたくな食材だった肉餅（かまぼこ）をだしたため、気分をそこねて早々に帰ってしまったとか、[45]息子の道安に茶に招かれて訪れてみると、息子が庭の野菜を採っているので感心していたのだが、汁の蓋を開けてみると、野菜とともに高級魚の鱸（すずき）が入っていたので息子を叱責した、[46]といったたぐいの逸話にことかかない。ここにはあり合わせの季節の食材を食材そのものの味を活かし、作為を感じさせずに調理することを理想とする利休的な茶の湯の料理の理念が明確にしめされている。

このような食材の旬へのこだわり、食材のもつ本来の味を活かした、その場での創意にあふれた、しかしけっして過度にならない簡素ともいえる調理はまさに関西のカウンター式料理の真骨頂でもある。しかも、すでに述べたように、一座建立をめざす茶会での飲食は、共通の美意識と味覚にたったうえで、作り手が食べ手の思いを推し量り、食べ手が作り手の真心に感嘆することで成り立つ。しかも、茶道史を批判的に検証する神津朝夫が指摘しているように、初期の茶の湯では「亭主は料理を相伴し茶も飲んだ」[47]という。まさに、料理と茶を介した作り手と食べ手の一心同体が一座建立だった。

作り手と食べ手の交流とは、新聞記事が語っていたカウンター式飲食の魅力であり、醍醐味でもある。もちろん、ここには谷崎が主人公をとおして描いてみせたように、作り手と食べ手のあいだに季節の食材を食材のもち味を活かして調理することへの評価という美食美学の共有がなければならない。それをふまえて、作り手が食材を手早くさばき、食べ手がその料理を最良の状態でいただくという慣習化した行為（プラティック）とそれをささえるハビトゥスが作動する必要がある。

いずれにしろ、こと料理文化に関するかぎり、コンビニの弁当にさえ季節感が演出される日本では、あえて冗語的表現をいとわずにいえば、日常のさりげない飲食物にも季節感を感じようとする感性、季節以上に季節感を重視する飲食の感性が程度の差はあっても人びとの心の底に深く刷り込まれているといわねばならない。この感性は、わたしたちの飲食行為の基層でつねに作用している。[48]そうでなければ、一年中「季節限定」の食品や飲み物が販売され、企業の売り文句だとわかっていても、ついつい買ってしまい、そうした商品が手を替え品を替え発売される日本的な飲食文化の在り方は理解できないだろう。

ところで、三章で詳しく述べるように、社交性、つまりともに食べる人びとのむすびつきを最重要視するフランスの美食言説にくらべ、日本の美食言説はそうした社交としての共食を重視せず、食材の最上の状態を「旬」という概念でとらえ、食材のもっている本来の美味さである「真味（しんみ）」を尊重しつつ、この季節感の重視という味覚上の美学をもっとも重視する。その結果、飲食におけるこの季節感重視の美学の共有によって、たとえ孤食をしていようと食べ手はほかの食べ手とつながっている。[49]

その点について、ここでこれまで論じてきた茶道に様式化された飲食の理念を考えると、いきなり季節感をとおしてむすびつく前に、人間同士のつながりとしての共食が仲介項として強く作用していることに気づく。茶の湯では、料理と茶を仲介として、亭主と客が強くむすびついて一座建立が成立する。つまり、まず作り手と食べ手が飲食物を介して心身同体となり、それをさらに仲介として食べ手同士もむすびつく。そんな構図が浮かびあがる。茶会の最後の段階でおこなわれる濃茶の回し飲みは、まさにこのふたつの重なるむすびつきを象徴的にしめす行為といえるだろう。

フランスで美食言説を確立したブリヤ・サヴァランが『美味礼讃』で美食の喜びを味わう条件としてあげているのは、一章ですでに確認したように、けっして洗練された料理や高級ワインではなく、「そこそこに美味しい料理、よいワイン、感じのいい会食者、十分な時間」の四つである[50]。これを茶道における茶会の理念にあえてあてはめると、「素材を活かした質素な料理、よいお茶、趣味を共有した亭主と客、十分な時間」となるだろう。

最後の「十分な時間」については、利休の教えを聞き書いたとされる先述の『南方録』が「二時に過べからず[51]」としていることをふまえたものだ。「二時」とは、現代の四時間にあたる。ブリヤが想定した食前酒からはじめて食後酒に終わるコース料理の時間に近い長さである。

ただし、これには日仏ともに注釈が必要だろう。というのも、これ以前の本膳料理は当日の午後三時ごろの主君の到着にはじまって、翌日の午前十時の退出まで二日にわたることもあったからだ[52]。利休の主張はむしろだらだらとつづく酒食を短時間に切りつめ、緊張感のある演劇的空間のなかでつどう人のつながりをもとめたものだといわねばならない。

じつは、歴史的な文脈を補えば、ブリヤが生きた十八世紀後半から十九世紀前半のフランスでも同じような状況だった。十八世紀風の「大いなる給仕法」（le grand couvert〔ル・グラン・クヴェール〕）と呼ばれた王侯貴族の大宴会では、多様な前菜的料理と複数の魚料理や肉料理が一度に給仕され、それが三回つづくのが普通だった。こうしたみた目の豪華さを重視した貴族的な宴会は半日以上つづくことも稀ではなかった。ブリヤ・サヴァランやそれにつづくグリモ・ド・ラ・レニエール（一七五八―一八三七）の生きた十九世紀は、そうした給仕法が整理され、いまの一品一品だされる給仕法へと移り変わっていく時代だった。[53] ブリヤもグリモもより簡素な食べ方を描き、推奨している。[54] ブリヤやグリモの会食同様、懐石料理も、前に酒礼、後に酒宴をともない、膳の数を競う視覚優位の長時間にわたる本膳料理による宴会を四時間にまで切りつめたものだった。ともに温かい料理を温かいうちにだし、本来の意味での味覚重視という点でも、ブリヤやグリモの会食と懐石料理は共通している。いわば、近代的共食としての会食料理なのだ。

十八世紀から十九世紀のフランスでは権力が貴族から市民階級であるブルジョワに移行した時期であり、茶の湯は、とくにやがて主流となるわび茶は、商業都市堺の裕福な町衆がおもなにない手だった。日本ではその後の徳川時代まで政治的には武士階級が権力をになっていたが、経済の面では裕福な町民、フランス風にいえばブルジョワが実権を握り、文化的にも豊かな町民文化を築いていく。ここには、政治的経済的な権力の移行期に新たに興隆する階層の人びとによって新しい飲食のプラティックが形成され、結果として飲食のハビトゥスが変容していくという、より深い共通性も読みとることができる。

さて、このように茶の湯の料理を考えれば、日本では茶の湯的なは共食性がきわめて重視されていることがわかる。大正十四年（一九二五年）刊行の木下謙次郎の『美味求真』[55]をはじめ、日本の近代の美食言説が食材の旬の味を活かした調理をつねに熱く語り、飲食の社会性をほとんど問題にしなかったのは、すでに茶道がフランスの場合以上に徹底的に独自なかたちの共食を重視したからだと考えられる。だからこそ、近代日本の美食家の一部に茶道におけるあまりに徹底した共食重視、儀礼化した社交への反発や敬して遠ざけるといった感情がはたらいたのかもしれない[56]。

ただし、そうだとしても、木下をはじめ近代以降の美食言説が、わび茶に究極の形態が見出される季節感重視の飲食美学を引き継いでいることもまたいなめない。若い世代の研究者たちによる批判的な文化史研究によると、わび茶が茶道の主流であるという見方が江戸時代に形成され、明治から戦前までの後退をはさんで、戦後になってまた復活したという[57]。しかし、その一方で、日本の美食言説で、「旬」や「真味」といった概念やそれに類する見方がつねに語られてきたことも事実である。

フランスでは飲食の社会性が重視される。美食は社会性としての共食を保証する条件である。楽しいつどいを可能にするのが美味しい料理である。ただし、ここでいう社会性としての共食は、あくまで会食者たちのものである。一方、日本人の飲食の感性では、まず作り手と食べ手の料理を介した相互理解が重視される。その相互理解をとおして会食者同士がむすびつく。これは料理人をとおして、あるいは結果としては料理をとおして、その場にいない会食者とつながるという感性にまで発展する可能性を内包している。

豪華な本膳料理や茶の湯の料理としての懐石料理を酒中心の宴会料理とした江戸時代以降の会席料理では、およそ食べきれない量の料理がだされるが、最後の膳は「引物」といってもち帰るのが慣例だった。[58] 宴席に参加できない人も料理をとおして共食にあずかるためだ。引物は「引出物の膳」ともいわれ、その後「引出物」になる。これが現在の結婚披露宴に残る記念品ないしお土産としての引出物の由来である。

日本人の飲食の感性にとって、共食はその場だけにかぎられるものではない。手作りの弁当を食べて、食べ手は作り手とつながりを感じる。作り手と食べ手とのつながりを第一とする日本的な共食観（共食感）では、そうした空間と時間の隔たりを越えた共食も可能となる。

飲食の習俗についても多くの論攷を遺した日本を代表する民俗学者柳田國男（一八七五―一九六二）は『明治大正史 世相編』で弁当について次のように述べている。

弁当の原理は影膳などともよく似ていた。家でも今時これと同じ飯を、集まって食っているだろうという点に、無形の養分は潜んでいたのである。すなわち、ある一つの共同飲食の分派だということが、眼に見えぬ塩気ともなっていたのである。[59]

影膳（陰膳）とは、長期の旅行に出かけている人や亡くなった人など、その場にいない人の無事を祈って供える食事である。このように日本人はその場にいない人やこの世にいない人とも共食ができる。それが日本人の飲食の感性なのだ。

美食と共食という観点でみれば、フランス人の飲食の感性では、美食は共食を成立させるかぎりで重要である。つまり、共食が美食の条件なのだ。一方、日本人の飲食の感性では、美食は自立しているようで、深いところで共食とむすびついている。いいかえれば、美食は作り手の思いとつながるかぎりにおいてそのまま共食であるといえるだろう。

いずれにしろ、大正時代と同じように、安土桃山時代（一五六八―一六〇三）から江戸時代（一六〇三―一八六八）の日本では、裕福な町人がになう茶の湯という新しい飲食のプラティックによって、新たな飲食のハビトゥスが形成され、共食と美食の独自な関係性が確立したことはまちがいないだろう。

七　対面式の飲食空間

大正から昭和のはじめに江戸料理を受けつぐ東京料理が衰退し、東京でも関西料理が隆盛したと述べた。しかし、現在、世界でもっとも評価されている日本料理の筆頭といってよい「すし」や「てんぷら」、あるいは「そば」は江戸発信の料理である。すでに引用した江戸学者の森銑三は江戸時代の飲食事情を次のようにまとめている。

高くて旨い鰻と、廉くて旨い蕎麦とが、江戸の食べ物の両横綱だったと見てもよい。鰻についで、江戸では天ぷらが始まるが、これは化政期〔江戸時代後期の文化・文政時代一八〇五―一八二九年〕には、まだ白雲頭の丁稚が、大福餅と共に買食いをする下等のもので、まだまだ問題にせられない。天ぷらが盛んになるのは明治に入ってからであった。[60]

もっとも遅れて登場するてんぷらは、十九世紀前半には「まだ白雲頭の丁稚が、大福餅と共に買食いする下等のもの」とされている。てんぷらが当初、買食いするものだったのは、簡便な屋台で売られていたからである。じつは、こうした江戸の食文化を代表する食べ物は、おおむね屋台発信だった。森銑三より二十五歳年上の明治三年（一八七〇年）生まれで、江戸時代に実際に生きた人びとを身近に知っていた、やはり在野の江戸研究家だった三田村鳶魚（みたむらえんぎょ）はその著書『江戸ッ子』で、「一体江戸の料理というものは四条とか、[61]大草（おおぐさ）とか[62]いうような庖丁家（ほうちょうか）の料理でない。町料理（まちりょうり）といって、それとは全く別のもの」であると述べ、その主流を「屋台店（やたいみせ）と縄暖簾（なわのれん）」であるとしている。[63]

飲食の歴史を専門とする歴史学者の原田信男が数多い一次史料を渉猟してまとめた『江戸の食生活』によれば、江戸時代の外食産業は、中世に起源をもつもっとも原始的な天秤棒（てんびんぼう）に塩や味噌などの調味料や豆腐や魚といった食材のどれかひとつをぶら下げて売り歩く「振売（ふりうり）」にはじまり、やがて加熱調理した簡便な料理を人の賑わう場所に立って売る「焼売（やきうり）」とか「煮売（にうり）」が登場し、さらに組立式の移動できる小型店舗でその場で調理した料理を売る「屋台店（やたいみせ）」に進化し、その一部が「小屋掛（こやがかけ）」といわれる簡易な店舗となり、そこからしっかりした店構えの飲食店である「茶屋」や豪華な会席料理を提供する「料理屋」が生まれるという経過をたどったという。[64]

立って簡便な料理を売る「煮売の筆頭は蕎麦屋[65]」であり、調理しながら売り歩く振売や焼売には鰻の蒲焼さえあった。[66] そして、幕末期になると、「屋台店の代表は天麩羅（てんぷら）と鮓（すし）[67]」だった。一方で「茶屋」の一部には「水茶屋」のように女性に接待させる店もあり、高級な料理屋でも給仕には女性があたっていた。[68] 明治以後の東京の御座敷料理につながる宴席料理の系譜である。

在野のそば研究家、笠井俊彌の『蕎麦 江戸の食文化』は、川柳や狂歌を中心に江戸時代の多様な文献を引用し、江戸人のそばへの感性を描いた著作だが、そば屋として取りあげて論じているのは、ほぼ「夜蕎麦売り（よるそばう）」だけである。これは夜中から明け方に出た屋台店で、別称「夜鷹（よたか）蕎麦」ともいわれ、のちには宣伝に「風鈴（ふうりん）」をつけた屋台も出回ったことから、「風鈴蕎麦」とも呼ばれた。注目したいのは、ここでも客との対面方式を利用して、コミュニケーションが商売繁盛のノウハウだったとされていることだ。疲れた夜の客への配慮のほか、夜蕎麦売りは地域の情報通でもあり、客の必要に応じてさまざまな情報を提供したという。[69] こうした笠井の記述からも、初期の煮売以後、そばは屋台がメインだったことがわかる。

江戸時代の飲食文化を考えるとき、原田が「なんといっても江戸の庶民に料理文化を直截に享受させたのは、小は振売や屋台から大は料理屋に至る膨大な数の食べ物屋であった[70]」と指摘しているように、上級武士や富裕な町民を顧客にする高級料亭がある一方で、庶民の胃袋を満たした振売や屋台が併存していたことも忘れてはならない。

では、なぜこれほど外食産業が江戸で発展したのか。それは参勤交代のため家族を国元に残して江戸詰めをする武士のほか、町人の世界でも住みこみではたらく単身の奉公人が多く、外食への大きな需用があったからにほかならない。原田は当時の人口関連の資料から、十八世紀に百万の人口を要する世界最大級の都市となった江戸では、町人人口が過半で、町人では男性が女性の一・五倍であったと積算している。[71] 簡便な外食の隆盛をうながしたのは、単身男性の存在だった。

さきほどの三田村鳶魚は『江戸ッ子』のなかで、江戸の町人、とくに職人の飲食の感性を次のように叙述している。

> 鳶(とび)の者でなくっても、大工にしろ、左官にしろ、あるいは、棒手振(ぼてふり)[72]にしても、駕籠舁(かごかき)にしてみても、相当に身体を烈しく使うものですから、うんと食っては仕事が出来ない。明治になっても車夫は度々に食う、一度に食っては動けないといった。そうした食選み(しょくえらみ)をする。身体が続かないといって、銭を惜しまずに栄養価の多いものを食う。度々食うのだから、彼等はいずれも小食であって、極めて飲食の料が少いから、従って、三度きめたものだけでは腹が減ってくる。大飯食いは田舎者だとして、彼等は軽蔑しておった。[73]

職人的な江戸っ子気質をよくとらえた文章である。ちゃちゃっと食べられて、それでいて美味しいそばやすし、てんぷらや駄菓子が江戸の名物になったのも当然だった。

注目すべき点は、明治の東京でさらに発展し、いまや世界的な展開をみせるすしやてんぷらだけでなく、江戸時代にはそばや鰻までが煮売や屋台でおもに販売されていたという事実である。調理学や食文化論を専門とする大久保洋子が、これらの江戸の食べ物を一括して「江戸のファーストフード」とくくったのは的を射た表現だった。[74]

煮売・焼売にしても、屋台・小屋掛にしても、作ってある料理ないしその場で作る料理を、食べ手が作り手から直に購い、多くの場合、その場ですぐに消費する。江戸の名物も、簡易な屋台をはさんで作り手が食べ手と相対するカウンター形式の飲食だったといえるだろう。京都や大阪からみれば当時新興都市だった江戸で、おもに町人や職人といった庶民によって新しい飲食のプラティックが作られ、それが新しい飲食のハビトゥスを編成し、その場で手早く調理された料理をその場で手早く食べるのが美味しいという感性が生まれたのだ。

こうしたハビトゥスとそれによって培われた感性を端的にしめすのが、すしである。すしの販売では、明治に入ってからも屋台式販売が残り、それが店舗を構えた「内店」にも採用されていく。

野口元夫の名で俳優としても活躍した日本橋の老舗すし店「吉野鮨本店」の三代目の吉野昇雄（一九〇六―九一）には、自身の見聞をもとに、すし関連の古書にあたってすしの歴史やすしのタネ（材料）を詳しく解説した『鮓・鮨・すし すしの事典』がある。とくに、すしとすし屋の変遷については、江戸時代末に握りずしを発明したとされる「與兵衛鮓(よへいずし)」の四代目店主の弟で俳人でもあった小泉迂外(うがい)（一八八四―一九五〇）が明治四十三年（一九一〇年）に刊行した『家庭 鮓のつけかた』[75]によりながら、かなり詳細にあとづけている。吉野によると、明治から戦前までのすし屋には次のような区別があったという。

内店は、高級な店は料亭式に座敷で食べさせ、普通の店は出前と土産用にすしを握った。その場で食べるすしは、夜の屋台店が売っていたのである。両者のすしの差は、つまり商売の違いによって生じた。即製即食であるか否かの違いである。[76]

要するに、明治以降も、一部の高級店をのぞいて、その場で食べるすしは屋台のすし屋だった。ここで補足すれば、出前も持ち帰りも、多くの場合、その店の料理を信用して注文する常連だから、これも作り手と食べ手がすしを介してむすびつく、遠隔的な主客共食の形態のひとつだといえるだろう。

さらに吉野は、当時店舗を構えていた「普通の店」も夜には屋台をだし、その場ですしを握り売っていたという。[77]

事実、吉野の父も夜は母とともに屋台をだしていた。つまり、いまや老舗となっている「吉野鮨」も、夜になると屋台を組立て、すしを売りにでかけていたのだ。ただ、屋台は重いので、どの店も屋台を毎晩店舗の近くの同じ場所に置き、常連客を作って大事にしたそうである。[78]
こうした屋台での販売がじつはすし自体の在り方を変えたと吉野は分析する。

少しの手間も省けるだけ省いて、一個の握りでも多く売りたいのが屋台店であり、そのための工夫を凝らす。そこで手のこんだ調理はしだいに敬遠されることになりタネの魚や貝も加工に手間をかけるより生のままのほうが楽だし、仕事も早い。どうしても純生（じゅんなま）のタネに頼るようになる。

客のほうも、純生のほうが見た目も新鮮で、口当りもよいし、魚さえ新しければ、必ずうまい。もったいぶった昔型よりもこちらのほうが江戸っ子向きだ、とばかりに好む客が増える。売れるようになる。

となると、すし屋のほうも、最初は手間を省くためだった仕事が「しきたり」になってしまい、今度は昔の仕事では客が承知しなくなる。ついには昔風のすしを売っていた内店まで、屋台方式にならったすしを売らざるをえなくなってきた。[79]

すし屋が屋台中心だったからこそ、鮮度を重視する現代の握りずしが生まれたというのだ。屋台というプラティックが身体の刷り込みとしてのハビトゥスの重要な構成要素である味覚を変更したのだから、注目すべき指摘である。このような鮮度を重視した握りずしは、明治三十年代の氷冷蔵庫の登場で決定的なものになる。

志賀直哉（一八八三―一九七一）が大正八年（一九一九年）に発表した有名な短編小説「小僧の神様」には、屋台のすし屋が登場する。貴族院議員の中年紳士が友人のすし通にすすめられて意をけっして入りすしをつまむのは、京橋にある屋台のすし店だ。美味しいすしをだすと評判になっていた屋台のすし屋が当時すでに存在していたことがわかる。そこに神田の秤屋の小僧が電車賃を節約して手にした四銭を握ってやってきて、安いのり巻きを頼むが今日はないといわれて、作り置きしてある鮪のすしに手をだすが、六銭だといわれて身体をこわばらせて退散する。これを哀れに思った貴族院議員の紳士が身分も名前も隠して内店のすし屋に前払いをしたうえで、その小僧に存分にすしを御馳走するという物語だ。

明治三十九年（一九〇六年）生まれの吉野もこの小説に注目し、この時代を知る者の視点で、「たかだか屋台店であるが、わざわざ出かけるに価いするような店があったのは本当で、けっしてつくりごとではない[80]」と述べている。

もちろん、吉野が指摘するように、元手のあまり要らない屋台のすしで稼いで、いずれ内店を構えるというのが多くの屋台店主の思いだったが、屋台だけで終わるすし屋も多かったという[81]。ただし、昭和十四年（一九三九年）に公衆衛生法や道路交通法が改正整備され、屋台のすし屋は禁止され、姿を消していく。

このようなすし屋の変容過程で面白いのは、出前と持ち帰り専門だった内店がその場で食べさせるようになると、内店に屋台式の構造が取り入れられたことである。吉野はそれを「付属屋台」と命名し、次のようにつづけている。

> 明治末期から大正時代にかけて現実に存在していたのは、内店の入口に向かって右側か左側に取り付けられた屋台である。これは、道路から暖簾をくぐればすぐ立食いできるから、その点、独立の屋台店と少しも変わるところはないのだが、握り手の背後があいていて家の奥まで見通しになっているので、時にすし屋の家族などと顔を合わせることもあるから、それが気づまりだといって『付属屋台』を敬遠する客もあったらしい(82)。

内店が本来、出前と持ち帰り用だった時代から、その場で食べさせる空間になっていく移行期にできたのが、吉野のいう「付属屋台」だろう。当初、持ち帰り用の内店にはその場で食べるカウンターは整備されていなかったということだ。

そんな変化が志賀直哉の『小僧の神様』から二十年後の昭和十四年（一九三九年）に岡本かの子（一八八九―一九三九）が発表した短編小説「鮨」から読みとれる。この作品にはいまと同じように店主が握るすしのつけ場の前に台が用意され、客が作り手と相対して、会話を交わしながらすしを頼んで、つまんでいく様子が描かれている。

新らしい福ずしの主人は、もともと東京で屈指の鮨店で腕を仕込んだ職人だけに、周囲の状況を察して、鮨の品質を上げて行くに造作もなかった。前にはほとんど出まえだったが、新らしい主人になってからは、鮨盤の前や土間に腰かける客が多くなったので、始めは、主人夫婦と女の子のともよ三人きりの暮しであったが、やがて職人を入れ、子供と女中を使わないでは間に合わなくなった。[83]〔傍点は原文〕

前の店主のときは出前がおもだったが、いまの店主になって、土間やすしを握る鮨盤の前に腰掛けて注文しながらすしをつまむ客が増えたとある。この描写から、戦前の昭和初期がカウンター主体のその場で食べるすし店への移行期だったことがわかる。とくに、常連は鮨盤の前に座り、主人とやりとりをしながら、季節に応じてそれぞれ好みのすしをつまんでいる。

そんな常連のひとり、五十過ぎぐらいの紳士、湊(みなと)が、自分がなぜすしを好むのか、すし屋の娘で女学校に通うともよに語る幼年時代の出来事が小説のメインストーリーである。異常なまでに潔癖症で、食べることが苦痛だった子どもの湊に、母親は目の前で清潔なことをいちいち確認しながら自身の手ですしを握って食べさせてくれたのだった。湊がどうやら健康に育つができたのは、そんな母親のおかげだった。

「小僧の神様」同様、少年時代がテーマとなり、すしを通した少年と大人との交流が語られているが、ここではすしが母親の愛情の印となっていて、より深い親子のつながりが描かれている。母親がすしを握り、その前で子どもが食べる。まさに飲食を介した作り手と食べ手の一体感が表現されている点で、日本的な共食を象徴する作品といっていいだろう。さらに、この物語を大人になってすしを食べに通う湊が作り手の側のともよに語る。ここにもすしを介した食べ手と作り手との交流がある。岡本かの子の「鮨」はいくえにも重なった作り手と食べ手の交流の物語なのだ。

さて、ここまで論じてきたことから、関西のカウンター形式の割烹が京阪だけでなく東京でも隆盛したことで、江戸の会席料理を受けついだ東京料理が衰退する一方で、すしをはじめとする江戸に起源をもつ屋台出自の料理を提供する店がそのカウンター形式の出し方・食べ方によって評価されてきた過程が確認できた。つまり、現在、隆盛をむかえつつあるカウンター形式に代表される対面式の飲食空間は、東西の日本人の飲食のプラティックとハビトゥスを融合したものなのだ。そして、その中心にあるのは、作り手と食べ手をむすびつける共食の感性にほかならない。

美食は、日本では、こうした作り手と食べ手の心のコミュニケーションとしてまず感得される。そのため、時空を越えた共食さえ可能となる。「鮨」の主人公の湊が「福ずし」ですしをつまみながら、いまは亡き母親が彼のためだけに作ってくれた手作りのすしを思い出し、いまなお母親と共食しているように。

八　日仏にみる〝美食と共食〟

これまで、日本人の飲食の感性について、フランスとの比較をまじえつつ、美食と共食という観点から、日本における飲食のプラティックの変容期である、安土桃山時代の茶の湯、江戸時代の屋台食、大正時代の腰掛け式割烹の三つの飲食様式に焦点をあてて考えてきた。そこからみえてきたのは、フランス人にとっての美食は共食を可能にするかぎりで許されるが、これに対して、日本人にとっては、美食は共食と深くむすびつき、美食が共食を内包しているということである[84]。

この背景には、共食の軸がどこにあるかが関係する。フランスでは、料理を食べる人同士のむすびつきとしての共食が軸となり、料理人と食べ手との関係はさほどクローズアップされない。料理人はつねに裏方だ。フランスでも日本でも、フランス料理店で、シェフが客に姿をみせるときがあるとすれば、食事が済んだあとのほんのひとときのあいさつにかぎられる。一方、日本では多くの料理店にカウンター式の客席があり、料理人はその手際を客にみせながら、しばしば客と会話する。現代で増えつつあるカウンター主体の料理店では、こうした料理人と客とのコミュニケーションが魅力となる。美食がそのまま共食なのだ。場合によっては、こうした共食は、料理人から食材や料理の情報をえるという意味で、美味いものを賞味する条件でさえある。料理人は裏方ではなく、客を満足させる主人の役割をになっている。

もちろん、この背景には十六世紀の安土桃山時代に完成する茶の湯の長い伝統があった。茶の湯では一座建立といわれる亭主と客の一体感がめざされる。これは調理の面でも、懐石料理という季節季節の食材の味を活かす質の高い料理を生み、それが京阪の料理に受けつがれ、現代ではカウンター割烹として東京をはじめ日本全国に広がっている。

それと重なりながら、日本人の作り手と食べ手のむすびつきとしての共食を補強し増幅するのが、江戸発信で屋台出自のすしのほか、そばやてんぷらなどのできたてが美味しい料理をだす店だった。ここでも料理人と客はカウンターをはさんで相対し、作り手と食べ手のコミュニケーションが共食の軸となる。

こうして、食べ手同士のつながりを直接もとめるフランス式共食に対して、作り手と食べ手とのつながりを介して食べ手同士もつながる日本的な共食が成立する。

料理人が調理する行為をみせるという伝統は長い。平安時代より伝わる庖丁式は現在でもおこなわれている。庖丁師が烏帽子（えぼし）と直垂（ひたたれ）、あるいは狩衣（かりぎぬ）を身にまとい、大きなまな板の前に座り、食材である生の鯉や鱸（すずき）などに直接手を触れず、右手に庖丁、左手にまな箸という長い箸をもち、切り分け並べていくことを神前で披露する儀式である。これは肉料理をメインの御馳走としてきた西洋と異なり、奈良時代から明治時代の初期まで、仏教と神道とがむすびついて肉食を「けがれ」たものとみなしてきた日本の飲食の伝統とも関係する。動物の解体を前提とする肉料理は、客にみせるにはあまりに生々しく、血生臭い。野菜を主体として、せいぜい魚をあつかう日本料理では、客に調理の手順の一部をみせることが可能となる。

ただし、あくまで一部である。カウンターの向こうで展開するのは、美しくみえ、美味しさを醸成するような手順である。その事実が次の課題を準備する。[85] すでに引用したように、わび茶の料理は、「物を入れて、そそうにみゆる様にするが専らなり」とされる。「そそう（簡素）にしろ」、とはいっていない。「そそうにみゆる」なのだ。簡素さを演出する隠れた作業があることが暗示されている。それは「非常に手の込んだ簡素さ」といってもいいだろう。事実、茶道美術史を専門とする竹内順一の現代語訳は、「珍しい菜を珍しい器に入れても、全体に麁相に見えるようにすることが肝腎である」と、さらにふみこんだ訳になっている。[86]

この「非常に手の込んだ簡素さ」という見方は、日本人の感性一般をも射程にふくむ。なぜなら、日本人の好む自然とは、手の込んだ自然、自然らしくみえるように手間暇をかけた自然ではないか。そんな根源的な問題を提起するからだ。

□注

（1）Pierre Bourdieu, *La distinction : critique sociale du jugement*, Les Éditions de Minuit, 1979. ピエール・ブルデュー著、石井洋二郎訳『ディスタンクシオン 社会的判断力批判 I II』藤原書店、一九九〇年。

（2）石毛直道『食事の文明論』中公新書、一九八二年、五四頁。

（3）「非常に古いもの」として「最古のもの」としなかったのは、三章でふれるグリモ・ド・ラ・レニエールによる『グルマンたちの年鑑』というレストランと食材店のガイドが一八〇四年から一八一二年まで、途中二年の中断をはさんで毎年刊行されているからである。また日本では、江戸時代後期に料理屋の番付け、つまりレストランガイドがいくつか刊行されている。日本の料理屋番付けについては、以下の著作を参照。石川英輔『大江戸番付事情』講談社文庫、二〇〇四年。

（4）フランスの『ミシュラン』は毎年二月にその年の版が刊行されるが、『ミシュランガイド東京』は前年の十一月ないし十二月に刊行される。したがって、二〇〇七年に初刊行された『ミシュランガイド東京』は二〇〇八年版である。これは日本の年末の観光に合わせた結果だと思われる。フランスでは三月末から四月初頭の復活祭の休暇がその年の最初の観光シーズンであり、フランス版はそれに合わせての刊行と考えられる。

（5）二〇〇八年版から現在まで、ジャンルの名称にブレがあり、この事実自体が、日本における料理の専門化・個別化と、その分類の難しさを物語っている。

（6）その後、アジア諸都市の『ミシュランガイド』が刊行され、新しいマークが使用されている。

（7）日本版の『ミシュランガイド』は二〇一三年版まで星のついた飲食店のみが掲載されていた。日本で『ミシュランガイド』掲載店が高級店というイメージがあるのはそのためである。フランスの『ミシュランガイド』には、星のない店も数多く載っている。毎年四千軒を超えるレストランが掲載されるが、それらがすでに選ばれた存在であり、そのうち星がつくのは十五％ほどである。日本でも二〇一四年版より、ビブグルマンに分類される店舗も掲載されるようになった。日本版のビブグルマンは「価格以上の満足が得られる料理」を提供している店につけられている。この記号は、二〇一五年以降掲載されるようになった「ラーメン」店や「餃子」店のほか、「とんかつ」店や「蕎麦」店などの簡易でありつつ、美味しい料理をだす店に多くつけられている。したがって、現行の日本版では三つ星、二つ星、一つ星、ビブグルマンの四段階となるが、フランス版では無印店があるため五段階となる。

（8）ちなみに二〇一九年版までは、二〇〇八年の最初の東京版以来つねに三つ星を維持してきたすし店「すきやばし次郎本店」がリストアップされており、この店の格式評価は最低の1クヴェールだった。2クヴェールの店が三つ星というのもフランスでは例がないが、1クヴェールの店が三つ星というのはさらに考えられない。しかも、二〇一九年版には1クヴェールの「寿司」店がほかに二軒、三つ星を冠されている。つまり、三つ星1クヴェールの店が三軒もあったことになる。

(9)『ミシュランガイド』は「寿司」と表記しており、それはおそらくこれが現在もっとも普及している漢字表記だからだろう。しかし、これはあて字であり、さらに関東に多い「鮨」も、関西に多い「鮓」も、中国語での原義からいうと、現代の日本のすしとは異なっている。そもそも、東南アジアの稲作耕作民が発明した魚の長期保存食だった米の発酵をともなう「馴れずし」が稲作とともに古代の日本に伝来し、それが長い年月をかけて室町時代に漬け込み期間が二・三週間と短い「なま馴れ」になり、江戸時代中期に酢の普及にともない酢でしめた「早ずし」に変化し、江戸時代後期に東京湾で捕れた魚介を生に近い状態で酢飯とあわせる即席料理としての江戸前の「握りずし」に変容する。東南アジアの「馴れずし」については、石毛直道、ケネス・ラドル『魚醤とナレズシの研究 モンスーン・アジアの食事文化』(岩波書店、一九九〇年)を参照のこと。また、こうしたすしの変容過程の分析は、すしの民俗学を専門とする日比野光敏の一連の著作(たとえば、『すしの歴史を訪ねる』岩波新書、一九九九年)に詳しい。その日比野も一貫して著作で「すし」と表記している。ここでもそれにならうことにする。

(10)店内や料理の写真は、二〇〇六年のニューヨークシティ版で採用され、その後、ソウルやパリなどの都市版の『ミシュランガイド』にも載るようになった。

(11)検索日時は二〇一八年十一月一日。「聞蔵Ⅱ」「ヨミダス歴史館」「毎索」「日経テレコン21」で検索。

(12)表示上は十五件だが、読んでみるとまったく同じ記事が二件(二〇一七年六月二十二日の記事)

あったので、十四件とした。

(13) すでに引用した二〇一三年八月二十五日の『朝日新聞』朝刊一七面の記事のほか、同じような指摘を各紙がいくつかの記事で行っている。『毎日新聞』二〇〇八年六月二十六日大阪朝刊八面、二〇一〇年十二月二十七日東京朝刊一面、二〇一四年一月四日大阪夕刊七面、『読売新聞』二〇一三年九月二日大阪夕刊六面、二〇一四年二月六日大阪夕刊一〇面、二〇一四年五月十六日大阪朝刊六面。

(14) 笹井良隆編著『大阪食文化大全』西日本出版社、二〇一〇年、二九頁。

(15) 同書、二九頁。

(16) 同書、同頁。

(17) 同書、三五頁。［ ］内は筆者の補足（以下同様）。著者も注6で、濫觴を「物事のはじまりを指す」と補足している（同書、三九頁）。

(18)『夜の京阪』『文藝界』第16号（定期増刊 博覧会記念号）、明治三十六（一九〇三）年五月、二五〇―二五一頁。旧字旧かなづかいと句読点は原文のまま。以下の引用でも同様。ただし、原文は総ルビだが、ここでは難しい漢字にだけルビを振り、ルビは現代かなづかいに改めた。

(19)『畿内見物 大阪の巻』金尾文淵堂、明治四十五年（一九一二年）、口絵部分。

(20) 前掲書『大阪食文化大全』、三五頁。

(21) 森銑三「永坂更科の明治・大正・昭和」（初出は雑誌『蕎麦そのほか』連載一九七二―七七年）、森銑三著、小出昌洋編『風俗往来』中公文庫、二〇〇八年、二二四頁。

(22)「プラティック」「ハビトゥス」と同じくブルデューの概念。教養・知識から立ち居振る舞い・趣味までをひろく「文化資本」ととらえ、人びとはこれらを市場に投下して経済的または象徴的な「利潤」をえると考える。Pierre Bourdieu, *Op.cit.* 前掲書『ディスタンクシオン Ⅰ Ⅱ』。

(23) 木村毅編『東京案内記』黄土社書店、一九五一年、二七四頁。

(24) 谷崎潤一郎『瘋癲老人日記』中公文庫、一九七七年（初刊行一九六二年）、一五―一六頁。
(25) 同書、一六頁。
(26) 同書、同頁。
(27) 松崎天民『京阪食べある記』誠文堂、一九三〇年、二四頁。
(28) 同書、二四―二五頁。傍点は松崎天民による。
(29) 松崎天民『東京食べある記』誠文堂、一九三一年、一一―一二頁。
(30) 同書、六五頁。「濱作」はこれまで話題にしてきた「浜作」と同じ店。
(31) 今和次郎編『新版 大東京案内』中央公論社、一九二九年、一六二頁。
(32) 同書、一六四頁。
(33) 福田育弘「外食の大衆化と飲食空間のジェンダー化――関東大震災後の飲食場の再編成――」『学術研究 人文科学・社会科学編』第62号、早稲田大学教育・総合科学学術院、二〇一四年、二八九―三〇六頁。
(34) 現在にまでつづく茶の湯が完成されたとされる十六世紀には「懐石料理」という表現はなかった。当初はたんに「料理」と呼ばれたり、「会席」ないし「会席料理」と表記されていた。「懐石料理」という表現が登場するのは江戸時代中期、十七世紀後半以降である。その出所は、当初、千利休の教えを弟子の禅僧、南坊宗啓が書きとめたものとされた『南方録』である。ただし、筒井紘一、熊倉功夫などの茶道史研究家たちも、歴史学者の原田信夫も、江戸時代に広まる酒主体の宴席料理としての「会席料理」と区別して、茶の湯由来の料理を「懐石料理」としている。その背景を、古代中世を専門とする歴史学者、村井康彦は「この改称は、江戸中期から料理屋がしきりに会席料理を看板に営業するようになったのを茶人が嫌ったため、というのが真相に近いようである」（『茶の文化史』岩波新書、一九七九年、一六四頁）と推測している。こうした事情をふまえて、ここでは茶の湯由来の料理をさす呼称として「懐石料理」という表現を用いる。本来このように「懐石料理」は茶の湯料理だが、現代では一汁三菜の正式な茶の湯料理とは異なる多彩な高級和食をさすこともある。

(35) 熊倉功夫『茶の湯の歴史 千利休まで』朝日選書、一九九〇年、九頁。

(36) 前掲書『茶の文化史 千利休まで』、iii－vi頁。

(37) 本書三章参照。

(38) フランス料理におけるデザートの意味と位置づけは、日本でしばしばいわれるように「食後の口直し」でも、「食後の甘味」でもなく、まぎれもなく重要な食事の構成要素である。デザートこそフランス料理において最重要と論じる以下の論攷を参照。玉村豊男「デザートタイムの意味と構造」、『グルメの食法』中公文庫、一九九五年（初刊行一九九一年）、五三－七八頁。

(39) 熊倉功夫『日本料理文化史 懐石を中心に』人文書院、二〇〇二年、一五二－一七〇頁。熊倉功夫『日本料理の歴史』吉川弘文館、二〇〇七年、六八－九〇頁。原田信夫『和食と日本文化 日本料理の社会史』小学館、二〇〇五年、八三－八八頁。

(40) 「懐石料理の歴史」、筒井紘一編『茶道学体系四懐石と菓子』九－一六頁。筒井紘一『懐石の研究 わび茶の食礼』淡交社、二〇〇二年、一四－二八頁。筒井紘一編『茶道学大系 四 懐石と菓子』淡交社、一九九九年、九－一六頁。桑田忠親『茶器と懐石』講談社学術文庫、一九八〇年、七二－八〇頁。

(41) 熊倉功夫校注『山上宗二記 付 茶話指月集』岩波文庫、二〇〇六年、三二七頁。

(42) 当時は茶会の料理は「会席」といわれた。それが「懐石」となるのは江戸時代中期のことである。注34参照。

(43) 前掲書『山上宗二記 付 茶話指月集』、九三－九四頁。

(44) 筒井紘一『山上宗二記を読む』淡交社、一九八七年、三二三頁。

（45）熊倉功夫校注「茶話指月集」、前掲書『山上宗二記 付 茶話指月集』所収、一四四―一四五頁。

（46）前掲書『茶器と懐石』、一〇〇―一〇一頁。

（47）神津朝夫『茶の湯の歴史』角川書店、二〇〇九年、一九七頁。

（48）茶道文化の研究家の谷晃は『わかりやすい茶の湯の文化』で、文化をまず「上層文化」と「下層文化」に分け、「上層文化」を「社会文化」と「芸術文化」に、「下層文化」を「生活文化」と「宗教文化」に区分し、茶の湯の文化はそれらすべてに関連すると主張する。谷晃『わかりやすい茶の湯の文化』淡交社、二〇〇五年、三三―四七頁。「下層文化」のなかでも、とくに「生活文化」はハビトゥスの圏域にあると考えられる。

（49）本書三章参照。

（50）本書三章参照。Brillat-Savarin, *Physiologie du goût*, Flammarion, Paris, 1982 (la première parution : 1825), p. 173. 関根秀雄、戸部松実訳『美味礼讃』（上）岩波文庫、一九六七年、二四二頁。

（51）西山松之助校注『南方録』岩波文庫、一九八六年、一二頁。

（52）熊倉功夫『日本料理文化史 懐石を中心に』人文書院、二〇〇二年、一五六―一六五頁。

（53）Dir. Robert J. Courtine, *Larousse gastronomique*, 1984, pp. 917-919.

（54）グリモ・ド・ラ・レニエールについては本書三章参照。

（55）日本料理のバイブルとされ、日本の近代の美食言説を体系化して基礎づけた、この木下謙次郎の著作は二〇一二年に五月書房より復刻された。二〇一三年には「和食：日本人の伝統的食文化」がユネスコの世界無形文化遺産に登録されている。『美味求真』の復刻はその前年で、ユネスコへの世界無形文化遺産への「和食」の立候補はすでになされていた。日本料理の古典の復刻はそうした機運に応じたものだったことがわかる。

（56）小島政二郎『食いしん坊』河出文庫、二〇一一年（初刊行一九六〇年）、二二―二八頁。美食家で無類の甘いもの好きの小島政二郎（一八九四―一九九四）も茶会が苦手だった。小島はベストセラーになり、続編もふくめ何度も文庫化されているこの著作で、阪急東宝グループの創業者で同じ慶應義塾大学出身の小林一三（一八七三―一九五七）の茶会に呼ばれたさい、御馳走に惹かれて、御馳走だけいただくという条件で、同じく茶会の煩瑣（はんさ）さにやや尻込みする他の作家たちとともに参加し、結局、小林に無知を叱責されて恥をかくことになった、と述懐している。

(57) 岩井茂樹「茶道の精神とは何か？ 茶と「わび」「さび」の関係史」、鈴木貞美・岩井茂樹編『わび・さび・幽玄 「日本的なるもの」への道程』水声社、二〇〇六年、三八五―四一七頁。江戸の会席料理と茶の湯懐石料理の違いと関連については、以下の著作の関連頁を参照。原田信男『和食と日本文化 日本料理の社会史』小学館、二〇〇五年、九一―九五頁、一二七―一三四頁。懐石料理と会席料理については注34も参照。

(58) 熊倉功夫『日本料理文化史 懐石を中心に』人文書院、二〇〇二年、一六一頁。熊倉功夫『京料理千二百年 和の味の追求』（ＮＨＫ人間講座テクスト）ＮＨＫ出版、二〇〇四年、五九頁。

(59) 柳田國男『明治大正史 世相編』講談社学術文庫、一九九三年（初刊行一九三一年）、九七頁。

(60) 前掲書『風俗往来』、一二八頁。

(61) 平安時代からはじまると伝えられる日本料理の流派。

(62) 四条流の一分派で、室町時代に足利将軍家の料理頭を担当した大草三郎左衛門にはじまる。

(63) 三田村鳶魚『三田村鳶魚文庫9 江戸ッ子』中公文庫、一九九七年（初刊行一九三三年）、一二三六―一二三七頁。

(64) 原田信男『江戸の食生活』岩波書店、二〇〇三年、三一―三四頁。

(65) 同書、七頁。

(66) 同書、六頁。

(67)同書、一一三頁。

(68)同書、一九―二一頁。

(69)笠井俊彌『蕎麦 江戸の食文化』岩波書店、二〇〇一年、「Ⅳ 江戸の夜蕎麦売り」二三七―三三二頁。

(70)前掲書『江戸の食生活』、二一一頁。

(71)同書、三頁。

(72)本文中に出てきた天秤棒をかついで商品を売る行商人のこと。

(73)前掲書『三田村鳶魚文庫9 江戸ッ子』、二三四―二三五頁。

(74)大久保洋子『江戸のファーストフード 町民の食卓、将軍の食卓』、講談社選書メチエ、一九九八年。

(75)『家庭 鮓のつけかた』は、一九八九年(昭和六十四年)に主婦の友社から、別本として吉野昇雄の詳細な「解説」とともに『偲ぶ 与兵衛の鮓』として復刻された(二冊セット)。

(76)吉野昇雄『鮓・鮨・すし すしの事典』旭屋出版、一九九〇年、七〇―七一頁。

(77)同書、六八―六九頁。

(78)前掲書『鮓・鮨・すし すしの事典』、六六頁。『偲ぶ 与兵衛の鮓』、前掲書『家庭「酢のつけかた」解説』、一八一頁。

(79)前掲書『鮓・鮨・すし すしの事典』、七一頁。

(80)同書、六六頁。

(81)同書、同頁。

(82)同書、六八頁

(83)岡本かのこ著、大久保喬樹編『食魔 岡本かの子食文学傑作選』講談社文芸文庫、二〇〇九年、二九―三〇頁。傍点は岡本かの子による。

(84) 古代から現代にいたる社会的事実としての共同飲食の歴史については、次の著作を参照。原田信男『共食の社会史』藤原書店、二〇二〇年。

(85) 以下の拙論でこの課題が文化人類学者クロード・レヴィ＝ストロースの有名な「料理の三角形」を日本料理に適用することで論じられている。福田育弘「飲食にみる自然と文化の関係 ―― フランス料理の八角形と日本料理の四角形 ――」『学術研究 人文科学・社会科学編』第68号、早稲田大学教育・総合科学学術院、二〇二〇年、二〇九―二三三頁。

(86) 竹内順一『現代語でさらりと読む茶の古典 山上宗二記』淡交社、二〇一八年、一六六頁。

第三章　美食と共食

――ガストロノミーあるいは美食はどう語られ、どう実践されるか

一　フランスのガストロノミーは日本の美食と同じなのか

すでに二章で詳しく検討したように、人びとがともに食べる共食は基本的に美味しいものを食べる美食とつながっている。フランスでは共食を可能にする条件として美食があり、日本では美食が共食をもたらす。

ポイントは、意外なことに、フランスの飲食の軸がいわゆる美食にはなく、食べ手をつなぐ共食にあるということだ。

ただし、ここでは美食という概念が問題になる。通常、日本で「美食」と訳されるフランス語のgastoronomie（ガストロノミー）という語が、どうも日本語の「美食」と完全には重ならないように思えるからだ。

フランスでよく使われる「ガストロノミー」と「美食」は、はたして同じ内容をさしているのだろうか。

フランスと日本には、ともに飲食文化の長い伝統があり、それが意識され、語られてきた。いや、飲食が意識され、語られてきたからこそ、それが文化になったといったほうがいいだろう[1]。それほど、飲食に関する多くの文献や資料が残され、いまなお飲食をめぐるテクストや語りがつねに多様なメディアで生みだされ、読まれ、解釈と批評を生み、書き直されている。こうした飲食に関する言説の内容と形態も、実践的なレシピ本から、飲食批評や飲食エセーをへて、飲食店のガイドブックにいたるまでじつに多様で、これらにくわえて、飲食物や飲食場面を描いた文学作品、詩歌や小説もわたしたちの飲食への感性を養うのに大きな役割をはたしている。フランスの文学にも、日本の文学にも、飲食物や飲食場面が、重要な要素として登場する作品は数多く、それらはとりわけ日本では、マンガやアニメに受けつがれている。

これほどの歴史的な厚みをもち、現在でもつねに活性化されている飲食をめぐる言説を編成するのが、洗練された飲食の形態としてのガストロノミーであり、美食である。もちろん、飲食文化の伝統が飲食行為をとおして意識され、語られることで作られてきたように、ガストロノミーも美食も歴史のなかで語られ、書かれ、注釈されることで構成されてきた。繰り返される飲食行為のなかで味覚が形成され、いったん形成された味覚的嗜好が飲食行為を導くように、なにを洗練された飲食行為とみなすかは、繰り返される日々の飲食のなかで、ときにあからさまに、ときにひそやかに語られる判断とともに養われ、そうして身につけた洗練された嗜好が日々の飲食行為を導いていく。

みなさんは、子どものときから、なにか飲んだり、食べたりしたときに、両親から「これ美味しいね」とか、「これはこうやって食べるのよ」と教わらなかっただろうか。その後、学校に行くようになってからは、先生や周りの友人から、飲食のさいに、同じような言葉をかけられなかっただろうか。やがて、成長して、なにが美味しい食べ物で、どのような食べ方がふさわしいのか、ときにはみずからも意識してそうした判断をもとめたはずだ。たとえば、恋人とのデートにどこでなにを食べようとか、旅先でどの店で食事しようかと考えたときに、人から聞いた評判やガイドブック、あるいはネットの情報にたよらなかっただろうか。そのようなひろい意味での日々の刷り込みとしての教育が、おそらくほとんどすべての飲食行為にあまり意識されずにともなっていることを忘れてはいけない。

そうした判断を意識的な言語表現とすることで、洗練された飲食の社会的表象、つまり社会で共有されたイメージと暗黙の価値判断をかたちづくるうえで大きな役割をはたしてきたのが、フランスではすでに確乎としたジャンルとして語られる「ガストロノミーの文学」(littérature gastronomique)であり、日本でいえば、フランスほど確立したジャンルではないものの、「美食文学」とでもよぶほかのない、やはり洗練された飲食について語った数多くの著作なのである。

しかし、それらの洗練された飲食を語った文学の内容はかならずしも同じではない。しかも、それは文学的伝統や感性の違いにとどまらない。通常ほぼ同じ意味をもつとみなされる「ガストロノミー」と「美食」というふたつの言葉のさす範囲と意味が異なっているように思われるからだ。事実、これからみていくように、ガストロノミーと美食は、ある点で重なりつつ、ある点で決定的に異なっているのである。

二　ガストロノミーは社会性が軸

フランス語のガストロノミー(gastronomie)は、もともとギリシア語のガストロニミア(gastronomia)

からの派生語である。「胃袋」を意味するガストロ gastro と「規範」を意味するノミー（ノモス）nomie から作られた複合語で、「胃袋を統御する術」を意味する。『フランス語歴史事典』[2]によれば、十七世紀前半に使用例があるものの、この語の使用が広まったのは、派生語である形容詞 gastronomique［ガストロノミック］や人をさす名詞 gastronome［ガストロノーム］などが作られた十九世紀初頭以後であることがわかる。

この語を著作のサブタイトルに入れて広めた人こそ、フランスでガストロノミー文学の始祖とされるブリヤ・サヴァラン（Brillat-Savarin）であった。日本では『美味礼讃』という邦訳題で知られるブリヤの著作の原題は「*Physiologie du goût*」で、直訳すれば「味覚の生理学」となるが、これにはさらに「*Méditations de Gastronomie Transcendante*（超越的なガストロノミーに関する瞑想）」というちょっとものものしい副題がついている。

一七五五年、フランス中西部ビュジェ地方（Bugey）の小都市ブレ[3]（Belley）の法律家の家系に生まれたブリヤ・サヴァランは、自身も弁護士となりパリや地元で裁判官として活躍し、一七八九年にフランス革命が勃発したさいにはブレの市長だった。しかし、多くの著名人を断頭台に送ったジャコバン派による恐怖政治がはじまると、穏健派だったブリヤは逮捕されそうになったため、一七九三年、危ういところを逃れてスイスをへてアメリカに亡命し、フランス語や玄人はだしだったヴァイオリンを教えて糊口(ここう)をしのいでいる。やがて、恐怖政治の終結後、一七九六年に帰国すると、軍や司法の要職につき、一八〇一年からは日本の最高裁にあたる大審院の判事となり、一八二六年に七十歳でこの世を去るまでその職にあった。

終生ほぼ法曹界で生きたブリヤが長年書きためていた飲食に関する論攷を『味覚の生理学』としてまとめ、刊行したのは、死の前年の一八二五年だった。ただし、著作は無署名だった。巻頭近くにおかれた「著者とその友人との対話」から、その理由が読みとれる。出版を勧める「友人」に「著者」は、「だって、まじめな研究をしているのに、わたしの本の題名だけを知った人間が、わたしがくだらないことにかまけていると思い込まんともかぎらないからね[4]」と答えている。

刊行後、すぐに話題をよび、その後、世界の言語に翻訳されて、フランスのみならず世界のガストロノミー文学の古典となるこの著作も、著者みずからによってまじめな人間にふさわしからざる内容と思われていたのである。

その後、フランスでガストロノミー文学が確立し、医学や栄養学はいうまでもなく、現在では飲食が地理学や歴史学のほか、社会学でも大きな研究テーマになっていることを考えると、まさに隔世の感がある。しかし、わたし自身の経験に照らして、飲食研究が人文科学や社会科学の重要な研究領域とは認知されていない日本の状況を考えれば、うなずける判断である。

では、ガストロノミーとはなにか。ブリヤは、『味覚の生理学』の「ガストロノミーについて」と題された「瞑想 III」で、「人間が、食物を摂取するかぎりにおいて、人間に関わるあらゆる事柄の合理的な知識である[5]」と定義している。つまり、ガストロノミーはノミーが「規範」を意味するように、理論であり、学問なのだ。

この定義につづいて、ブリヤは学問としてのガストロノミーが「自然の歴史（博物学）」「物理学」「化学」にもとづくと述べ、そのうえではじめて「調理[6]」にもとづいていると述べている。まず、飲食全般をささえる学術的知識があって、それが具体的な人間の行為である料理をささえているという認識をこの書き方はしめしている。「調理」とは「皿に盛られた料理を準備する術によって味覚に快適な料理にする[7]」行為と定義されている。

「味覚に快適な料理」という表現は、一般に「美味しいものを食すこと」を意味する美食と重なっている。古典の出典を明示して語の歴史的意味を重視する『日本国語大辞典』によると「美食」とは「ぜいたくなもの、うまいものを食べること。また、その食事[8]」とあり、『今昔物語』（十二世紀前半）、井原西鶴の『好色盛衰記』（十七世紀後半）の事例が引用されている。日本語の「美食」は、十六世紀初頭に初出が確認されている「ガストロノミー」より古い言葉であり、日本でごく普通に使われてきた表現である。

しかし、ブリヤは学問としてのガストロノミーの広がりを、美味しい料理を作る術にとどめてはおかない。さらにつづけて、「商業」にもとづき、さらに「経済学」にもつづいているとしている。食材の流通や消費があってこそ飲食は成り立つし、ワインを考えればわかるように、多くの飲食物は課税の対象にも交易品ともなる。まさにブリヤ自身が「ガストロノミーは人生全体を支配している[9]」とまとめているように、ブリヤの考える「ガストロノミー」がたんに美味しい料理を作ったり食べたりする術にとどまらない、ひろい射程をもった考察領域であることがわかる。いま風にいえば、飲食行為に関する学際的で領域横断的な研究ということになるだろう。ブリヤが内心では飲食行為を学問的なまじめな考察対象であると考えていたことがわかる。

ガストロノミーをこういうひろい射程をもった考察領域と定義したあとで、ブリヤは美食的なガストロノミーの実践として「グルマンディーズ」を定義し、それを実践する「グルマン」（男性）ないし「グルマンド」（女性）について語っている。「グルマンディーズについて」と題された「瞑想XI」で、まず辞書的な意味では「大食」とされてきた「グルマンディーズ」を、「がつがつ食う」という意味の「グルトヌリー」（gloutonnerie）や「むさぼり食う」という意味の「ヴォラシテ」（voracité）と区別して、「味覚を喜ばす対象への情熱的で、理性的で、習慣的な嗜好である」[10]と定義している。定義に分析的な厳密さをもとめるデカルトの末裔であるブリヤは、「対象」に対する「情熱的」でありながら同時に「理性的」であり、さらにそれが意識されずに発動するという意味で「習慣的」なものとなった嗜好、愛着がグルマンディーズだとしているが、これを分析的な厳密さより示唆的で比喩的な言い方を好む日本人風にいいかえるなら、「ぜいたくなもの、うまいものを食べること」という『日本国語大辞典』の定義とほぼ重なる。

学際的な研究としてのガストロノミーというよりひろい視点をのぞいて、ガストロノミーを実際に洗練された形で実行する人間の行為としてのグルマンディーズだけをみれば、日本語の「美食」とほぼ同義となる。これで終わればめでたしめでたしなのだが、じつはブリヤはこのグルマンディーズの第一の定義を補足するふたつめの定義を書きとめているから話はやっかいなのだ。

グルマンディーズは過剰さの敵である。食べ過ぎたり、すぐに酔いつぶれたりする人は名簿から除外されるリスクがある。[11]

日本的な美食は、ときに求道的ともいえるほど、過剰に美味しいものをもとめ、味わうことをよしとしないだろうか。日本のグルメ文化を代表するマンガ『美味しんぼ』[12]をあげるだけで、日本の美食の過剰ぶりはあきらかだ。ここでは主人公の新聞記者が「究極のメニュー」を探求し、「美食倶楽部」を主宰する主人公の父親の「至高のメニュー」と対決する。「究極」や「至高」をもとめることとは、まさに「過剰」にほかならない。また、一・二章でみたように日本では、酒をともなう宴席では、酔いつぶれることはけっして非難されることではない。しかし、ブリヤは過剰さを食においても飲においてもきびしく排除する。

じつは、グルマンディーズの定義の前置きとでもいうべき節、グルマンディーズと大食との違いを説明した節で、グルマンディーズという語の本当の意味を理解していない「辞書編纂者たち」について、ブリヤは次のような疑義を呈し、持論を展開している。

かれらは社会的なグルマンディーズを完全に忘れている。社会的なグルマンディーズは、アテネ的な優美とローマ的な豪奢とフランス的な繊細さを統合し、賢く案配し、巧みに実行をう

ながし、全身全霊をこめて味わい、深いところまでふみこんで判断する。(13)

注目したいのは、「社会的なグルマンディーズ」という表現である。フランス語原文は la gourmandise sociale である。フランス語の social（女性形 sociale）には、日本では「社会的」と「社交的」のふたつの訳語があてられる。『味覚の生理学』のふたつの邦訳はともに「社交的なグルマンディーズ」となっている。たしかに、「社交的」という語のほうが一見すると文脈に適合しているようにみえる。人間のつながりである「社交」が、「社会」となるからだ。

しかし、すでにみたようにガストロノミーを人間が作る社会の大きな広がりでとらえ、ガストロノミーより狭い意味でのグルマンディーズにもギリシア（アテネ）的な優美やローマ的な豪奢に、フランス的な繊細さの統合をみているひろい歴史的視野にたつブリヤが social と書くとき、それは日本語ではどちらかというと社交術や社交辞令という表現がしめすように、軽くて表層的なものととられがちな「社交的」ではなく、あえて「社会的」と訳したほうがよいのではないだろうか。

ほかの会食者のことを考えずひとりがつがつ食べる人や、がぶがぶと酒を飲み早々に酔いつぶれる人が、ほかの人間との関係を「社交」としてむすぶこともないし、人間の広汎な関係の総体である「社会」にとってよきメンバーともいえない。いや、そうした人ばかりでは「社会」は成り立たないだろう。ひとりが憂さ晴らしをするだけで、ほかの人との関係はまったく埒外（らちがい）にある。このような見方こそ、ブリヤのいう「社会的なグルマンディーズ」なのだ。

すると、「美食とはしょせん個人の趣味の問題ではないか」、「むしろ、ひとりでじっくりと食べ物を味わい、ひとりで酒を賞味することに意味があるのであって、それがときに憂さ晴らしとして食べ過ぎたり、飲み過ぎたりして酔いつぶれてもいいではないか」という反論がすぐに日本人から聞こえてきそうだ。しかし、日本人が個人の問題と考える飲食の領域に、社会性をもとめる点にこそ、ブリヤ・サヴァランのガストロノミー言説の真骨頂がある。洗練された飲食は洗練されているからこそ、ガストロノミーに見合った社会的な行為としてのグルマンディーズとなる。こうして、「食べ過ぎたり、すぐに酔いつぶれたりする人は名簿から除外されるリスク」を負うことになるのである。

三　ガストロノミーは共食が条件

こうしたひろく深い意味でのガストロノミーの社会性を理解すれば、このようにガストロノミーを語ること自体が、まさに積極的に飲食行為を社会的な行為たらしめようとする企てであることがわかる。

だから、ブリヤはひとりで食べる行為をグルマンディーズとして容認しない。たとえば、当時隆盛しつつあった外食産業について、よりひろい社会層で会食機会が増加し、御馳走を賞味する感性が助長された点を評価しながらも、多くの人びとが収入にそぐわない出費をし、しかも食べ過ぎに陥りやすく、レストランが「過剰」な出費や「過剰」な飲食をうながしかねないと指摘したあと、外食産業の展開の本質的な「弊害」を次のように分析している。

しかし、社会秩序に悪影響をあたえる点は、ひとりで摂る食事がエゴイズムを助長し、個人が自分のことしか考えず、まわりのいっさいから孤立し、他の人への配慮を欠くように仕向けることが確かだと思われることだ。(14)

ブリヤはレストランの登場を基本的に歓迎しながら、ひとりで飲食可能な機会の増加に、ガストロノミー的なグルマンディーズの核ともいうべき社会性・社交性欠如のリスクをみた。レストランでの食事をこのようにとらえる視点は、いまでも深くフランス人の飲食の感性を規定している。昼のランチには、ひとりで食べる客がいなくはないが（多くはない）、夜にひとりの客をみることは非常に稀である。基本的にふたり以上のテーブルがひとりでの使用となるので、店側からもひとり客は歓迎されない。しかし、なんといっても食事は、とくに正餐である夕食は家族や友人、だれかといっしょに摂るものだという強い刷り込みがあるからだ。

わたしの友人のフランス人地理学者で日本の飲食を研究しているニコラ・ボーメールさん(15)も、フランスのガストロノミーと日本の美食の違いを議論しているさいに、「たしかに、ひとりだけでとくに夜、レストランで食事を摂るのは心理的にとてもためらいがある」と語った。

したがって、食を楽しむグルマンは、ひとりでの食事を摂ることはなく、だれかとともに食べる。

ここから、具体的で個別的な飲食では「コンヴィヴィアリテ」（convivialité）という側面が重要になる。この語がなにを意味するか、もっともよくわかる文章はすでに言及した「瞑想XI グルマンディーズについて」の「グルマンディーズの社会性への効果」という節の冒頭の段落にある。

グルマンディーズは社会の主要な絆のひとつである。グルマンディーズこそがコンヴィヴィアリテの精神を次第に広め、コンヴィヴィアリテの精神が毎日さまざま地位の人を集め、彼らをひとつにし、会話をはずませ、因習的な不平等のとげとげしさをやわらげる。(16)

あえてカタカナのままにしておいたが、convivialité は convive［コンヴィーヴ］（会食者）という語の形容詞形 convivial［コンヴィヴィアル］から十九世紀初頭に派生した語で、ガストロノミーやグルマンディーズといった語とともに、ブリヤ・サヴァランの『味覚の生理学』が重視し広めた語である。和仏辞典では「懇親性」（『ロワイヤル仏和辞典』）、「打ち解けた雰囲気、（人と人との）和」（『ディコ仏和辞典』）、「宴会好き、会食趣味」（『ロベール仏和大辞典』）などの訳語があげられているが、語源と文脈から考えて、「人と人とが食事をともにすることから生じる人間のつながりとそこで生じるプラスの感情」とでも説明できる意味をもつ。

これは、そう、ここ三十年で日本でもよく使われるようになった個人的に摂る食事である「個食」や、ひとりだけで食べる「孤食」の対極にある、ほかの人とともに食べる「団欒としての共食」であり、「共食で生じる楽しみ」である。コンヴィヴィアリテは、このような内容をそなえた語であり、日本でも個食や孤食に対して共食がプラスの意味を帯びているように、コンヴィヴィアリテも飲食において人と人とをむすびつける点でプラスの価値を内包している。

そもそも人は食べなければ生命を維持できないが、ひとりだけがほかの人のこと考えず食糧を独占して食べれば、ほかの人は生命の維持さえ難しくなり、結果としてひとりで食べる人の存在さえ危うくなる。食卓とは、エゴイスティックな食べ方を抑制し、他者への配慮のなかで、他者と共存する社会性を身につける、日々おこなわれる教育の場なのだ。子どもの欲望の秩序のない展開を最初に社会化するのも、食卓とそれにともなう排泄であることを思い起こしておこう。[17] 共食こそ、動物的欲求を文化的欲望に変換し、社会化された形態に変容させるもっとも大きな動因なのだ。

ブリヤは「調理の哲学的歴史」と題された「瞑想XXVII」で、狩猟採集の原始時代から十九世紀までの調理の歴史を概観し、「最後の完成」という最終節で、現代の、つまり十九世紀前半の飲食をめぐる状況を次のように評価している。

> コンヴィヴィアリテの一般的な精神がすべての社会階層に浸透した。たがいに集う機会が増え、友だちに御馳走(ごちそう)するときには、上層の階層で目にした最良のものをだそうと努力した。[18]

ブリヤの生きた時期は、すでに紹介したように、一七八九年のフランス革命をはさんで、政体がめまぐるしく変化し、権力が王侯貴族からブルジョワ（裕福な市民階級）に移行した激動の時代だった。それにともなって、洗練された飲食文化は、一部の特権階級からよりひろい市民層にまで広まっていった。庶民向けの安いいまならビストロとも定食屋とでも呼べそうな店から、一晩の食事で庶民の年収に相当する額が必要な超高級店までひろく展開したレストランこそ、だれでも代価さえ払えば、手の込んだ料理が、豊富なリストから選ばれたワインとともに、適切なサービスと心地よい雰囲気のなかで賞味できる点で、時代の共和主義的雰囲気、旧来の因習的身分制度から自由と平等と博愛をモットーとするより民主的な社会にふさわしい飲食空間だった。

こうして、ガストロノミー言説では、飲食の社会的側面が強調され、うちとけた共食としてのコンヴィヴィアリテはそのキーワードとなる。共食によって、人間は動物的飲食から解放され、さらに社会的不公正をやわらげることもできる。すでに引用したコンヴィヴィアリテの精神が毎日さまざまな地位の人を集め、彼らをひとつにし、会話をはずませ、因習的な不平等のとげとげしさをやわらげるのだ。

レストランこそ、そうした共食を象徴する飲食空間にほかならない。この考えはフランスのガストロノミー言説では非常に根強い。いずれ言及する二十世紀初頭を代表するガストロノーム（美食家）であるキュルノンスキー（一八七二―一九五六）やモーリス・デ・ゾンビヨー（一八六八―一九四三）をへて、内科医でありながらガストロノミーに大きな関心を寄せるジャン・ヴィトー[19]（一九四五―）や食通として知られる地理学者のジャン＝ロベール・ピット（一九四九―）といった現代の論客にまで共通してみられる傾向である。

しかし、イギリス人の歴史家レベッカ・L・スパング（一九六一―）が広汎な一次資料にあたっておこなった詳細な研究があきらかにしているように、革命前から普及していたレストランは、当時の上流階級が、上品でこなれのよい液状の料理、当時「ブイヨン」と呼ばれていた料理をこれみよがしに高い代価を支払って食べ、消化器官と味覚の繊細さをみせつける「私的でありながら公的な空間」であり、そこは上品な味覚をもつ人がほかの下々の階級とは異なることをしめす差異化・卓越化としてのディスタンクシオン[20]（品位ある行為や事物をしめして自分を他者より優位な立場に置くこと）の飲食空間であった[21]。

たしかに、いくらレストランが制度として一般の人すべてに開かれているとはいっても、事実においてだれもが気軽に高級レストランに行けるわけではない。たとえ、大枚をはたいてそうしたレストランに行っても、そこでだされる高級料理が口に合わないということも大いにありえるだろう。普段食べつけていないのだから。レストランにピンとキリがある事実そのものが、レストランの不平等性、社会的階層の分化をしめしている。

共食を強調し、飲食に社会的連帯をもとめようとするフランスの愛国的なガストロノミー言説の熱狂を冷ます効果があるスパングの批判は、飲食のもうひとつ別の社会的役割を明示している。飲食と味覚による差異化・卓越化である。ブルデューがいうように、幼少期から養われる味覚ほど、ぬきさしならない感覚もない。「人生における最初の体験的習得の、もっとも強烈でもっとも変質することのないしるしが見出されるのは、おそらく食物の好みにおいてだろう[22]」と、ブルデューはその著書『ディスタンクシオン』で明確に述べている。しかし、社会的出自の否応ない指標である飲食と味覚だからこそ、かえってその否応ない社会性を、もうひとつの社会性である共食（性）によってやわらげる必要が急務であるともいえる。

ブリヤはこうした社会的格差と差異にも自覚的だった。『味覚の生理学』には「ガスロノミー判定器」と題された「瞑想XIII」で、社会階層を三つに分け、それぞれの階層に対応するコースをだして、それに美味しそうだと反応すれば、その人はグルマン、つまりグルマンディーズを会得した人だと述べている。

三つの階層は基本的に収入によって区分されており、最初のひとつめは庶民的な中産階級のためのコースで、仔牛の煮込みや栗を詰めた七面鳥などをメインにふくみ、デザートには泡立てた卵白を加熱しカスタードソースに浮かべたひろく知られたウッフ・ア・ラ・ネージュがだされる。ふたつめの金銭的にさらに余裕のある階層には、ジビエとして食通に好まれる鹿肉や同じ七面鳥でも高級食材のトリュフを詰めたものがその他の料理とともにメインの肉料理を構成し、初物のエンドウがだされる。最後はさらに資産のある富裕層のためのコースで、高価なフォワグラにはじまり、めずらしいライン川の鯉やジビエとしてもっとも珍重されるキジの蒸し焼きなど、高級食材を使った手の込んだ料理がたくさんだされ、最後はピラミッド型に盛りつけたメレンゲ菓子で締められる[23]。

このリストからは、ライン川の鯉や初物のエンドウなどが、流通がいまほど発達していなかった十九世紀初頭では定番の高級食材であり、お金のある人しか食せないものだったことがわかって興味深いが、このような階層別の「判定器」を提案している点で、ブリヤがなにを美味しいと思うかは社会階層によって異なるということ、美味しいという味覚が社会的に構成され、その変容が難しいことをわきまえて自身のガストロノミー言説を構築していたことがよくわかる。

多様な思索を展開した多才な批評家ロラン・バルト（一九一五―八〇）がブリヤ・サヴァランについて書いた小論「〈味覚の生理学〉を読む」は、ブリヤに仮託してバルトが自身の飲食をめぐる哲学的社会学的省察を断章形式でつづったものだ。バルトの批評家・思想家としての名声もあってやや過大評価されているきらいがあるものの、ガストロノミー判定器について、ブリヤ・サヴァランの「独創性は」「味覚（すなわち文化）それ自体が社会化されていることを理解している点にある[24]」と述べている。妥当な指摘である。

そのうえで、ブリヤは飲食をガストロノミーとして社会的に洗練させることで、はじまったばかりの民主的友愛を具体的な感覚をとおして実感させ、少なくとも食卓では過剰な飲食を排するという条件をつけることで、多少の格差は忘れてでもくつろぎ楽しめる場所にしたかったにちがいない。

ブリヤがすでに引用した文章で、「コンヴィヴィアリテの精神が毎日さまざまな地位の人を集め、彼らをひとつにし、会話をはずませ、因習的な不平等のとげとげしさをやわらげる」といったのは、味覚が社会的に異なることをふまえたうえで、あえてその「因習的な不平等」の解消ではなく、その一時的緩和を飲食にもとめたといえるだろう。たしかに、レベッカ・スパングの見方は現代からすれば的を射た部分が多い。しかし、当時はもたつきながら共和制がようやく軌道にのり、民主的な制度が整えられつつある時代であり、弁護士の家系とはいえ、ブルジョワ階級出身のブリヤは、そのような時代の雰囲気に飲食の領域で応えようとしたのである。

さらにうがった見方をすれば、共和制のもとで初等教育が庶民のあいだにも普及しつつあった当時の事情を考えれば、野卑な大食漢や粗野な大酒飲みを過剰さという条件で当面はグルマンディーズから排除しながら、やがて教育と民主主義の進展でガストロノミーを国民が分かちあえる時代を見据えていたのかもしれない。なぜなら、その後のフランスにおける共和制の進展とガストロノミー言説の展開によって、事実としてフランスのガストロノミーは国民的な文化になっていくからである。

こうして、歴史的背景をもつブリヤにおける社会性・社交性は共食性という点に収斂する。このことを雄弁に物語っているのが、「食卓の快楽」を味わうための条件としてブリヤがあげる四箇条だ。本書ですでに何度か引用した四箇条だが、ここではもう少しつっこんで検討しておこう。

「食卓の快楽にいて」と題された「瞑想XIV」で、まずブリヤは「食の快楽」と「食卓の快楽」を区別し、「食の快楽は人間と動物に共通のもので、空腹とそれを満たすものがあればことたりる」のに対し、「食卓の快楽は人間だけにあるもので、料理の準備だとか、場所の選択だとか、会食者の招待だとか、食事以前のさまざまな気遣いが前提になる」と区別したあと、さらに「食の快楽を得るのには、飢えとまでいわないまでも、少なくとも食欲が必要である」が、「食卓の快楽は、多くの場

合、飢えにも、食欲にも依存しない」と断言している。(25)

通常のこの部分は、食欲という生理的欲求をベースにした食の快楽のうえに、それに接合して、文化的で社会化された欲望である他の人びとと食事することの快楽が展開すると解釈されがちである。ブリヤ自身がこのあとであげている宴会の事例で、最初は空腹にまかせて周りに配慮せずがつがつ食べる人びとが、最初の強い空腹感が満たされてくると、その人の資質に応じて、「だれもが多少とも感じのいい会食者になる」と分析している。(26)

しかし、「食卓の快楽は、多くの場合、飢えにも、食欲にも依存しない」という断言は、食卓の快楽が食の快楽と隣接しなくても成立するとするかなり過激な発言ともとれる。事実、わたしたちは空腹でなくても、美味しいものならついつい食べてしまう。そんな事態こそ、文化的な快楽としての「食卓の快楽」をわたしたちが実感しているときにちがいない。

さて、このように食卓の快楽を文化的欲望ととらえたあとでブリヤが食卓の快楽を十分に味わうためにあげている四つの条件とは、一章と二章でも紹介したように「少なくともそこそこに美味しい料理、よいワイン、感じのいい会食者、十分な時間」である。(27)「少なくともそこそこに美味しい料理」の原文は、chère au moins passable［シェール・オ・モワン・パサーブル］である。passable は英語にもある単語で、「なんとか基準をクリアする」という意味だ。学校の成績でいえば「可」である。「よいワイン」のフランス語もたんに bon vin で、高級で高品質のワインとはいっていない。まさに「よいワイン」、「美味しく飲めるワイン」でいいというのだ。料理もワインも最高のものをといっていないどころか、まさに「そこそこで」「美味しければ」いいというのである。

フランスガストロノミーの古典というと、さぞかし「究極のメニュー」や「至高の料理」が詳細かつ情熱的に語られているように思われるかもしれないが、じつはフランスガストロノミーの中心課題はそうした究極で至高の料理の求道的探求にあるのではない。それに対して、「感じのよい会食者」と「十分な時間」は、食卓で食べ飲みながら、みながくつろいで会話を交わし、心を通わせるための条件である。まさに、社会的絆(きずな)を実感するための社会性・社交性が、ブリヤの説くガストロノミーの中心にあることがよくわかる一節である。

四　ガストロノミー文学のもうひとりの始祖

ブリヤ・サヴァランに先立っていち早くガストロノミー文学を世に知らしめた作家がいる。二章で登場したグリモ・ド・ラ・レニエールである。

一七五八年にパリで裕福な徴税請負人の家に生まれたグリモは、一七五五年生まれのブリヤとはわずか三歳の差しかなく(ブリヤが三歳年長)、まったくの同時代人である。ブリヤと同様、若くして弁護士となるが、文学、とくに当時文学の花形だった演劇に夢中になり、演劇に関するいくつかの記事や著作を刊行している。そんなグリモを有名にしたのは、一七八三年二十四歳のとき、父の壮大な邸宅に友人たちを招いて開いた「喪の晩餐会」だった。

古代風の衣装をまとった兵士に案内され、聖歌隊の服装をしたふたりの少年が葬儀のときのようにお香を焚きしめる控えの間を抜けると、ようやく劇場風の幕が上がって、宴席が目に入る。すると、三百本を超す蝋燭に照らされた大きな円いテーブルの中央には、なんと柩が置かれていたという。[28]すべてが演劇仕立てのこのセンセーショナルな晩餐会によって若いグリモは一躍有名人になる。このあと、グリモは奇矯なルールのある昼食会や夕食会をいくつも開いているが、この時期のグリモのおもな関心は演劇にあり、飲食はむしろ売名手段だったと考えられる。[29]

その後も、家族にパリに戻ることを禁じられたために外国を放浪し、リヨンで食料品店を開いて失敗するなど、流浪と模索の年月のうちにフランス革命の動乱に巻き込まれずに済んだグリモは、一八九三年父の死を機にパリに戻り、一八〇四年に『グルマンたちの年鑑』[30]を刊行して大成功を収める。この著作は、食材の特徴や調理法を解説し、美味しいレストランや食材店を紹介した一種の飲食関連のガイドブックであり、『ミシュランガイド』の先駆といえるものだった。毎年刊行される『ミシュランガイド』と同じように、以後二年の中断をはさみながら、グリモは『年鑑』の執筆と編集に心血を注ぎ、一八一二年までに都合八冊の『年鑑』が刊行される（一八〇六年は二回刊行）。

この十九世紀初頭のベストセラーによって、グリモはブリヤと並ぶガストロノミー文学の始祖のひとりとなった。しかし、その後、一部のガストロトノームには知られた存在だったものの、多くの人に忘れ去られていたグリモがガストロノミー文学の始祖のひとりとして再評価されだすのは、多様なかたちの十八世紀文学研究が進み、飲食に関する歴史学や社会学が展開するようになった一九九〇年代以降のことである。再評価が遅れた理由は、すでに紹介したグリモのエキセントリックな気質とそれに対応するような独特な文体も影響しているが、なによりも主著である『グルマンたちの年鑑』が飲食ガイドブックであり、ガイドブックである以上、時間がたち店が変われば、当初の価値はなくなってしまうからだった。

ただし、簡単な経歴の紹介からもわかるように、グリモのエキセントリックな気質にもとづいたガストロノミー言説は、寛容な共食を旨とするブリヤ的なガストロノミー言説とはひと味もふた味も違っている。この点はおさえておいてもいいだろう。たとえば、フランスを代表する文化地理学者で、食通としてもワイン通としても知られているジャン・ロベール・ピット（一九四九―）は、そのものずばり『フランスのガストロノミー ある情熱の歴史と地理』という著作の「序論」でいち早くグリモを取りあげ、次のように述べている。

マニアックな倒錯やガストロマニー［胃袋的偏向］はいかなる気楽さもいかなるユーモアも排除してしまうが、幸いなことにフランスでは珍しいものである。そうした倒錯はある種のプロや批評家、ある種の料理人やクラブのメンバーに残っているにすぎない。グリモ・ド・ラ・レニエールはときとしてそうした倒錯に陥った。彼はルクッルス(31)のように豪勢に、ひとりで食べることも嫌いではなかったが、これは別の形態の倒錯である。フランス人は、御馳走があまりに心地良いと、無視することができず、かといって御馳走をあまりに真面目に考えて学問的な知識をひけらかして軽妙さを欠けば、御馳走の本質の一部を駄目にしてしまうという感情をよろこんで共有している。ベルシュー[32]もブリヤ・サヴァランも、より最近では、ジェームズ・ド・コケ[33]がこうした傾向を代表しており、澄ました顔でユーモアをいうのだ。ガストロノミーという語の語源そのものも同じである。この語は、ギリシア風の外観をしているが、じつはまったくのところフランス的なのだ。[34]

ブリヤが「食卓の快楽」を味わうための四つの条件にあげたひとつは、すでにみたように、「感じのよい会食者」だった。それは飲食に関する学識をもちつつも、ユーモアを交えて会話に活気をあたえ、学識をひけらかすことなく、食事をする人びととともに美味しい食事と美味しいワインの楽しみを共有する人こそ、ガストロノミーが規範とするグルマンであることを意味する。現代において意識的にフランスのガストロノミーを受けつぐピットの文章は、そうしたガストロミー気質が多くのフランス人に共有されていることをしめしている。

たしかに、海から川へと遡行するニシン科の魚アローズを閨房（けいぼう）のトルコ椅子に横たわる愛人にたとえたり、[35]桃をつぎつぎと当時の美女たちの身体に模してエロス化したりする独特の文体からは、[36]グリモが料理や食材に対してどこかフェティッシュ（呪物崇拝的）な強いこだわりをもち、飲食行為を自己愛的な表現の場ととらえていたことがうかがえる。[37]若いときから一貫して演劇に興味を抱き、飲食を演劇的自己表現の場としたグリモの気質は、後年ブリヤと並ぶガストロノミー文学の主導者になったときも変わっていなかったように思われる。

　では、ブリヤ的な社会性はグリモには欠けているのだろうか。グリモは、八冊の『グルマンたちの年鑑』のほかに、一八〇八年に『主人役入門』[38]を刊行している。「序文」でグリモがみずから解説しているように、この著作では、革命で途切れた美味しい御馳走を食べる伝統を、貴族に代わって新しく支配者となった市民層（ブルジョワ）に教示するという意図が明確である。

　全体は三部に分かれていて、第Ⅰ部は「肉の切り分けに関する概論」で、牛からはじまってコイ科の魚にいたる三十種の肉と魚の切り分け方が、イラスト入りで詳細に解説されている。当時でもいまでも自宅の会食で肉や魚を切り分けるのは家の主人の役割であり、丸ごと調理された肉や魚がそのまま会食者のいるテーブルにだされ、その場で主人が切り分けて順次会食者に分配していく。したがって、塊の肉や魚を、関節や骨の位置を知り、どこが美味しい部分かもわきまえたうえで適切に切り分け、会食者に配分することは、主人のもっと重要な務めである。食卓での主人の晴れ舞台ともいうべき肉や魚の切り分けを著作の冒頭にもってくるところが、いかにも演劇好きのグリモらしい。しかし、この切り分けはひとつのものを切り分けてみなで食す行為の序曲であり、共食性を演出する重要なモメントであることも忘れてはならない。

　これにつづく第Ⅱ部は「メニュー」、つまり献立に関してである。二章で述べたように、当時は、アントレ（前菜）、プラ（メイン）、チーズとデザートという現代の三品構成と異なり、肉料理や魚料理を複数だしたので、メニューの構成はいま以上に重要だった。ソースや食材が重ならないように配慮し、調理の仕方も単調にならないように注意せねばならない。グリモは季節ごとに異なる人数の会食者を招いたさいのメニューの具体例を四つずつ上げ（春のみ八）、その要点を解説している。食卓を飾る料理の数々も演劇的な視覚性をもつから、グリモの筆に力が入るのもうなずける。ただし、メニューの構成が重要なのは、複数の人びとが共食をおこなうからにほかならない。

社交性がさらに重視されるのが、「グルマンの儀礼に関する基礎原理」と題された最後の第Ⅲ部である。ここでは、最初の「予備的考察」と最後の「要約」にはさまれた九つの章で、「招待状」「歓迎と会食者の着席」「食卓での振る舞い」「食卓での給仕」「ワインの給仕と試飲」「食卓での会話」「食後の訪問」「会食者と主人それぞれの義務」が順次解説されている。「食後の訪問」とは、食事のお礼を主人に述べるための会食者による主人宅の訪問である。グリモの気質を反映して、いささか煩瑣（はんさ）におよび、儀礼的にすぎるとはいえ、これらの儀礼はすべて宴席の共食性を尊重した行為であることにまちがいはない。演劇的な趣向への偏愛をしめしつつも、グリモもグリモなりにガストロノミーにおける共食性を志向していたことがわかる。

ブリヤのようななごやかな陽気さがなく、ちょっと演出過多で形式張っているのは、ブルジョワ階級出身のブリヤと違い、グリモがフランス革命で権力を失った古い階級に属しているからだと考えられる。しかし、ブリヤの共食性の明るい賞賛に、飲食への個人的な偏愛傾向を内包しつつ、社交性を重視するグリモがくわわることで、フランスのガストロノミーは二枚腰三枚腰のしなやかな強さをそなえることができたといえるだろう。

五　ガストロノミー言説の展開と実践

ブリヤとグリモによって創始され、洗練された飲食をテーマとしたガストロノミー文学は、フランス革命以後、急速に展開した外食産業にささえられて一層の広がりをみせるようになっていく。革命のため王侯貴族の多くが亡命すると、失職したお抱えの料理人たちは、その高い技術を活かしてつぎつぎにレストランを開業していった。ガストロノミー文学は、こうした数多いレストランにおける料理の洗練によって実践的にもささえられ、よりひろい意味でのガストロノミー言説としてさらに発展していく。

とくにこれみよがしの豪華な料理を一度にたくさんだし、それを何度か繰り返す旧体制の貴族階級が実践した給仕法から、現在のような料理を一品一品順次だす給仕法に変わったことで、ひとつずつの料理の洗練とコース全体の調和がうながされていった。さらに、一品一品だす給仕法は複数の客のグループに同時に給仕するレストランに適合していたため、多くのレストランがこの給仕法を採用した。こうして、見た目よりも味を重視する料理が、レストランを媒介にしてふつうの家庭にまで広まっていく。

料理史では、料理を順次給仕する出し方を、当時フランスと友好関係にあった駐仏ロシア大使の宴席から広まった事実をふまえ、通常「ロシア式サービス」と呼び、それと区別するため、それまでの多様な料理が混在する出し方を「フランス式サービス」と呼んでいる。もちろん、出し方の変化は、そのまま食べ方の変化だった。この食べ方の変化は、フランスで飲食の社会学を主導するジャン＝ピエール・プーラン[39]（一九五六―）が強調しているように、料理の内容や受容者の味覚に大きな変化をあたえた重大な変化だった。[40]視覚重視の料理、あるいは視覚が味覚の重要な構成要素だった料理から、本来の意味での味覚重視の料理、近代的な意味での味覚重視の料理への変化であり、その意味で近代的な味覚の誕生ともいえる出来事だった。

レストランを媒介にした料理の洗練と近代的な味覚の誕生は、ガストロノミー言説をささえ、さらにガストロノミー言説がガストロノミーの実践をうながすという構図が、こうしてできあがる。

十九世紀の共和政体の定着と進展とともに順調に発展したガストロノミー言説がさらに大きな飛躍をむかえるのは、二十世紀初頭の第三共和政（一八七〇―一九四〇）の時代である。この時代の飲食文化の特徴を一言でいえば、「地方の発見」である。基本的に共和派の政権がつづき、前世紀に発達した鉄道網につづいて道路網が整備され、鉄道に代わって自動車が長期休暇の移動手段として利用されはじめた。二章で述べたように、一九〇〇年にはじめて刊行された『ミシュランガイド』は、都市の富裕層が快適な宿に泊まり、美味しい食事をするためのガイドブックであり、それが大当たりをした事実が、この時代が「都会人による地方の発見」の時代であったことを如実にしめしている。それは同時に、都会人向けに地方料理が洗練され、フランス料理に統合されていったことも物語っている。[41]

この時代、地方を旅し、地方の料理の発掘と紹介に尽力したのが、当時を代表するガストロノーム、キュルノンスキーである。本名はモーリス・エドモン・ド・サイヤンで、キュルノンスキーは筆名である。ラテン語のキュル「なぜ」に否定辞をつけ、「なぜスキーでいけないのか」という意味のロシア風の筆名を思いついた背景には、ロシアが当時フランスの友好国だったという事情がある。一八七二年にロワール川中流域の中心都市アンジェに生まれ、パリで大学教育を受け、一九五六年に八十三歳でパリで没するキュルノンスキーはまさに第三共和政とともに生きた作家だった。

当初、文学的な記事を書いたり、代筆をしていたキュルノンスキーが同僚のマルセフ・ルフ（一八七七—一九三六）とともにフランス各地を旅行してまわり、地方料理を紹介する著作を刊行するようになるのは、一九二一年以降、四十代から五十代のことである。このような経歴からは、飲食を語るには、なによりも飲食の経験を積む必要があることがわかる。キュルノンスキーとルフの著作はのちに二十八巻にのぼる『ガストロノミーのフランス』（*La France gastronomique*）にまとめられている。こうしたキュルノンスキーの人生は、みずから発明した「ガストロノマード」（gastronomade）という新造語、あえて訳せば「美味探求放浪家」なる語によくしめされている。[42]

フォワグラは、わが国の至上の国民料理であるポトフはいうにおよばず、カスレ、ブイヤベース、ガルビュール[43]、ガチョウのコンフィ、そのほか数え切れないほどの地方料理と同じくらいの権威をもって、フランス人にガストロノミーの世界的栄誉を獲得させ、これを維持している料理の逸品のひとつとして長くとどまるだろう。[44]

フランスの地方料理が発見され、洗練されて、「国民料理」としてフランス人全体のものになっていったことがよくわかる文章である。

キュルノンスキーは、一九一三年に創設された「百人クラブ」（Le Club des cent）の主要なメンバーであった。地方の美味しい料理を発見し、情報交換する、富裕層のクラブである。このクラブの創設につづいて、さまざまな同じような主旨のクラブがパリや地方都市で創設され、なかには医者によるクラブも複数あった。医学がガストロノミーと相性がいいのは、医師であるとともに作家であり、飲食礼讃の叙述にあふれた巨人王の物語『ガルガンチュアとパンタグリュエル』を遺したラブレー（一四八三ないし九四―一五五三）以来のフランスの長い伝統であることをあらためて認識させられる。飲食の社会学を専門とするアラン・ドゥルアールは『フランスのガストロノミー神話』のなかで、当時千二百にものぼる同種のクラブが存在したと述べている[45]。

こうしたクラブは地方を旅行したり、定期的な食事会を開いてガストロノミーを実践するだけでなく、どのクラブもなんらかの形で会報を発行しており、ガストロノミー言説を発信していた。この時代、新聞には料理記事が定期的に連載され、プロのガストロノミー批評家が健筆をふるった。まさに、ガストロノミー言説の繁茂の時代といっていいだろう。キュルノンスキーが著作の冒頭で認め驚いているように、「ガストロノミーは流行となった[46]」のである。

キュルノンスキーは、一九二一年に料理情報誌『いい宿と美味しい料理』（*Le bon gîte et la bonne table*）

がおこなった投票で、「ガストロノームのプリンス」に選ばれる。一九三〇年には「アカデミー・フランセーズ」(国立フランス学士院)にならって「ガストロノームのアカデミー」(L'Académie des gastronomes)を、翌年には「ユーモアのアカデミー」(L'Académie de l'humour)を創設している。「実際、食通(グルメ)の定義は、愛想がよく、愉快で、育ちのよい人々のこと」(47)とみずから述べるように、ブリヤを信奉するキュルノンスキーは、ガストロノミーを過剰な飲食への情熱とみるのではなく、美味しいものへの情熱を相手と共有できる快適なユーモアに変えて表現することを重視していた。もちろん、共有する相手は友人や家族といった会食者であり、共食が前提になっている。

このキュルノンスキーの友人でライヴァルだったのが、モーリス・デ・ゾンビヨーである。一八六八年にベルギーのフランス語圏に生まれたデ・ゾンビヨーは、キュルノンスキー以上に文学に傾倒し、何冊もの小説や短編集を刊行、第一次大戦中はベルギー政府の外交部門の責任者を務め、その方面の回想録も出版している。一九二一年以降、パリに住むようになると、飲食関連の著作を数多く執筆し、一九四三年に七十五歳で世を去っている。デ・ゾンビヨーも、キュルノンスキーと同じくブリヤの信奉者だが、ユーモアに満ちたエセーを得意としたキュルノンスキーにくらべ、論旨の一貫した著作を何冊も刊行しているのが特徴的で、それらの著作でブリヤのガストロミー概念をより精緻なものにしている。

たとえば、『食べる術とその歴史』では、ブリヤが『味覚の生理学』のいくつかの「瞑想」で系統立ててあとづけた飲食や料理の歴史を「食べ方」という側面に焦点をあてて解説し補強したあと、著作の終わりの部分で次のように結論づけている。

食卓の快楽を精神化しないような人は本当のガストロノームではない。
より正確にいえば、食卓の快楽とは精神化された食の快楽のことだといえるだろう。
社会性と共食性（コンヴィヴィアリテ）の精神は、ブリヤ・サヴァランによれば、ガストロノミーの基礎にあるのだ。[48]

右の訳文で「精神化」と訳した語はともに動詞 spiritualiser［スピリチュアリゼ］の活用形で、現在形と形容詞として使用された過去分詞である。この動詞のもとになった形容詞 spirituel［スピリチュエル］の意味は「精神的な」とか、「霊的な」「魂の」という意味である。もちろん、肉体や身体の対義語であり、ほとんどの場合、肉体的なもの、身体的なものに対して、精神的なもの、魂にかかわるものをプラスに価値づけるときに使用される。

つまり、人間の身体に対象を取り込む飲食というダイレクトに身体にかかわる行為に精神的な価値を見出し、知覚のなかでももっとも肉体的な味覚を魂の喜び、日本人にわかりやすくいいかえれば、心の喜びとして、はじめて人はガストロノーム、つまりガストロノミーの実践者になれるというのである。

フランス人が、肉体維持のためにさして注意をはらわず食事をそそくさと済ます人に対して「あの人は食べることに精神性がない」というのをわたしは聞いたことがある。ここで「精神性」と訳したフランス語は、spirituel を名詞化した spiritualité［スピリチュアリテ］である。そうわたしに語ったのは、すでに登場したフランス人の地理学者ニコラ・ボーメールさんである。はたして、日本では美食家を、飲食に「精神的な喜び」を見出している人というだろうか。

ただし、spirituel は「魂にかかわる」という意味でもあり、「魂」は英語でいえばソウル（soul）である。日本人にとって米のご飯は、消費量が落ちたとはいえ、「ソウル・フード」であり、フランス人にとってバゲットは「ソウル・フード」だろう。つまり、「ソウル」とは、それらの食べ物がたんに食材としての物質的価値をもつだけでなく、文化的に大きな意味をになっていることをしめしている。母親の作ったおにぎりに、妻のこしらえたお弁当に、そのもの以上の心の満足を感じる人は少なくないはずだ。いや、コンビニのおにぎりやスーパーの弁当より、美味しいと感じる人がほとんどではないか。このような美味しさの感じ方を、フランス人のガストロノームは「精神化された快楽」とよぶ。そう理解すれば、デ・ゾンビヨーの指摘も納得できるだろう。

ブリヤの『味覚の生理学』は、「瞑想」と題された論文的な部分と、「ヴァリエテ」と題されたエセー的な部分とからなっており、さらに「瞑想」にも、スケッチや逸話といったルポルタージュ的な文章や物語的な文章がふくまれている。こうした混淆的文体が、「陽気さ」[49]を特徴とするガストロノームにふさわしく、ガストロノミー文学自体を「陽気なもの」にしているといえるだろう。

しかし、それにくらべて、デ・ゾンビヨーの考察は一定の「陽気さ」をふくみながらも、話題は一貫してガストロノミーにおける食べる術に注がれている。そして、ブリヤよりさらにふみこんで、

「食卓の快楽」を「精神化された快楽」と定義する。こうした生真面目さとも、こだわりともいえる点に、幾分かもうひとりのガストロノミー文学の始祖、グリモの面影をみることができるのではないだろうか。事実、デ・ゾンビヨーには、ワインの蘊蓄（うんちく）を傾けた『フランスワイン名鑑』[50]があり、ここに表現されたワインの知識が評価されて、キュルノンスキーを「ガストロノームのプリンス」に選出した雑誌は、のちにデ・ゾンビヨーに「ぶどう棚のプリンス」、つまり「ワイン通のプリンス」という称号を贈っている。デ・ゾンビヨーは、ある面で、グリモ的真摯さを受けついでいると考えられる。

六　ガストロノミー言説の研究

このあとのガストロノミー言説の進展として特筆すべき出来事は、二十世紀後半、一九五〇年代以降になって徐々に、ガストロノミーもふくめたフランスの飲食文化を学問的に研究する潮流が、地理学や歴史学でまず起こり、それが一九八〇年代あたりからさらに社会学にまで広がるようになったことだろう。

それは一面では、ガストロノミー文学もふくめたひろい意味でのガストロノミー言説を研究する言説、ある意味、メタなレベルの言説が登場したことを意味する。

飲食と飲食物をもたらす農業的な景観の地理学的な研究をもっとも得意な分野として、多くの著作を著している、すでに引用したジャン＝ロベール・ピットもそのひとりだ。ピットは『フランスのガストロミー』の最終章となる「第四章」で次のように述べている。

フランスでは、どこにもまして、御馳走と美味しいワインについて話したり、書いたりする文化が、当の御馳走や美味しいワインの歴史と並行する歴史として存在し、流行歌から高尚な詩、批評から哲学にいたるまで、御馳走や美味しいワインの文化の発展を支えている。フランス語で表現されたガストロノミーやワインに関する文学は、アンソロジーが作られうるほど豊富だが、そうしたアンソロジーを編むには、知と詩的な感受性のあらゆる領域を探索しなければならない。(51)

ピットは条件法で「アンソロジーが作られうるほど」と書いているが、キュルノンスキーやデ・ゾンビヨーの同時代人で十九世紀中葉を代表するガストロノームのひとりシャルル・モンスレ（一八二五―一八八八）は、一八五九年、自身の詩もふくめ、当時の文学者が料理について書いた詩や散文を多数集め『詩的な女性料理人』というアンソロジーを編んで刊行し、評判を博した。このアンソロジーが価値あるものとみなされているのは、モンスレのほかの多くの著作が再版されていないなか、このアンソロジーだけ一九八八年にリプリント版で再刊行されていることからもわかる。(52)おそらく、この後、文学作品にかぎれば、これまで数え切れないほどこの手のアンソロジーが刊行されてきた。(53)

見逃してはいけない点は、ピット自身がそうした探索を自身の著作でかなりの程度実行し、文学作品だけでなく、料理人の著作からキリスト教関連の文献まで、あるいは歴史学や地理学の論文や研究書を幅広く渉猟して、それらの文献・資料から数多くの引用をおこない、フランスガストロノミー言説の展開をガストロノミーの実践と対応させつつ描いていることだ。

近代以降のフランスでは、食卓では政治の話は禁物とされる。イギリスやアメリカの二大政党制と異なり、保守でも左翼でも小党が分立し、ときに連合を組んでは分裂するという状況が繰り返されているため、政治の話は、たとえ理念が近くても、対立を生みやすい。これではブリヤが述べているような共食による一体感は生じない。それどころか、食卓がかえって政治的対立の場となりかねない。食卓で話題となるのは、文化的な事柄、最近みた映画や芝居だとか、注目を集めている文学作品とか展覧会とかであり、あるいは日常生活のちょっとした出来事や体験である。

こうして、近代以降、民主主義を基礎とする共和制が確立したからこそ、ガストロノミーとその表現であるガストロノミー文学やガストロノミー言説は共和国となったフランスで大きな役割をあたえられたのである。共和制が思想信条の自由と表現の自由を認めているから、ガストロノミーにおいても政治的意見が自由にいえるはずだ、という見方もありえるだろう。しかし、実際には、自由な意見表明があるからこそ、会食の場では、対立する話題を避け、飲食と味覚の共有によってフランス人であるアイデンティティが創出され実感される。それがガストロノミー言説の「陽気さ」の内実にほかならない。

あえていえば、飲食文化はガストロノミーとなって精神化される反面、非政治化したのである。これは、貧富の差によって異なるレストランに行かざるをえないにもかかわらず、レストランが万人に開かれた友愛的共食の場とされた論理と感性に通じている。地方料理が都会の旅行者によって「発見」されて洗練され、ローカルなアイデンティティを満足させながら、ローカルなものがナショナルなものへと統合された背景にも、同じ論理と感性がはたらいている。意地悪くいえば、寛容な陽気さを特徴とするフランスのガストロノミーで排除される者があるとすれば、こうした寛容な陽気さをもちえない人ということになるだろう。

そんな食卓の会話で、フランス人が好むのは、食事や料理に関する話題である。ピットは次のように書いている。

> これまでいわれてきたように、アングロ・サクソン流の生き方の作法にしたがう取り澄ました階層は別として、どんな階層のひとでも、フランス人は、食前、食中、食後に、自分たちの食べているものや飲んでいるものについて話すのが好きだ(54)。

飲食文化におけるフランス人のアングロ・サクソン嫌いの根深さを思わせて微笑を誘う叙述だが、要点は、多くのフランス人が飲食において飲食を語ると述べられていることだ。飲食の現場で飲食が語られ、飲食の場を盛りあげていく。ガストロノミー言説を研究する行為自体がガストロノミーな言説となる循環的な相乗作用の実践形態とも呼べそうな事態である。飲食の現場での飲食に関する語りが、会食の楽しみと共鳴しあい、増幅し、さらにガストロノミー的なフランス人の感性を強化していく。こうして、共食を媒介として飲食の快楽の精神化が達成されるのである。

七　日本における美食と美食言説

ここまで近代から現代にかけて、フランスのガストロノミーとそれに付随するグルマンディーズがどのようなものか検討してきた。その結果、共食性を軸にした社会性こそが、ガストロノミーやグルマンディーズといった概念の核であることがわかった。

すでに、このことを確認しただけでも、それが通常同義とされる日本における「美食」といかに異なっているかわかるだろう。少なくとも、日本の美食概念が、フランスでのように共食性や社会性がともなうものでないことは、すでに引用した大衆的人気を博している美食マンガ『美味しんぼ』のほか、文学的領域においても、つねに再版され根強い人気を誇る内田百閒の『御馳走帖』(55)から、小島政二郎のベストセラーエセーで都合六冊にもおよんだ『食いしん坊』(56)や、さまざまな形態で何度も編集され刊行されている吉田健一の一連の酒や料理に関するエセー(57)をへて、開高健(58)や江國香織(59)などの現代の作家たちにまでいたる美食に関する著作をみてもほぼあきらかだろう。

それらの著作では、美味しい料理や旨い酒に遭遇したときの個人的な体験が、ときに至福の体験として、ときに忘れがたい思い出として描かれていることが多い。このリストには、歴史小説を書くかたわら数多くの美食エセーを遺した池波正太郎[60]や、独自の「なのだ」文体で飲食を楽しげに語る椎名誠[61]などの大衆作家を、あるいは日本だけでなく世界を放浪してさまざまな料理と出会いながら旅先でみずから調理をした檀一雄[62]や、男女の性愛をテーマにした多くの名作を遺しながら酒に関する卓抜なエセーを書いた吉行淳之介[63]などの純文学の作家をくわえてもいいし、ワインに関する究極の蘊蓄マンガ『神の雫』[64]やテレビの実写ドラマとなり人気を博している『孤独のグルメ』[65]をくわえてもいいだろう。もちろん、会食場面が楽しく描かれることもあるが、こうした作家たちの飲食描写から浮かびあがるのは、たとえ友人や仲間と会食していても、美味しい料理や旨い酒に向かい合い、それらを十全に味わい表現するようとする求道的な美食家の姿勢である。

そもそも、「孤独のグルメ」という在り方が、まさに日本の美食の在り方を端的に表現している。フランスのガストロノミーでは、美味しいものをひとりで食べることはありえない。美味しい食べもの、旨いワインほど、フランス人はみんなで味わいたい、気心の知れた知人や家族と喜びを共有したいと思うからだ。

紙幅の関係から、フランスのガストロノミーの場合のように、いくつもの証言や具体例をあげて詳細に検討するのは別の機会にゆずって、ここでは日本の美食の個人化傾向の背景とそうした美食の核にあるものがなにかについて、その概略だけを記すことにする。

ただし、ここでひとつだけ、日本の伝統的美食観を明確に規定して美食のバイブルといわれる木下謙次郎の『美味求真』だけは取りあげて、日本の飲食文化の特徴を理解しておこう。

明治から昭和初期にかけて国会議員として活躍しながら、日本料理に玄人はだしの腕をふるった木下謙次郎は、大正十四年（一九二五年）に刊行した上記の著作で、まず料理屋を中心に砂糖や出汁などのひろい意味での調味料が濫用されて食材本来の味が生かされていないと指摘する。それぞれの食材には本来の味、「本味」があり、それを引き出す調理が重要だという。(66) そのうえで、「本味」を生かす日本料理の伝統的調理法を「時ならざれば食はず」「割く正しからざれば食はず」「其の醤を得ざれば食はず」(67)の三つにまとめている。

まず、冒頭の「本来の味が生かされていない」という現状認識もふくめ、木下があげる三つの日本「料理の通則」(68)が、すべて否定形で書かれていることに注目したい。もちろん、この背景には政府が率先して公式レセプションに西洋料理を供し、上層階層がそれにならったという事実が雄弁に物語るように、明治の近代化が制度や社会のみならず生活全般の西洋化だったという事情がある。日本の伝統が、料理においてだけでなく、宗教や美術といった文化分野においても軽視されていたことを忘れてはならない。そのなかで本来のあるべき日本料理の在り方が忘れ去られ、変容や逸脱が生じていた。

くわえて、明治維新以後、美食文学としてまず大評判になったのは、洋食に関する著作だった。村井弦斎の『食道楽』(69)である。明治三十六年（一九〇三年）から一年にわたって『報知新聞』に連載され、その後、単行本として刊行されて明治の大ベストセラーとなった『食道楽』は、当時最新のものだった栄養学や医学の知識とともに西洋料理の調理法と食べ方を小説仕立てで紹介した教養主義的美食小説だった。木下の日本料理のバイブルは、これに遅れること二十二年、その懸隔はほぼ四半世紀におよぶ。この年月のズレほど当時の日本料理の状況を雄弁に物語っている事実もないだろう。

しかし、そのような事情を差し引いても、否定的表現で日本の美食を規定する木下の叙述は、フランスのガストロノミー言説が美味しいものの肯定からはじまるのとは、鮮やかな対照をなしている。

たとえば、旧体制の古い階級出身のグリモも、その著作で旧来の飲食文化の伝統を身につけていない新しい富裕層に語りかけるとき、その切り方は正しくないとか、そうしたメニューは適切ではないとはいわず、正しい切り方を指南し、適切な季節のメニューを提示している。木下のように「べからず」集から入る態度ほど、日本的な美食の求道的な性格を明瞭にしめしている事実もない。こうした態度には、そこそこの料理をまあまあのワインで仲間と時間をかけて分かち合うことに楽しみを見出すフランスガストロノミーの陽気な寛容さとは対極にある、やや気難しいこだわりがかいまみえる。

木下の論理にしたがえば、美食家は、自分の前にだされた料理がたとえそれなりに美味しくても、その料理が季節のものでなく、正しく切られておらず、適切な味付けでない場合、それを評価しないということになる。いや、木下は「食べない」とさえいっているから、求道的美食はある種の禁欲主義に通じているとさえいえるだろう。

こまかい論証をぬきに結論をいえば、木下はまったく会食や共食についてふれていないが、それは個食や孤食を肯定しているわけでも、勧めているわけでもない。自然を介した共食が、日本人には、前提として保証されていると、木下が考えているからだ。

食材が「本味」を発揮する季節を重視する感受性としての「旬」の観念[70]は、日本人には馴染みのものである。季節の変化を敏感に感じ、季節の風物をみつけて、それを愛でるという季節への感受性としての「季節感」は、都市化して西洋風の生活をおくる現代日本でも、根強く日本人の心の深層に残っている。コンビニの弁当にまでもみじの葉を模したものがあしらわれ、桜のイラストが描かれたりしている国は、四季のある温帯に属する国ぐにが多いといえども、かなりめずらしいだろう。いや、ひょっとすると、日本だけかもしれない。

こうして、食材の旬として具体化される季節感という感性をとおして、日本では飲食物や飲食自体が「自然化」する。フランスのガストロノミーによって、飲食行為が共食となり「社会化」するように。さらに、フランスでは、飲食行為は人間の営みとして内面化し、「精神化」する。これに対して、日本では、自然の前に人間の主体は後退し、自然を志向する飲食物を摂取することで、食べる行為も食べる人も自然化する。

反論を覚悟であえて定式化すれば、たとえ孤食をしても、自然化した飲食をとおして、日本人はほかの日本人と共食している、といえるだろう。

これを補強するのが、離れていても共食になりえるという日本人の飲食の感性だ。現代でも、中元や歳暮として、日ごろお世話になっている人に贈りものをする習慣は途絶えていない。そうしたさいの贈答品の主役はあいかわらず飲食物である。柳田國男[71]や宮本常一[72]などの民俗学者が多くの論攷で指摘しているように、飲食物の贈答がおこなわれるのは、離れている人とともに同じものを分かち合うためだ。つまり、離れている人との共食のためであり、これは裏を返せば、離れていても共食が可能だということである。

こうした感性は、ある人が作った弁当を作った人とは離れたところで食べるというときにも作用する。作ってくれた人を思って食べれば、それは日本人には共食と感じられるのだ。ちゃんとした食事が温かい料理をふくむことを絶対の条件とするフランスをはじめとした西洋やアジア諸国、アラブ圏では（つまり世界のほとんどの地域では）、こうした感覚は生じにくい[73]。携帯食はあくまでその場しのぎの代替食にすぎない。手の込んだ料理、作る人の思いがこもった料理とは、キュルノンスキーが「国民料理」と讃えたポトフのように、時間をかけて煮込んだ温かい料理なのである。

一方、多くの料理人や料理評論家が指摘しているように、日本の伝統料理には、冷めても美味しいものが多い。野菜や豆の煮物、数々の練り物食品、厚焼き卵……そもそも主食のご飯がそうだ。炊きたてのご飯が美味しいのはいうまでもないが、米のご飯が冷めても美味しいことは、コンビニのおにぎりの隆盛やおにぎり専門店の広がりが証明している。

しかし、これらは二次的現象であり、本質的な点は、日本の料理が自然を志向し、そうした自然志向を深層で共有する日本人は、飲食行為において、みずからも自然へと向かうということである。そして、こうした感性に明確な表現をあたえ、そのような言語化によって感性そのものを編成し、ときに意識的な美学として日本人に刷り込んできたのが、木下謙次郎をはじめとした多くの美食家たちの美食文学なのである。

八　ふたつの世界無形文化遺産

最後に、フランスのガストロノミーが日本の美食と異なることを具体例で考えておこう。

二〇一〇年に「フランス人の美食術」がユネスコの世界無形文化遺産に登録された[74]。よく「フランス料理」が世界遺産になったといわれるが、それは間違いである。フランス人が歴史のなかで作り上げてきたガストロノミーの感性にもとづいた食事様式、つまり食べ方というソフトの部分が文化的に価値があると認定され、世界無形文化遺産に登録されたのだ。そもそも世界無形文化遺産という表現がそれをしめしている。フランス料理というハードが登録されたわけではない。

登録されたフランス語の原文は“Le repas gastronomique des Français”で、直訳すれば「フランス人のガストロミー的な食事」となり、さらに意をくめば「ガストロノミーにそくしたフランス人の食事」とでも訳せるだろう。ここまで検討してきたように、フランス語の「ガストロノミー」は、日本語の「美食」とは重ならないので、たとえ「術」をつけても、誤解の余地は残る。ただ、「美食術」であれば、ハードとしてのフランス料理ではなく、食べ方が問題になっているとわかる点で、「美食」よりは原意に近いとはいえるだろう。

その登録内容の冒頭部分を、これまでの分析をふまえて、日本語にしてみよう。

ガストロノミーにそくしたフランス人の食事は、新しい生命の誕生、カップルの結婚、さまざまな成功、誕生日や創立記念日、なんらかの出会いといった、個人の人生や集団の生活のもっとも重要な瞬間を祝うために社会で慣習となった行為である。お祝いのための食事であり、この機会に会食者たちは「美味しく食べる術」と「美味しく飲む術」を実践する。

飲食の社会性が強調され、共食性が前面に出た内容である。まさに、これまで確認してきたフランスのガストロノミーのわかりやすい要約といっていい。

食事内容については、「なるべく土地の優良な材料」を用いることと定めており、フランスのガストロノミーが地方料理にこだわってきた伝統が反映されている。

食事の様式についても、次のように規定している。

ガストロノミーにそくした食事はしっかりと定まった図式を尊重しなければならない。アペリティフ（食前酒）で始まり、ディジェスティフ（食後酒）で終わるあいだに、少なくとも四つの料理が出されなくてはならない。つまり、アントレ（前菜）、野菜をともなった魚か肉、チーズ、デザートである。

十九世紀中葉に確立したロシア式サービスにもとづいたコース料理が順次だされ、ゆったりとした時間のなかで、なごやかに会食することがもとめられている。共食重視のフランスガストロノミーの要点が、すべて世界無形遺産の登録文に盛り込まれていることがわかる。

「ガストロノミーにそくしたフランス人の食事」が登録された三年後の二〇一三年、「和食：日本人の伝統的な食文化」が、同じくユネスコの世界無形文化遺産に登録された[75]。フランスの事例と同じように、ハードとして日本の和食が世界遺産に登録されたのではなく、あくまで「日本で伝統的に受けつがれてきた文化としての飲食の在り方」が世界無形文化遺産として認められたのだ。

登録された「和食」の四つの特徴は、「1、多様で新鮮な食材とその持ち味の尊重」「2、健康的な食生活を支える栄養バランス」「3、自然の美しさや季節の移ろいの表現」「4、正月などの年中行事との密接な関わり」である。

調理の内容面でみれば、「1、食材の持ち味の尊重」は、木下謙次郎が料理の通則の第一とした「時ならざれば食はず」をわかりやすく肯定形で表現したものだ。「2、健康的な食生活」の強調は、日本の飲食の過剰な西洋化と乱れのなかで、かつての伝統的な和食が健康的であることを再認識した内容だ。世界で和食が「ヘルシーで美味しい料理」として評価されている現状の日本への反映である。

明治以降の西洋化で日本文化のいいものをあっさり捨ててきた日本人は、日本文化が西洋で評価されてそのよさに気づくということが多い。小津安二郎の映画も、北斎や歌麿の浮世絵も、そうした日本文化だった。この事例は、まだまだたくさんあげることができる。日本の伝統的飲食文化も同じである。外国で注目されて日本人はその良さにはじめて気づくことがしばしばだ。

とはいえ、これまでの考察からもっとも重要だと思われる和食の特徴は、「3、自然の美しさや季節の移ろいの表現」である。自然を季節という枠組で切り取り（分節し）、そこに文化的な意味を付与して自然自体を見出すという、日本の美食のもっとも重要な感性が明確に言語化されている。

日本人には飲食物が季節の表現であることは、ある意味、当たりまえかもしれない。日本の「季節感というメガネ」をかけると（つまり日本的な表象でみると）、フランスやアメリカにも「季節感」があるとみえるかもしれない。しかし、それは温帯地帯である以上、季節季節の食材があるだけで、ことさらなにかを選んで季節感の象徴として料理にし、食べているわけではない。

フランスにもアメリカにも桜の木があり春には花を咲かせるが、日本のように品種を改良して並木道や川筋の両側に植えたり、ある品種だけを選んで山全体に植林して、季節ごとに桜の花をみにいき、そこで宴席を張るということはない。ただ、季節に桜が咲くだけである。

「4、年中行事との密接な関わり」は、たしかに共食である。しかし、さらに補足された説明を読んでも、登録文には年中行事の具体例としては正月しかあげられていない。なぜ、ほかの行事があげられていないのだろうか。それは、お盆やお彼岸、雛の節句や端午の節句といった年中行事が年中行事でなくなりつつあるからかもしれない。

こうして検討してみると、和食として独自性があるのは、「1、多様で新鮮な素材の持ち味の尊重」と「3、自然の美しさや季節の移ろいの表現」ということになる。そして、このふたつの特徴は、前節で概略を検討した日本の美食の概念に重なることがわかる。まさに、自然を生かし、表現するのが和食の文化伝統なのである。

食事の社会性を強調するフランスに対して、日本では食事の自然性が前景化する。その意味で、これらの登録文には、フランスのガストロノミー言説と日本の美食言説の特徴が簡潔に表現されている。

ここで付随的に興味深い点がある。それは、フランスの登録文と日本の登録文の言説そのものである。フランスの記述がガストロノミーの中心概念（共食性）の説明からはじまり、食事の内容から食事の様式へと論理的に展開される一方で、日本の記述は調理法の要諦から料理内容とその効果に移り、ついで和食の中心概念である季節表現としての飲食行為を概説し、最後に飲食の社会性に言及するという論理よりも連想を優先する書き方である。

ここに、論理的一貫性を重視するデカルト的体系性の精神と季節のように移ろう日本的感性の対称をみてしまうのは、わたしだけだろうか。

いずれにしろ、これまでの分析と考察をとおしてみえてくるのは、フランスのガストロノミーについてフランス社会で共有された表象が共食性を核として社会性を軸に編成されているのに対し、日本の美食の社会的表象は季節感を中心に飲食行為自体の自然志向にそって、一見意識されないかたちで深いところで自然化に向けて編成されているということである。(76)

ただし、その自然化は、活じめ（いけじめ）や出汁の活用など、きわめて巧妙な人為的操作をともなっていることを忘れてはならない。その点を見据えると、それは自然化というより、再自然化ともいうべき事態であることがみえてくる。

□注

（1）社会史家のパスカル・オリイはフランスのガストロノミーの成立過程で、ガストロノミー言説のはたした決定的役割を強調している。Pascal Orly, «La gastronomie», in dir. Pierre Nora, *Les lieux de mémoire III*, Gallimard, 1997, pp. 3743-3769. パスカル・オリイ著、長井伸仁訳「ガストロノミー（美食）」、ピエール・ノラ編、谷川稔監訳『記憶の場　フランス国民意識の文化＝社会史 3 模索』岩波書店、二〇〇三年、三八九―四二五頁。言説がガストロノミーを編成したという視点にたって、オリイは以下の著作で多様なガストロノミー言説を引用し解説することで、ガストロノミーの成立過程をあきらかにしている。Pascal Orly, *Le discours gastronomique français des origines à nos jours*, Gallimard, 1998.

（2）Dir. Alain Ray, *Dictionnaire historique de la langue française*, Dictionnaires Le Robert, 1992, p. 873.

（3）邦訳や多くの関連文献では、「ベレー」ないし「ベレ」と表記されているが、わたし自身が現地でたしかめた地元での発音は「ブレ」である。同じことを、辻調理師学校の創立者で、フランス料理やフランスワインについて数多くの著作を遺した辻静雄（一九三三―九三）が、その著書『ブリア-サヴァラン「美味礼讃」を読む』で指摘している。辻静雄『ブリア-サヴァラン「美味礼讃」を読む』岩波書店、一九八九年、五頁。

（**4**）Brillat-Savarin, *Physiologie du goût*, Flammarion, 1982 (la première parution :1825), p. 21. なお、訳文はこれまでに刊行された三つの邦訳（関根秀雄、戸部松実訳『美味礼讃』（上下、岩波文庫、一九六七年）、松島征訳『バルト、〈味覚の生理学〉を読む 付・ブリヤ＝サヴァラン抄』（みすず書房、一九八五年）、玉村豊男編訳・解説『美味礼讃』（新潮社、二〇一七年）を参考にしつつ、筆者が原文に照らして訳出したものである。以下、訳文については同様。これ以後の注ではフランス語原典の頁と対応する岩波文庫の邦訳を上下を明示して記す。この箇所は邦訳（上）、二五―二六頁。

（**5**）*Ibid.*, p. 62. 邦訳（上）、八三頁。

（**6**）原文では、cuisine である。*Ibid.*, p. 62. 邦訳（上）、八三頁。この語は「料理」とも訳しうるが、すぐあとに l'art d'apprêter les mets「料理を準備する術」とあるので、完成した料理ではなく、料理をするという行為、つまり調理の意味で使用されていることがわかる。ちなみに、mets［メ］とは「皿に盛られた料理」を意味する。

（**7**）Brillat-Savarin, *op. cit.*, p.62. 邦訳（上）、八三頁。

（**8**）日本大辞典刊行会編『日本国語大辞典 8』第一版第十四刷、小学館、一九九一年、一四〇六頁。

（**9**）Brillat-Savarin, *op. cit.*, p. 62. 邦訳（上）、八三頁。

（**10**）*Ibid.*, p. 141. 邦訳（上）、一九五頁。

（**11**）*Ibid.*, p. 141. 邦訳（上）、一九六頁。

（**12**）雁屋哲原作、花咲アキラ作画による日本のマンガ。一九八三年二〇号より『ビッグコミックスピリッツ』（小学館）で、連載が開始され、断続的な中断をはさみながら、二〇一四年までつづき、それ以後は休載状態にある。連載は適宜単行本として刊行され、現在までに百十一巻に達している。

（**13**）Brillat-Savarin, *op. cit.*, p. 141. 邦訳（上）、一九五頁。

（14）*Ibid.*, p. 280. 邦訳（下）、一二四頁。

（15）Nicolas Baumert 現在、名古屋大学准教授で、筆者の共同研究者。日本の酒を歴史地理学的に考察した以下の著作のほかに、わたしと共著のフランス語論文や記事が複数ある。*Le saké, une exception japonaise*, Presses universitaires Rennes, 2011.

（16）Brillat-Savarin, *op. cit.*, p. 147. 邦訳（上）、二〇三頁。

（17）フロイトが精神分析において、幼児の欲望が制御され、外界が主体と分節化される最初の段階を「口唇期」（二歳前）とし、つづく時期を「肛門期」（二歳から四歳）としたのは、ゆえなきことではない。フロイト著、中山元訳『エロス論集』（ちくま学芸文庫、一九九七年）、「性理論三篇」中の「第二篇 幼児の性愛」八九―一四四頁（原著初刊行一九〇五年）。ジャン・ラプランシュ、J―B. ポンタリス著、村上仁監訳、新井清ほか訳『精神分析用語辞典』みすず書房、一九七七年（原著一九六七年）の関連頁（「口唇期」一三四―一三五頁と「肛門サディズム期」一四一―一四二頁）。

（18）Brillat-Savarin, *op. cit.*, p. 275. 邦訳（下）、一一七頁。

（19）ジャン＝ロベール・ピットについてはのちほど詳しく紹介するが、医師で飲食にも詳しいジャン・ヴィトーについては、この章で検討する紙幅がないので、以下のもっとも読みやすい文庫本とその邦訳をあげておく。Jean Vitaux, *La gastronomie*, P.U.F., Que sais-je no 3788, 2007. 佐原秋生訳『ガストロノミー 美食のための知識と知恵』白水社、クセジュ文庫、二〇〇八年。

（20）ディスタンクシオン概念は、むろん社会学者ピエール・ブルデューの用法にもとづいている。Pierre Bourdieu, *La distinction : critique social du jugement*, Les Éditions de Minuit, 1979, chapitre 5 : Le sens de la distinction, pp. 293-364. ピエール・ブルデュー著、石井洋二郎訳『ディスタンクシオン 社会的判断力批判 I II』藤原書店、一九九〇年。邦訳での関連箇所は、『ディスタンクシオン II』、「5 卓越化の感覚」、七―九六頁。

（**21**）レベッカ・L・スパング著、小林正巳訳『レストランの誕生 パリと現代グルメ文化』青土社、二〇〇一年（英語原著二〇〇〇年）。とくに、「第3章 公共の空間における私的欲望」、一〇三―一三七頁。

（**22**）Pierre Bourdieu, *Op. cit.*, p. 85. 邦訳、前掲書『ディスタンクシオン I』、一二四頁。原文にあたって石井の訳を一部改変した。

（**23**）Brillat-Savarin, *Op. cit.*, pp. 166-168. 邦訳（上）、二三一―二三五頁。

（**24**）Brillat-Savarin, *Physiologie du goût avec une lecture de Roland Barthes*, Hermann, 1975, p. 30. 前掲書『バルト、〈味覚の生理学〉を読む 付・ブリヤ＝サヴァラン抄』、四三頁。

（**25**）Brillat-Savarin, *physiolgie du goût*, pp. 170-171. 邦訳（上）、二三八―二三九頁。

（**26**）*Ibid.*, p. 171. 邦訳（上）、二三九頁。

（**27**）*Ibid.*, p. 173. 邦訳（上）、二四二頁。

（**28**）この「喪の晩餐会」の様子を友人のバショーモン（一六九〇―一七七一）が『秘密の回想録』で詳しく報告している。Louis Petit de Bachaumont, *Mémoires secrets*. tome22, Hachette, 2018 (la premère purution avant 1920). バショーモンの記述の日本語訳が北山晴一『美食の社会史』（朝日選書、一九九一年［初刊行は『美食と革命』として一九八五年］）にある。六〇―八二頁。

（**29**）前掲書『美食の社会史』、六六―八七頁。

（**30**）フランス語の原題は*Almanach des gourmands*。通常『美食家年鑑』と訳されるが、ここではフランスのガストロノミーないしそれに付随するグルマンディーズやグルマンという概念を日本の美食や美食家という概念と比較検討しているので、この論ではあえて『グルマンたちの年鑑』とする。参照している版は、一九八四年にパリのValmer-Bibliophilieから刊行されたリプリント版である。なお、二〇二一年三月現在、いくつかの出版社から復刻版が刊行されており、グリモ復活の傾向がみえる。

(31) 贅沢な食を好んだ古代ローマの将軍。

(32) ブリヤやグリモと同時代を生きた詩人（一七六五—一八三九）で、一八〇一年に「ガストロノミー」と題された詩を発表し、有名になった。この詩は、ブリヤに先立って、ガストロノミーという語をフランスに広めた。

(33) 一八九八年に生まれ、一九八八年に没した劇評家で、ガストロノームとして有名だった。

(34) Jean-Robert Pitte, *Gastronomie française histoire et géographie d'une passion*, Fayard, 1991, pp. 20-21. 千石玲子訳『美食のフランス 歴史と風土』白水社、一九九六年、一九—二二頁。

(35) Grimod de La Reynière, *Almanach des gourmands I*, p. 93.

(36) Grimod de La Reynière, *Almanach des gourmands VI*, p. 85.

(37) この文体の特異さについては、その背景と影響もふくめて、以下の日本人による優れた研究書で詳しく分析されている。橋本周子『美食家の誕生 グリモと〈食〉のフランス革命』名古屋大学出版、二〇一四年。とくに、第I部「第3章 〈おいしそうな〉ディスクール —— 文章で食欲をかきたてる手法」（八〇—九一頁）と「第4章 美食のエロティシズム」（九二—一〇二頁）を参照。

(38) Grimod de La Reynière, *Manuel des amphitryons*, Éditions A. Métailié, 1993（一八〇八年版に新たに巻頭に「紹介」を付して再刊したもの）. 伊藤文訳『招客必携』（中央公論新社、二〇〇四年）は、この著作の邦訳である。

(39) Jean-Pierre Poulain, *Sociologies de l'alimentation*, Presses Universitaires de France, 2002.

(40) Jean-Pierre Poulain, Edomond Neirinck, *Histoire de la cuisine et des cuisiniers*, Delagrave, 2004, pp. 66-77. ジャン=ピエール・プーラン、エドモン・ネランク著、山内秀文訳『プロのためのフランス料理の歴史』学習研究社、二〇〇五年、七六—八九頁。

(41) Julia Csergo, «L'émergence des cuisines régionales» in dir. Jean-Louis Frandrin, Massimo Montanari,

Histoire de l'alimentation, Fayard, 1996, pp. 823-841. ジュリア・セルゴ著、北代美和子訳「地方料理の抬頭――フランス」J-L・フランドラン、M・モンタナーリ編、宮原信・北代美和子監訳『食の歴史 III』藤原書店、二〇〇六年、一〇八〇―一〇九八頁。セルゴが分析している地方料理と国家的料理の幸福な関係は、かならずしも自明ではない。たとえば、国家的統一が遅れたイタリアには、イタリア料理というものは存在せず、ただそれぞれの地方料理があるだけだ、とよくいわれる。この地方料理と国家を代表する料理との関係を、日本について考えてみるのは興味深いテーマである。わたしが考えているアウトラインは、明治以降の近代化で、洋食の流入にともない、中央発信の料理が全国を席巻し（旅館やホテルの画一的なメニュー）、地方が見直されるようになる一九九〇年代以降、地方の料理が徐々に再評価され、中央にも進出しつつある、というものだ。

（**42**）Curnonsky, Gaston Derys, *Gaietés et Curiosités gastronomiques*, Delagrave, 1933, p. 154. この著作には大木吉甫による邦訳『美食の歓び』があり、最初、柴田書店から（一九七〇年）、次いで三修社から（一九八〇年）、さらに中公文庫（二〇〇三年）から刊行されている。ちなみに、**gastronomade** という語の大木吉甫の訳は「食味旅行家」である（中公文庫、二二五頁）。

（**43**）フランス南西地方の豚肉の塩漬けや鴨もも肉のコンフィと種々の野菜を煮込んだスープ。フランス版豚汁と思えばいい。

（**44**）Curnonsky, *Souvenirs littéraires et gastronomiques*, Albin Michel, 1958, p. 202. このキュルノンスキーが晩年に執筆したエセー集にも、大木吉甫による邦訳、『文学と美食の想い出』（柴田書店、一九七七年）がある。引用文の大木訳は同書、二〇二頁。本書の訳は大木訳を参考に原文にあたって筆者が作成した。

（**45**）Alain Drouard, *Le mythe gastronomique français*, CNRS Édition, 2010, p. 89.

（**46**）Curnonsky, Gaston Derys, *Op. cit.*, p. 9.

（**47**）Curnonsky, *Op. cit.*, p. 241.
（**48**）Maurice des Ombiaux, *L'art de manger et son histoire*, Payot, 1928, p. 166.
（**49**）Curnonsky, *Op. cit.*, p. 187.
（**50**）Maurice des Ombiaux, *Le gotha de vins de France*, Payot, 1925.
（**51**）Jean-Robert Pitte, *Op. cit.*, pp. 182-183. 邦訳、一五二頁。
（**52**）Charles Monselet, *La cuisinière poétique*, Le Promeneur, 1988.
（**53**）わたしも二十冊ほどこうしたアンソロジーを所蔵しているが、それらのうち代表的な著作三冊を総頁数と簡単な解説とともにあげておく。Courtine, *Balzac à table : deax cent cinquante recettes*, Robert Laffon, 1976, 347p.（長年『ル・モンド』紙の料理欄を担当した料理ジャーナリストのクルティーヌがバルザックの膨大な小説群から二五〇の料理の描写を選びそれらのレシピを記した著作。同工のゾラ版もある）。François Bonal, *Anthologie du Champagne : Le Champagne dans la littérature universelle*, Dominique Guéniot éditeur, 1990, 889p.（世界の文学作品からシャンパーニュワインが登場する場面を選び解説を付したアンソロジー）。Mots en bouche : *La gastoronomie une petite anthologie littéraire*, Les éditions du Carrousel, 1998, 651p.（フランス文学の飲食場面を集めたアンソロジー）。
（**54**）Jean-Robert Pitte, *Op. cit.*, pp. 181-182. 邦訳、一五一頁。
（**55**）明治の文豪、夏目漱石の弟子のひとりだった内田百閒（一八八九―一九七一）は食通で知られ、飲食に関するエセーを数多く書いている。『御馳走帳』（中公文庫、一九七九年［初刊行一九四六年］）は、飲食にかんする多様なエセーを集めたもので、エセーのいくつかは、第二次大戦以前に刊行されたものである。
（**56**）二章に登場した小島政二郎は、芥川龍之介や菊池寛と親交のあった文学者・小説家で、大食漢・美食家として知られていた。雑誌連載をまとめて文藝春秋新社から一九五四年に刊行した『食いしん坊』はベストセラーとなり、以後六巻の単行本が刊行された。うち何冊かはさまざまな形で文庫化され、現在も読むことができる。もとになった飲食エセーは一九五一年から大阪の老舗和菓子店のPR誌『あまカラ』に連載されたもので、この連載は雑誌終刊の一九六八年までつづいた雑誌の名物エセーだった。

(57) 外交官であり戦後首相を務めた吉田茂を父にもつ吉田健一(一九一二—七七)は学生時代にイギリスで教育を受けたため、当時としては例外的に西洋の飲食文化を経験をとおして身につけており、当初はイギリス文学者・批評家として、ついで小説家として数々の著作を刊行するかたわら、料理や酒に関する数多くのエセーをユーモアのある独特の長い文体で発表し、いまでもファンが多い。そのため、それらのエセーはさまざまに編集されて文庫化されている。ここではもっとも内容の濃い文庫を一冊あげておく。吉田健一『酒肴酒』光文社文庫、二〇〇六年(初刊行一九六四年)。

(58) 作家として多くの小説を発表する一方、豪快な美食家として知られた開高健(一九三〇—八九)には、飲食に関する著作や飲食をテーマにした作品がいくつかある。代表的な美食小説と飲食評論をひとつずつあげておく。『ロマネ・コンティ・一九三五年 六つの短編小説』文藝春秋、一九七八年(文春文庫、一九八一年)。『最後の晩餐』文藝春秋、一九七九年(文春文庫、一九八二年)。

(59) 現代の女性の微妙な心情を描いて人気のある江國香織(一九六四—)の作品には、飲食物が重要なアイテムとして登場することがよくある。たとえば、『やわらかなレタス』(文藝春秋、二〇一一年[文春文庫、二〇一三年])は、そうした作品である。

(60) 数多くの歴史小説を遺した池波正太郎(一九二三—九〇)には、これまた数多い飲食エセー集があり、その多くは文庫化されていて、池波の小説と同じく、ファンが多いことがわかる。『食卓の情景』朝日新聞社、一九七三年(新潮文庫、一九八〇年)、『散歩のとき何か食べたくなって』平凡社、一九七七年(新潮文庫、一九八一年)、『むかしの味』新潮社、一九八四年(新潮文庫、一九八八年)、

『江戸の味が食べたくなって』新潮文庫、二〇一〇年（おもに一九八〇年代のエセーを集めたもの）など。

(61) 編集者から作家に転じて、多くのエセー集や小説を発表している椎名誠（一九四四―）には、独特な現代風文体による飲食に関するルポルタージュ風の読み物も少なくない。たとえば、二〇〇一年に『週刊文春』に連載した文章をまとめた『ぶっかけめしの午後』（文藝春秋、二〇〇二年［文春文庫、二〇〇五年］）は、その代表例である。

(62) 晩年の大作『火宅の人』（新潮社、一九七五年［新潮文庫、一九八一年］）で知られる、小説家、檀一雄（一九一二―七六）には、飲食に関する奇想天外なエセー集『美味放浪記』（日本交通公社、一九七三年［中公文庫一九七六年］）のほか、独自の料理法を紹介して人気を博した料理本『壇流クッキング』（サンケイ新聞出版局、一九七〇年［中公文庫、一九七五年］）がある。

(63) 男女の性愛を繊細な筆致で官能的に描いて定評のあった小説家、吉行淳之介（一九二四―九四）には、酒や食に関するエセーも少なくない。吉行淳之介が東西の作家の酒にまつわる作品を編集して一九七八年に刊行した『酔っぱらい読本』（講談社）はたちまちベストセラーとなり、その後都合七巻が翌年の一九七九年までに順次刊行された。一巻と二巻を編集したものが吉行淳之介編の『酔っぱらい読本』として、さらに三巻から五巻を編集したものが『続・酔っぱらい読本』として、それぞれ二〇一二年と二〇一三年に講談社文芸文庫に収録されている。いまだに吉行が編集して「あとがき」を書いた〈酒文学〉の人気の高さがわかる。そのほか、同じく吉行淳之介が編集した『酒中日記』（講談社、一九九八年［中公文庫、二〇〇五年］）や吉行淳之介自身が執筆したものを集めた、山本容朗編『酒場のたしなみ』（有楽出版社、一九八六年［二〇一四年に再刊］）、食に関するエセーとしては、一九七三年から一九七四年に『夕刊フジ』に百回にわたって連載したエセーを集めた『贋食物誌』（新潮文庫、一九七八年）などがある。

(64) 亜樹直原作、オキモト・シュウ作画『神の雫』。二〇〇四年に週刊『モーニング』(講談社)で連載開始。続編の『マリアージュ 神の雫最終章』二十六巻をふくめ、七十巻の単行本が講談社から刊行されている。『孤独のグルメ』同様、テレビドラマ化され、二〇〇九年の一月から三月にかけて九回放映された。

(65) 久住昌之原作、谷口ジロー作画『孤独のグルメ』。『月刊PANJA』(扶桑社)誌上で一九九四年から一九九六年にかけて連載され、扶桑社から一九九七年に単行本として刊行された(二〇〇〇年に文庫化、二〇〇八年新装版)。さらに、週刊『SPA!』(扶桑社)に二〇〇八年から二〇一五年まで新作が掲載され、それらが二〇一五年に単行本化された。二〇一二年より、「テレビ東京」系列でテレビドラマ化されている。

(66) 木下謙次郎『美味求真』五月書房、二〇一二年、二一頁。これは一九二五年の著作の復刻版である。

(67) それぞれ、同書、六二頁、九二頁、一〇三頁。引用は原文のまま旧かなづかいとした。

(68) 同書、五〇頁。

(69) 村井弦斎『食道楽』(上下)岩波文庫、二〇〇五年(初出一九〇三年)。

(70) 「食品のシユンを知るべし」、前掲書『美味求真』、六三―七六頁。

(71) 柳田國男『明治大正史 世相編』講談社学術文庫、一九九三(初版一九三一年)、とくに「第2章 食物の個人自由」を参照。『柳田国男全集17』ちくま文庫、一九九〇年(ここに収められた諸論文は昭和初期に発表され、その後『食物と心臓』[一九四〇年]と『木綿以前のこと』[一九三九年]に収録)を参照。

(72) 宮本常一『宮本常一著作集24 食生活雑考』未來社、一九七七年。

(73) 正餐に温かい料理をもとめる慣習は、西洋だけでなく、中国やインドをはじめとするアジア諸国やアラブ圏の国ぐになど、世界のほとんどの地域に広がっている。日本でも、家庭での食事や宴席では、温かい料理がかならずだされる。ご飯のある食事につきものの汁物はその代表である。ただし、日本では、弁当文化にみられるように、温かくない料理にも美味しいと日本人が感じるものが少なくない。豪華な懐石弁当やおせち料理は、その代表である。

(**74**) ユネスコの該当ウェブページ。https://ich.unesco.org/fr/RL/le-repasgastronomique-des-francais-00437(最終閲覧二〇二一年三月一日)

(**75**) 農水省の該当ウェブページ。https://www.maff.go.jp/j/keikaku/syokubunka/ich/(最終閲覧二〇二一年三月一日)

(**76**) 日本の飲食文化における自然志向の分析は、フランスの地理学者で日本研究家でもあるオギュスタン・ベルク(Augustin Berque)が *Le sauvage et l'artifice : les Japonais devant la nature*, Gallimard, 1986. で展開した日本の風景に関する分析を飲食に応用し、発展させたものである。上記著作の邦訳は以下の通り。オギュスタン・ベルク著、篠田勝英訳『風土の日本 自然と文化の通態』筑摩書房、一九八八年(ちくま学芸文庫、一九九二年)。

第四章　鍋をかこむということ

――魯文の『安愚楽鍋』から鷗外の「牛鍋」へ

一　親密な共食の象徴としての鍋料理

鍋料理は、私たち日本人にとって、もっともなじみのある料理のひとつである。とりわけ冬ともなれば、温かい鍋料理を楽しむ家庭が多いにちがいない。あらたまったおりの食事にだされるということはあまりないが、親しいあいだがらのお客を招いたときにも鍋料理がだされるし、また居酒屋からちょっと気の利いた日本料理店までさまざまな趣向を凝らした鍋料理がメニューに載り、鍋物をかこんだ宴会風景は外食産業のコマーシャルの常套イメージでさえあるように思える。

鍋料理ほど一家団欒（だんらん）や親しい雰囲気の会食にふさわしい料理はないとさえいえるかもしれない。それは、なによりもまずみんなでひとつの鍋をつつくという鍋料理の食べ方に由来している。まさに〈共食性〉の象徴といった料理なのだ。

この共食には〈親密さ〉という意味がふくまれている。各自が自分の箸で同じ鍋のなかの食材をつまむには、会食者のあいだにすでに一定の親密さがなければならない。たとえ取り箸を使う場合でも、同じ鍋から食べるという行為は、まったく見ず知らずの他人同士ではあまり気の進むものではない。自分がなにをどう食べるかが、ほかの人に見られるだけでなく、ほかの人の食べようにも影響するからだ。気兼ねが先にたち、かえってストレスがたまってしまうだろう。お見合いの席で鍋料理というのが考えられないのは当然のことだ。鍋料理は「お父さん、肉食べ過ぎだよ」といえるあいだがらでおこなわれてこそ、楽しいものとなる。

さらに、鍋料理の〈手軽さ〉も親密さを構成する重要な要素である。材料を切り、出汁を張った鍋に、順次食べる分だけ入れて食べていくという行為は、ある意味きわめてシンプルで、作ることと食べることが交錯し、しばしば作り手と食べ手という厳密な役割分担がなくなり、いっしょに作りみんなで食べているという雰囲気が生まれる。たとえ外食であっても鍋料理が家庭的な親密さを演出するのはこのためだ。この手軽さが鍋料理に〈庶民的〉なイメージをあたえている。

しかも、鍋料理には多様な材料を用いることができる。カニやエビ、あるいは上等な魚や和牛といった高級食材を用いれば、それはかなり高価な料理、高級料理ともなりえる点も鍋料理の魅力だ。さらに、こうしたちょっと気後れしかねない高級素材も、だれにでもできる簡単な調理を特徴とする鍋料理となることで、むしろ気安いものになる。近づきがたいものも、近づきやすくなる。このなんでも受け入れる自由で自在な〈受容力の高さ〉も、鍋料理の重要な特徴のひとつである。

二　日本料理とフランス料理の対比的な表象

もともと、多くのものがいちどきに食卓にだされ、各自が思うままに食べていくというのが、現在の日本のごく普通の食事様式である。

これまでに指摘したように、すでに平安時代から日本人は銘々に同時にだされたご飯と汁と（おかずである）菜を食べており、こうした食べ方をもとに、室町時代ごろにほぼいまのような食事様式が確立されたと考えられている。(1)銘々膳がすたれ、明治後期から昭和にかけてチャブ台が、さらに戦後になってダイニングテーブルが登場し、(2)また場合によっては個人用の銘々皿ではなく大皿で料理が供されても、ご飯や味噌汁とともにいくつかのおかずが同時に食卓にだされ、個人が思うままに食べていくという日本の食事様式は、おおもとのところではあまり変わってはいない。

いちどきにいろいろな料理がだされて、各自が適当に食べていくというのが、日本の通常の食事様式だとすると、鍋というひとつの容器にすべてを入れて調理していく鍋料理は、まさに日本的な食べ方を集約した料理だといえそうだ。

あくまで時系列にそって、食前酒（アペリティフ）にはじまり、前菜（アントレ）、主菜（プラ・プランシパル、英語のメイン・ディッシュ）、デザート（デセール）とつづき、さらにコーヒー、(3)食後酒（ディジェスティフ）と展開されるフランス料理に代表される西洋風の食事の対極にあるのが、鍋料理なのだ。

フランス料理では、比較的軽いものからより濃厚なものへと進む不可逆的な流れがあり、そこにはメインディッシュという食事の中心が明確に刻まれているが、鍋料理には後戻りできない時間の流れも、明確な中心も存在しない。ある材料がなくなればそれを継ぎ足せばいいし、かならずあるものをあるときに食べるべきだという規則もない。いつはじめてもいいし、いつ終わってもいい。お腹が空いていればつづけることもできるし、満たされればいつでもやめられる。この自在さが鍋料理の特徴であり、わたしたち日本人にとっての大きな魅力でもある。

しかし、フランス料理ではそうはいかない。はじまりと終わりが決まっているうえに、料理の順番の入れ替えも難しい。甘い濃厚なデザートのあとに肉料理を食べることはできないし、ソースのかかった重いメインのあとに、比較的軽い前菜を食べることはかなりの苦行だろう。少なくともフランス人にとっては。

ロラン・バルト（一九一五―八〇）の日本論として有名な『記号の帝国』[4]で、バルトは、明確に〈中心〉の刻まれたフランス料理に対して日本の料理を「中心のない食べ物」として分析している。バルトにとって「〈中心〉をもたない」日本料理の象徴が、おそらく彼が実際に日本で出会ったであろう代表的な鍋料理《すき焼き》であった。

バルトの日本論では、《すき焼き》とは、まず「いっさいがもう一つ別のものへの装飾」となっているため、「どれからさきに食べなければならないという特権的な順序をもたない」「たんなる断片の集積」となった料理であり、さらに「料理を作る時間と料理を消費する時間とを一瞬のうちに結びつける」「終わりも始まりもない」「繰り返し可能な料理」としてとらえられている。[5]

バルトの日本論を手がかりにエキゾティズムの在り方を再考する渡辺涼が繰り返し強調するように、ここには日本の現実の客観的な叙述よりも、すべてを神という超越的な存在に収斂させることで結局ひとつの中心へと回帰させ、記号の揺らぎや遊びを許さない西洋のロゴス中心的な思考に対して距離をとり、それを〈脱中心化〉しようとするバルトの眼差を読みとらねばならないだろう。[6]

ここで描かれている〈日本〉が、そのような批判の眼差が作り出した架空の日本であることを、バルト自身が『記号の帝国』の序論で明確に述べている。しかし、そのような留保をつけても、この対比はやはりひとつの現実から喚起されたものであること、現実を逆に照射するものであることもまちがいない。というのも、多少大げさではあるが、ここにはフランスと日本の世界認識の差異、とくに時空間に関する表象の違いが対比的にしめされていると考えられるからだ。

わかりやすい比喩を用いれば、いつはじめていつ終わってもいい日本料理が「上がり」（満腹）になる前に後戻りや休みもある「双六」に似ているとすれば、フランス料理は理づめで攻めてチェックメイトにならないと終わらない「チェス」にたとえられる。宗教的イメージを援用して、日本料理が悟りの段階を円環的にしめした「曼陀羅」に近く、フランス料理はどこまでも非可逆的な時間の流れをしめす目的論的な終末思想の漂う「祭壇画」に似ている、といっていいかもしれない。

日本の宴会では「適当にはじめておいて」といって遅れて行ってもなんとかなるが、フランス料理ではそれはできない。日本風の食べ方では食事がおこなわれる空間が重要であるが、フランス風の食事では空間よりもそこで流れる時間の共有が必要不可欠なのだ。フランス式の食卓が時間を共有するための場であるとすれば、日本式の食事では、空間のなかでこそ時間の共有がおこなわれる。

バルトが衝いたのは、そうした食事にしめされる時空間の表象の違いであった。鍋というかぎられた空間の共有を強制する鍋料理ほど、場所の限定性が重視される料理はほかにはみられない。鍋料理の醸しだす親密さは、こうした場所の限定性から生まれるのである。

三　懐石料理と本膳料理の微妙な関係

日本料理を鍋料理に象徴される〈中心のない食事〉とみなすとすると、おそらく日本料理の洗練のひとつの極と考えられる懐石料理はそうではないという反論があるかもしれない。

一皿ずつ料理がでてきて、フランス料理のような時間軸での展開があるからだ。いまでも、こうした食事様式の伝統は、多少の変化をこうむりながらも、京懐石をはじめとして、高級な日本料理店ではしっかりと受けつがれている。

ところで、室町時代にはじまり安土桃山時代に千利休によって完成される茶道にともなって発展した懐石料理は、すでに熊倉功夫が指摘しているように、本膳料理を簡素にして、時系列にそってだすようになったものである。(7)

これまでに述べたように本膳料理とは、平安時代の貴族の宴会料理である大饗料理の伝統を受けつぎながら室町時代に完成された武家の正式料理である。本膳、二の膳、三の膳がだされ、それぞれの膳に一汁三菜や一汁五菜、二汁七菜といった複数の料理が盛られた豪華な正餐で、これがさらに五の膳以上におよぶこともあった。

このように膳の数があげられると、各膳が順番にだされていたように思われるかもしれないが、実際の給仕では基本としては本膳を中心に左右に二の膳と三の膳が、さらに多いときにはその向こうに与（四の意味）の膳以下が並べられた。つまり、それぞれの膳が時間にそって順番にだされていたわけではなく、同時にだされるか、あるいは順にだされた場合も前の膳はそのまま残されていたのである。

この本膳料理の在り方は意外と重要な意味をもっている。それは日本では食事の豪華さとは基本的に皿数が多くなるということをしめしているとわかるからだ。本膳料理では、豪華になると膳の数が増える。料理の内容ではない。質ではなく量が増えるのである。もちろんときには内容の変化もあろうが、それよりも重要なのは料理の数なのである。これは、いまでもより高価な松定食とそれより安い梅定食の違いが、内容の違いではなく、皿数の違いにあるというかたちで根強く生き残っている。

いずれにしろ、本膳料理とは空間展開型の食事作法であることはまちがいない。いまの日本の同時展開型の食卓と同じで、各人がいくつもの膳のなかに振り分けられた料理を各自の好みにしたがって食べていくのが本膳料理の食べ方だった。

ロシアの思想家バフチン（一八九五―一九七五）にならって時間と空間の関係をクロノトポスととらえると[8]、そこにみられるのは空間のなかで限定的に時間が展開する空間重視のクロノトポス、時間が空間に従属したクロノトポスであるといえるだろう。献立においても、膳のなかの複数の料理の組み合わせが、さらに膳同士の組み合わせである膳組が重要視されたことに、空間の重視という考え方が表れている。

茶の湯の料理は、この視覚中心の豪華さを追求した本膳料理の膳組という空間を解体し、膳のなかの料理をひとつひとつ時間軸にそって、ゆるやかなかたちで順番に供するようにしたものである。それは、調理したてのものをもっともいい状態で食べる、わかりやすくいえば、温かいものは温かいうちに、生魚であれば酸化しない美味しいうちに、適量食べることを目的とした、きわめて近代的な発想の料理だった。日本料理の「ヌーヴェル・キュイジーヌ」[9]（フランス語で「新しい料理」の意）だったといってもいいかもしれない。

ただし、それでも茶の湯の料理の場合、一品一品完全に独立してだされるのではなく、飯に汁と菜という基本の組み合わせは残っている。あくまで膳組のゆるやかな解体であり、飯と汁と菜という膳の空間は維持されていることを忘れてはいけない。

多くの論者が指摘するように、懐石料理という呼称は、江戸時代になってからのものであり、それ以前は「会席」「献立」「仕立」などと呼ばれていた[10]。それらは本膳料理の簡素な形式のものであり、その名称からも、これが本膳料理から発したものであることがわかる。

このような懐石料理が、なぜ室町時代から織豊（しょくほう）時代、とくに戦国期に発展したかについては、慎重な議論が必要ではあるが、もっとも重要な点だけをやや単純化しておさえるなら、茶の湯とそれにともなう料理は、当時の武士たちの置かれたいつ死ぬかわからない状況のなかで、抑制されたコミュニケーションを「一期一会（いちごいちえ）」として演出し、飲食そのものを死への準備とみなす思想的基盤をもっており、それが当時京都の文化にふれてインテリ化していた一部の武家階級を中心にこの料理が受け入れられ、広まっていった理由であると思う。ふたたび会えるとはかぎらない状況で、出会いを崇高化し、過度な豪華さを主眼として欲望の展開を誇示する当時の本膳料理に対して、死を予感するがゆえに静かに高揚する生の象徴としての限定された時空間を導入することで、飲食をある種の禁欲的で儀式的な行為としたのである。[11]

これ以外にも論ずべき点はまだまだあるが、懐石料理は日本料理のひとつの極にはちがいないものの、それは典型ではなく特権的な形態であると考えてさしつかえないように思われる。時間軸に重きをおいた食事様式は、茶道でおこなわれる本式の懐石料理をひとつの頂点にして、たしかに日本でもみられるが、しかしそれはハレの食事様式として残り、定着しているというのが実情である。茶の湯がけっして日本人のお茶の飲み方の日常のかたちではないように、懐石料理も日常のものではありえない。時系列によって組織化された食事は、日本ではあくまで貴重な出会いを演出するさいのものにかぎられている。

同時に多くのものがだされる食事があくまでケの食事であり、そうした食事との対比をとおして、懐石に代表される特権的な時間としての食事がハレのものとして意識されているのである。

これに対して、フランスでは、十九世紀中葉以降になって庶民にまで定着した時間展開型の食事様式がハレにおいてもケにおいても基本パターンになっている。これはやはり大きな違いであるといわざるをえない。

一見すると類似した展開をしめすフランス料理と懐石料理とのあいだに見出される相違は、これだけではない。フランス料理の時間的展開が、より濃厚でより重いものへと加算的に展開されるのに対して、本来本膳料理の一品一品を個別的にだすようになった懐石料理では、料理の順番に一定の規則はあるが、味覚的により強いものへと垂直的に展開していくのではなく、さまざま味が調和するように味の強弱や濃淡という微妙な波動を描きながら、いわば水平的に流れていく。懐石料理は、あくまで空間的で同時的な膳として組まれていた料理を、それぞれの料理の味わいを際立たせるために、ゆるやかな形で時間的に提示したものにすぎない。

しかも、本来の茶会席は、きわめて狭い茶室という空間で多くの煩瑣な作法にしたがって食されるもので、食事の時間はあくまでも食事の空間に従属している。これも、時間的展開を重視して客の数に応じてゆったりと宴席を組み、食前酒やコーヒー・食後酒などを別室のサロンでとる習慣のあるフランス料理との微妙な、それでいて決定的な違いだ。フランス料理ではあくまで時間が空間を規定するのである。

そして、一方にこのような茶懐石の儀式化したコミュニケーションがあるからこそ、作り方や食べ方にうるさくない鍋料理のうちとけた親密さも際立つのである。

バルトはおそらく日本で懐石料理も食べたにちがいない。しかし、彼が懐石ではなく、《すき焼き》を問題にしたのは、ここでしめしたような歴史的経緯と文化的役割への考察という迂回をへないとフランス風の食事に近いものととらえられかねない懐石よりも、《すき焼き》のほうがはるかに西洋を〈脱中心化〉するための表象として便利であったからだと思われる。

しかし、ひとつひとつの料理が軽いものから重いものへという原則にのっとって時系列にしたがって順次給仕されるという、いまではだれもが当然のように考えているフランス料理の食事様式も、じつは十九世紀後半に確立されたものでしかなかった。十九世紀中葉にロシア発信でフランスに広まった食事様式なのである。寒いロシアでは早くから料理が冷めないように料理を順番にだしていたからだ。

このため、料理史では、みなさんが純フランス式と思っている順番に料理をだす給仕法を「ロシア式サービス」といい、それまでフランスでおこなわれていた多くの料理を一度にだして日本の武士の本膳料理のように、豪華さを視覚的に演出する給仕法を「フランス式サービス」と呼んでいる。この食事様式は、フランスで当時権力を掌握した〈合理性〉を重んずる市民階級（ブルジョワジー）の価値観とライフスタイルに適合しており、まず富裕層で広まり、十九世紀後半には庶民にまで普及していく。[12]さらに、当時発展しつつあったレストランが、個別に料理を順番にだすため客ごとの勘定を計算しやすいこの方式を採用したことが進展に拍車をかけた。

じつは、これと同じようなことが鍋料理についてもあてはまる。

いまや日本料理の、とくに家庭的な日本料理の代表選手のように考えられている鍋料理の歴史は意外なほど浅い。そのことを明快に論じたのは、風俗研究の第一人者、いま風にいえばカルチュラル・スタディーズの先駆者ともいえる民俗学者の柳田國男であった。

柳田國男はすでに一九三一年（昭和六年）に刊行されたその著書『明治大正史　世相編』の「小鍋立と鍋料理」という文章で、まず「現在の実状においては、小鍋の利用にかけてはわれわれはまず世界無類である」[13]と認めている。この記述から、すでに当時、小鍋を用いてその場で調理して食べる鍋料理が一般家庭にひろく普及していたことがわかる。

フランスのマルセーユを中心とした海岸地方で食べられるブイヤベースは、よく「地中海風の魚の鍋料理」などと説明されるものの、レストランでも家庭でも火器とともに鍋をその場にもってきて調理しながら食べるということはけっしてない。すでに厨房で調理され、さらに客の前で鍋から各人の皿にきれいに盛りつけられる（これは家庭でも同じである）。鍋から直接つつくこともなければ、調理しつつ食べるということもない。

私たち日本人は火器を使用する鍋料理にあまりに慣れているため気づかないが、その場で料理して食べる小鍋仕立てによる調理というのは日本で発達したきわめて独特な料理であり、まさに柳田が指摘するように「世界無類」なものであった[14]。

鍋料理の「世界無類」の普及を確認したあと、柳田は、こうした日本独自の小鍋仕立ても、かつてはしてはならないこととされていた、と断じている。それは宗教倫理上のモラルであった。

柳田によれば、「家で食物を調理する清い火は」竈（かまど）の神である「荒神様（こうじんさま）の直轄する自在鍵の下に」あり、この火を用いて調理したものでないと、「家人の共同の肉体と化するに足らぬという信仰」がかなり時代がくだるまで存在したという。

こういうと、それはガスや電気による簡易なテーブル用火器がなかったからだろう、要は〈テクノロジー＝技術〉の発達の問題ではないか、という反論が予想される。しかし、こうした反論を見越したかのように、柳田はすぐにつづけて「炭櫃や十能が自由に澳の火を運搬するようになっても、なおこの考えは久しく続いていた」と述べている。

つまり、すでに炭櫃や十能といった炭火の移動を可能にする用具があったにもかかわらず、「火の神信仰への叛逆を怖れ」、「竈の分裂」を引き起こすような行為はおこなわれなかったのである。

こうした小鍋仕立てのタブーは一般庶民にとどまるものではなく、上流の家庭で嫁ぐ女性にわたされた「江戸期の多くの女訓の書」にも「必ず小鍋立をしてはならぬ」と書かれており、上層階級においても事情は同じだった。

もちろん炭からガスや電気への移行にともなう調理器具の近代化が小鍋仕立ての急速な普及をうながしたことはいなめない。しかし、それを可能にするにはまず火の分離への禁忌の思いがなくなる必要があった。テクノロジーはたしかに現実を変更するが、すぐに現実を改変すると考えるのは早計で、実際の変化にはテクノロジーを利用する人びとの価値観がからんでおり、現実に対して複合的に表象（イメージ＋暗黙の価値づけ）の問題が介在することを忘れてはならない。

柳田は鍋料理に対する禁忌の表象が人びとのあいだに意外と長く存続したことを指摘しているのである。同時に、柳田は鍋料理隆盛の理由として、温かい茶やお燗をした日本酒などとの関連で、近代（日本史的には近世から近代）になるにしたがって次第に「温かいもの」を美味いと感ずるようになる味覚の変化をあげている。

味覚とは基本的にある対象をどうとらえるかという主体が大きく関与する問題である。同じものを食べても、それを美味いと思う人もいれば、そう思わない人もいることを考えれば、それは現実の問題というよりも、それを人間がどうとらえるかという、対象と主体との関係の問題であり、そこに主体がその対象をどうとらえるかという表象の問題がからむ。この表象は、主体の置かれた文化や文化の背景となる歴史によって当然複雑に異なる。それは、現実と主体が歴史的な流れのなかで表象という行為をとおして相互的・力動的にからみあう問題、地理学者オギュスタン・ベルクの概念にしたがえば〈通態的〉な（対象と主体との相互影響と相互構築ないし相互変容の）問題なのである。[15]個々の文化とは、じつはそうした複合的な〈通態化〉の結果生じたものにほかならない。

さらに、柳田は鍋料理の広がりに「料理の女性化の兆候」もみとめている。かつては正式な料理は男の仕事であり、女性は日常の小規模な食事のみを準備した。ところが、鍋料理を広めたのは、そうした女性たちだった。それは、日常的に「打ちくつろいだ火所の近く」にいて温かいものに接することの多かった女性が、温かいものの美味さを知っていたからである。

つまりこれは、日常風俗に関する禁忌を破るのは、その禁忌の侵犯が有効であることを知った主体からはじまることをしめしている。また、そうした禁忌への反抗が文化の中心からではなく周縁的な場所にいる人間からはじまったというのも興味深い。価値観の変化、ある日常的な対象に対する表象の変化は、案外いつも周縁からはじまるのかもしれない。

そして、私たちとしては、柳田がこうした事態を総括して「われわれの献立は退歩したけれどもうまくなった」と述べていることにも注意しておきたい。こうした変化は、とくにそれが飲食のように人間の欲望にかかわる場合、基本的に快楽を増大させる方向にはたらく。鍋料理は温かい料理の「発明」であり、その普及は温かいものへの味覚を発達させ洗練させていったと考えられる[16]。

柳田の視点は、つねにある特定の主体における対象の表象へと向けられている。鍋料理が広まった理由をいかにも並列的に列挙しているようにみえるが、仔細にみると、現実の変化をつねに主体との関連でとらえていることがわかる。具体的な行為をとおして対象と主体が直接的に交渉する飲食を問題にするかぎり、本来現実の対象と具体的な主体とを切り離して論じることはできない。双方が相互的にかかわりあう複合的な関係、〈通態的〉な過程を問題にせざるをえないのである。

少し回り道が長くなったが、柳田は鍋料理が「僅々五六十年内の発明」であると結論づけている。つまり、この文章が執筆された昭和五年（一九三〇年）［刊行は翌年］から五、六十年前といえば、明治初期のことである。この時代に小鍋仕立てへの禁忌がうすれ、鍋料理が広がりはじめた。ここではこのことをまず確認しておこう。

四　開化の記号としての牛鍋

鍋料理の歴史が浅くても、すでにみたように同時に多くの料理がだされる日本の食事様式と矛盾せず、むしろそれをさらに自在にうながす形式であったことが、おそらくこれほどまでに鍋料理が広まった理由であると考えられる。

バルトが「どんな日本料理にも〈中心〉がない」といいながら《すき焼き》だけをとりあげているように、明確なはじめも終わりもなく自由に展開する鍋料理こそは、まさに空間展開型の日本の食事の典型であり、またその極北でもある。鍋という狭い空間が日本の食事様式を象徴しているといっても過言ではない。

そして、そこには、温かいものを美味しいと感じる近代的な味覚の誕生という文化的要因のほかに、ひとつの容器からみなで食べるという親密さが、比較的少人数の限定された個人中心の近代的な人間関係に適していたという歴史的・社会的要因も大きく関係している。

空間と自我という観点から歴史を分析したアメリカの地理学者、イーフー・トゥアン（一九三〇―）はその著書『個人空間の誕生　食卓・家屋・劇場・世界』で、公共意識をはぐくんだ開放的な広間は歴史の進展とともに自我への意識が強くなると、次第に閉じた狭い空間、個人空間として分節されていった、と論じている。[17]この見方にたつと、さして大きくない鍋をかこんで会食する鍋料理の食卓ほど、近代的な自我の親密さを意識させる空間もないということになる。

さらに、柳田がいみじくも「打ちくつろいだ火所の近く」と指摘したように、直接燃える火というものが人間に対してあたえる〈親密さ〉のイメージを、『火の精神分析』の著者バシュラール（一八八四―一九六二）にならってつけくわえてもいいかもしれない。[18]さまざまな物質が人間に喚起する想像力を論じたフランス人哲学者バシュラールが〈親密さ〉を醸しだすとした暖炉で燃える火と、鍋料理の火には、ともに破壊的に燃えさかるのではない、人間に友好的な火の在り方を認めることができる。これは鍋料理がもつ心とお腹を温める火の心理的価値といってもいいだろう。

こうしたさまざまな理由が複合的にむすびついて、鍋料理は明治の初期に「発明」されることになった。そして、それが日本的な食事を代表する表象になっていくうえで、いくつかの文学作品が鍋料理をとりあげたことの意味は、けっして小さいものではなかったと思われる。なぜなら、文学作品は、それ自体がすでにきわめて複合的な表象の集合体であり、社会的にみれば、ときにはある表象にいち早く積極的価値をあたえてその流通をうながし、ときには一般的に広まったある表象の洗練された表現ともなりえるからだ。

仮名垣魯文の『安愚楽鍋（あぐらなべ）』の初編が刊行されたのは明治四年（一八七一年）。これは柳田が鍋料理「発明」の時期とした年に見事に一致する（柳田の著作の刊行年一九三一―六〇＝一八七一）。これ以前にも鍋料理について作中でふれた作品はあったかもしれないが、この作品が日本ではじめて鍋料理を全面にうち出した文学作品であることはまずまちがいない。

いまのように多様なマスメディアが発達しておらず、活字文化、わけてもひろい意味での文学作品が大きな影響力をいまだもっていたこの時代に、初編が好評で、二編（明治四年）、三編（同五年）とつづいたこの作品が、鍋料理の普及にイメージのうえではたした役割は無視できないものがあったと思われる。

内容は副題に「牛店雑談（うしやぞうだん）」[19]とあるように、東京の牛鍋店で食事をするさまざまな階層の人物の独白に近い語りや繰り言を書き写したものである。全体が十八の断章（初編六、二編六、三編六）からなり、そのうちふたり連れの場合が九回あるものの、喋るのはもっぱらどちらか一方の人物にかぎられていて、掛け合いがおこなわれているのはわずか一回のみである。[20]そこに統一的な主題や物語的展開はなく、たまに複数の人物が登場しても人物同士のからみは描かれず、全体としてさまざまな人物の語りをとおして文明開化期の風俗が浮き彫りになるという趣向の作品である。

江戸末期（一八二九年）の生まれの仮名垣魯文は、すでに明治維新以前に戯作者として活動を開始しており（維新のさいにはすでに三十九歳）、国文学者の興津要（一九二四—九九）が形容するように「最後の江戸戯作者」[21]であった。したがって、明治になって書かれたこの作品も近代的な小説というよりも、江戸戯作者風の滑稽本とみなすのが文学史的には通説になっている。

興津要はこの作品に対して「文明開化風俗絵巻」と一定の評価をあたえつつ、「あくまでも江戸の滑稽本風の表面的な現象描写であって、浅薄な文明開化風俗を批判し、風刺するまでにはいたらなかったが、それが魯文の限界ともいえた」と評している。[22]

これは〈近世文学〉としてみた場合、さらには明治以降の〈近代文学〉の在り方をとおしてみた場合、きわめて当然の評価かもしれない。

しかし、柳田の指摘もふまえたうえで、鍋料理の普及という文化史的な観点からみると、この作品にさまざまな新しさをみとめることも可能なように思われる。少なくとも、文学史的定説とは違った側面を見出すことはできるだろう。

魯文のこの作品の内容面の独自性は、同時代の戯作者には新時代の風俗に反発する者もいたなかで、[23]当時、東京や横浜、大阪や神戸といった大都市で広がりつつあった牛肉を食べる習慣をいち早く作品で取りあげ、多少皮肉な目を向けながらも、牛肉食を開化の象徴として提示し、積極的な価値をあたえたことだった。

それは、初編の「自序」につづく「開場」に記された「士農工商老若男女。賢愚貧福おしなべて。牛鍋食わねば開花不進奴」[24]という前口上とでもいうべき文章によくしめされている。

近代日本文学の分析に多くの画期的な方法をもちこんだ前田愛（一九三一―八七）は、この一文をとらえて、「牛鍋は、旧弊と開化を切りわける有力な記号であった」[25]と解説している。さらにこれを補足すれば、むしろこの魯文の作品が、牛鍋に、旧弊と開化を切りわけ、開化に積極的価値をあたえるような記号として役割を確立し、広めたといえるだろう。

「西洋好の聴取」と題された初編冒頭の断章に登場するのは、「モシあなたヱ牛は至極高味でごすネ」とのっけから牛肉の美味さを礼賛する三十がらみの男である。このあとも舞台が牛鍋屋の客室だけにかぎられているため、当然そこに登場する人びとはみな美味い牛肉を食べにくる牛肉支持派で、牛肉礼讃のオンパレードである。

しかも重要なことは、ほとんどすべての人がはじめて牛肉を食べるのではなく、すでにその美味しさを知っていて、その味に惹かれてやってくる、いわゆるリピーターであるという点だ。このような叙述からも、この時代にすでに一部の人びとのあいだに牛肉食が習慣化しつつあったことがうかがえる。

しかし、どうしてこの時期に「牛肉」が食べられはじめたのか。しかも、なぜそれが「鍋」というかたちではじめられたのか。

五　日本人の肉食に対する禁忌と侵犯の相互関係

前田愛も指摘しているように、「食生活の革命」ともいえる「牛鍋への嗜好」の「表明」を「旧弊対開化という図式で割りきることは、あまりに単純素朴な解答」であるだろう。[26]なぜなら、そのような見方では、「日本食の西洋化は、近代百年をつうじて進行したにちがいないが、その口火を切った牛鍋の意味するものが無化されてしまうから[27]」だ。

その背景に、まず一般に考えられているより、日本ではかねてより肉食がおこなわれていたという事実がある。

奈良時代に仏教が一種の国教となって以来、日本では肉食全般が強い禁忌の対象となってきた、というのが通説である。実際、『日本書紀』に記された六七五年の天武天皇による最初の肉食禁止令以来、しばしばこの種の禁令がだされている。

しかし、ここで問題になっているのは、農耕用の馬と牛、家畜である犬と鶏、また人間に近い猿の五種類の動物にすぎない。当時、狩猟の対象となっていたもっとも重要な動物、鹿と猪が除外されていることを見落とすべきではない。この時代、天皇をはじめとする貴族たちにとって狩りとは、西洋の領主たちと同様、たんに娯楽であるだけでなく、権威をしめす儀式でもあり、この対象となる獣を禁忌の対象とすることは考えられなかった。もちろん、それらの肉は彼らによって食されていた。

これが、こうした猟獣もふくめた肉食全般が禁忌の対象となっていったのは、天皇が農耕祭儀の司祭者となり、米作がなによりも重要で、それに対して漁労や狩猟がおとしめられていくという対立構造によって、中世期に天皇支配が確立したためである。この間の過程を、歴史学者の原田信男は『歴史のなかの米と肉 食物と天皇・差別』で詳しく論じている。[28]

しかし、禁令が何度もだされていること自体、そうした禁令が破られていた事実を暗示している。また、鳥類は、四つ足でないという理由で、中世から近代にいたるまでひろく食べられていた。[29]さらに、本来、四つ足であるウサギも鳥類と同じようなものとみなされ、家康以来、将軍家では正月の吸い物としてだされていた。[30]

とくに当初から除外されていた鹿と猪については、原田信男が江戸期の飲食をあつかった別の著書『江戸の食生活』で述べているように、「専門の漁師の間ではもちろん、山間部の村々でも」「また農民の間でも」「農耕に用いる馬や牛の場合と異なって抵抗感が少なく、牡丹鍋や紅葉鍋などとして、江戸時代から食用に供されていた」[31]。いうまでもなく、牡丹鍋とは猪の、紅葉鍋とは鹿の肉を使った鍋である。たしかに、猪鍋や鹿鍋といわず、植物名に置きかえられている点に肉食への禁忌意識をみることができる。原田信男は詳しい考証をもとに、儀式などのあらたまった場では肉はけがれたものとして忌避されたが、「もともと武家社会では、武力の象徴である狩猟との関係から獣肉食は一般的であったと考えるべきであろう」とさえ述べている。(32)

もちろん、この場合の鍋料理は、柳田國男が検討したような小鍋仕立てへの禁忌があった以上、大きな鍋で料理され器に盛られてからだされたか、狩りの場に作られた小屋などで例外的に鍋からじかに食されたものであったと思われる。

こうした事実をふまえ、原田信男は「そのことが明治になって牛鍋を短期間に受け入れ、同様の味付けで食するようになる下地であったと考えてよいだろう」(33)と結論づけている。じつは『安愚楽鍋』の冒頭の中年男は、さきほど引用した科白につづけて「此肉がひらけちアぼたんや紅葉ハくへやせん」(34)と語っていて、牛鍋が一部にあった肉食の伝統をふまえたものであることが明示されている。

この点で、牛鍋は開化の記号というよりも、むしろ連続性にもとづいた調理方式であったために受け入れられた料理だった。つまりある意味で、開化と旧弊とはつながっていたのである。

しかし、それではどうしてそうした連続性のなかで、ほかの肉とくらべて、牛肉だけはあまり食べられなかったのだろうか。

それは米作を中心に農耕を最重要と考えてきた日本人にとって、農耕用の動物に対して、けがれと禁忌の意識がもっとも強く作用しつづけたからだと思われる。同じ禁忌の意識は、狩猟民族のため、馬と犬を重用する西洋人にもみとめられる。二〇〇二年の日韓共同開催のサッカーのワールドカップのおりにも「韓国では犬を食べるのか、なんと野蛮な」といった西洋からの反応がいくつかあった。

こういったけがれの意識についても魯文は作品の冒頭で中年男の口を借りて、「ひらけねへ奴等(やつら)が肉食をすりやア神仏(しんぶつ)へ手が合(あは)されねへのヤレ穢(けが)れるのとわからねへ野暮(やぼ)をいふのハ究理学(きゅうりがく)〔物事の道理〕を弁(わきま)へねへやからのことでげス」[35]と述べている。ここには、旧弊を野暮として断罪し、牛食を非連続な開化の表象とする意識があきらかにはたらいている。さきほどの前田愛が問題にするのも、じつはこの点にほかならない[36]。

たしかに、牛肉については旧弊な禁忌が強く作用していた。しかしまただからこそ、一方で禁忌の強い牛肉を食する習慣があったという複雑な事情のあったことも忘れてはならない。その代表が「薬食い(くすりぐい)」といって滋養強壮のため、つまり健康のために肉を食うというもので[37]、なかでもその対象とされたのが牛肉だった。江戸時代、彦根藩は「薬食い」という名目で将軍や幕府の要人に牛肉のみそ漬けを贈っている[38]。

こうした薬食い以外にも、実際、江戸時代の末期には三都とよばれた江戸、大阪（大坂）、京都などを中心に牛肉を調理して食べさせる店があり、一部で牛肉食がおこなわれていた。鹿や猪がおもに農村部で食べられていたのとは対照的に、牛肉食がすでに当初から都会的な現象であったことは注目に値する。しかし、そうした店に出入りするのは、最下層の町人や蘭学を学んだ書生といった社会の周辺にいた人たちであった。のちに『学問のすすめ』の飲食版ともいうべき「肉食之説[39]」を書いて肉食を推奨する福沢諭吉は、大阪で緒方洪庵の適塾で蘭学を学んでいた時代に、よく牛肉を食べにいったが、「町の破落戸」と蘭学を学ぶ「緒方の書生」だけが「得意の定客」であったと報告している。(40)

原田信男はすでにふれた領主層での非公式場面での獣肉食が、江戸後期に藩士層、つまり下層の武士にまでおよんだと述べているが、(41)福沢の記述は、牛肉食がその禁忌の強さゆえにむしろ公的な権力の埒外にいる人びとのあいだに広まっていったことをしめしている。そして、権力上層部から離れ、周縁化したことで、牛肉食はあらたな価値をともなって再生する。反社会性の記号としての価値である。

『安愚楽鍋』の登場人物はたしかに作者みずからが述べるように「士農工商」「老若男女」「賢愚貧福」におよんでいるが、しかしそのほとんどは芸者や職人、下級武士や成り上がり商人といった、社会の中枢でなく周縁に暮らす人びとである。小鍋仕立ての鍋料理自体が本式の料理ではなく、牛肉を鍋で調理する牛鍋屋はまだまだいかがわしい空間であり、そのためそうした店に足を運んだのは、社会の周縁で新しい風俗を自分たちのアイデンティティの一部にしようとした人たちだった。

しかもここで重要なことは、牛肉食が文明化した〈西洋〉という表象とむすびついたことだ。

魯文の中年男も牛食を野蛮とする人に「福沢の著いた肉食の説でも読ませ」ろと啖呵をきっている。(42)「肉食之説」は、『安愚楽鍋』刊行の前年である一八七〇年(明治三年)に東京の築地に作られた半官半民の「牛馬会社」という食肉・乳製品販売店のために福沢が書いた宣伝文で、西洋文明のエネルギーは彼らが牛肉を食べて体躯がよくヴァイタリティーにあふれているからだ、だからわれわれ日本人も西洋に追いつくために牛肉をおおいに食べよう、という論旨の小文だった[43]。衣食住の西洋化こそ、日本の近代化であるという考え方は、つい最近まで日本人一般の規範だった主要な〈思考＝表象〉であり、それを肉づけするかたちで魯文は作品を書いたのである。

こうして圧倒的な力を誇示した〈西洋〉という表象とむすびつくことで、牛鍋の表象自体はいっそう強いものとなった。魯文は連続性よりも非連続と断絶を強調することで、牛鍋をとりわけ強力な開化の記号として提示したのである。

しかし、牛肉食という禁忌の侵犯がこれほどやすやすと広まったのは、じつは本来西洋では大きな塊で焼かれる牛肉を小さく刻んだうえに、鍋に入れ、魯文が描くようにわさび醤油で食べるというきわめて日本的な食事様式にのっとっていたからだった[44]。柳田國男は『明治大正史 世相編』の「肉食の新日本式」という文章で、牛鍋としてはじまった牛肉食について「当人だけはひとかど西洋風だと思っておっても、じつは発端からもう十分に日本化していたのである」と喝破している[45]。

しかも、同じ柳田の説にもとづいて検討したように、この時期に鍋料理自体が「発明」されたのだとすれば、その鍋料理がなによりもそれまでタブーだった西洋の食材を用いた牛鍋だったという点もきわめて示唆的で興味深い。もっとも日本的と思える鍋料理は、じつは西洋のものを日本的に取り込むことで広まっていったのだ。ある意味で西洋的な開化の象徴だった牛鍋の現代版である《すき焼き》に、バルトが西洋的な思考を〈脱中心化〉するイメージを垣間見たのも、牛鍋の表象の複合的な在り方が誘い出すひとつの力線なのかもしれない。

　こうして望まれるべき西洋化の象徴となり、肉食全般の先導役となった牛肉食は、権力によってじつにあっさりと追認されてしまう。『安愚楽鍋』初編刊行の翌年となる一八七二年（明治五年）には、明治天皇が宮中で牛肉を試食し、肉食の禁忌は「畏れ多くも謂われなき儀に思し召し、自今、肉食を遊ばさるる旨宮にて御定めありたり[46]」との文章が公表される。天皇が牛肉を牛鍋で食べたとは考えられず、またかたちだけの試食ではあったろうが、政権の中枢にあって米作農耕文化の司祭者でもあり、長年肉食禁忌の中心でありつづけた天皇がみずから農耕用の牛の肉を食べたことの象徴的な意味は大きかった。牛肉食はもはや戯作者やアウトローの反骨ではなく、権力公認の近代化の記号となったのである。

　ここには、長年の禁忌さえもいち早く解消して西洋化へ邁進した近代日本の「優等生ぶり」がよくしめされている。しかし、ここでもう一度確認しておかなければならない点は、本人たちは開化の新しい風俗と思いながらも、それが鍋料理というきわめて日本的な調理法によって広まり、しかもこの鍋料理自体もこの時期に「発明」され、ひろく認知されたものであったという経緯の独自性だ。

　猛烈なスピードの近代化を可能にしたのは、このように異文化の要素を受容するさいの独自で巧妙な統合様式、断絶にもとづき新しさの表象を前面にだしながら、じつはどこかで伝統と巧妙に接続している複合的な統合様式であった。この伝統と新奇を統合する様式は、じつは近代化を王政復古として実現した明治維新の在り方を想わせる。そして、そのような統合が可能になった背景には、空間展開型の食事様式と肉食への禁忌とその侵犯という、それ自体複合的な飲食をめぐる表象の在り方が大きく関与していたのである。

六　文学形式としての鍋料理

こうして魯文の『安愚楽鍋』の提示した開化の記号としての牛鍋は、いち早く公認のものとなり流行にさえなった。その意味では、この表象はきわめて迅速に消費され、その反社会性の記号としての力は薄まったといえるかもしれない。興津要がこの作品を「魯文の限界ともいえた」とみなすのには、このあたりの事情も関係していそうだ。

しかし、その内容だけでなく形式としても、魯文の『安愚楽鍋』は再考に値する。それは、語りの構造と時空間の設定にひとつの新しいとらえ方を導入したと考えられるからだ。

語り口についていえば、式亭三馬に代表される戯作調という点はまぎれもない事実である。しかし、通常、人物と情景に関するト書風の描写につづいて人物たちの掛け合いがなされるという戯作の語りは、ここでは導入部のあと、ひとりの人物の独白（モノローグ）に限定されている。

こうして、語りはおのずと直接読者に向けられたかのような様相を呈することになる。それはすでにみた冒頭の中年男の最初の「モシあなたヱ」という言葉によくあらわれている。ト書き部分で

「となりにうしをくひてゐるきやくにはなしをしかける」[47]と説明がされてはいても、これ以後の発言はまさに読者への語りかけとして機能する。要するに、この作品は、入れ替わり立ち替わり店にやってくる多様な人物が、当の牛鍋をまえにその美味(うま)さを多様な視点から読者に語りかける一大牛肉キャンペーン小説なのだ。

魯文自身、牛肉エキスから作った「黒牡丹(くろぼたん)」という健康食品、いまでいうサプリメントを商っていたというから、これはあながち的外れな見方ではない。この作品は、自分の副業ための宣伝小説でもあった[48]。

そう考えると、唯一の掛け合いである「覆古(ふくこ)の方今話(いまようばなし)」の意味合いもおのずと違ったものになってくる[49]。それまでのふたり連れが基本的に同じ職業についている者たちだったのに対して、ここでは武士と町人というあきらかに生まれと育ちの違うふたりが対話をおこなっている。

同じ階層、同じ職業の者同士なら同じ見方を共有しているので、こと牛肉食の宣伝に関して対話の必要性はない。しかし、別の階層に位置する者のあいだでは、開化の記号である牛鍋とその背景になった開化自体についての見方は、微妙に交錯しながらも異ったものであり、それがここで対話が生じている理由だと考えられる。

町人が多少とも権力の動向を知っている武士に牛鍋や開化についてたずね、それに武士のほうが答えるという掛け合いは、読者自身の出自によってふたりのどちらにも自己を投影できるかなり巧妙な手法である。しかも、この章は二編下の最後に置かれ、全体としては十八の断章のうち十二番目に位置している。これまで独白に近い語りを読んできた読者をここで再度物語の世界のなかに引きずりこむような、なかなか心憎いかたちで按配されている。

さらにより重要な点は、鍋料理という飲食の時間に語りが否応なくむすびつけられていることだ。まさにいつはじめていつ終わってもいい鍋料理と同じように、語りも変化自在、鍋料理のように進む。これには日常の会話を写す戯作的文体が大きく寄与しているが、語りの枠組み自体が〈中心〉のない自在な継起にゆだねられていることも見落としてはならない。

語りが自在に脱線していくきわめつけは、二編上二番目、全体では十八編中八番目にあたるため作品のほぼ中央に置かれた形になる「半可の江湖談」という断章だ。[50] 肉食が流行ってもいまだに牛肉や豚肉をてんぷらにするところはないといったあと、「てんぷらといやア」といって老舗のてんぷら屋の話になり、つぎつぎとてんぷら屋の話をつづけて、ある店の粉をかき回す手際が「なかなかのうで前」だといったかと思うと、今度は「うでといやア」とさらにずれて人形作りの名人の話になり、その細工が「日本一だ」と断じたあとで、さらにそれを受けて「日本一でおもひだしたが」と浅草の博覧会の話に移っていく。

脱線につぐ脱線でまさに〈中心のない語り〉なのだが、この語りを誘いだしつつ、その枠組みともなっているのが、酒を飲みながら牛鍋をつつくという飲食行為なのである。それは「ヲイねへさん酒と牛肉のかハりだ」という科白でこの断章が打ち切られていることによくしめされている。

事実、多くの挿話が酒と牛肉のお替わりの注文や具体的に飲食物を味わう言葉で終わっている（十八話中十六話）。こうして鍋料理がこのあともつづくように、語りもつづきうることが暗示される。自在な鍋料理の飲食の流れは、自在な語りの流れと通じているのだ。

そして、もっとも重要な点は、こうした語りを可能にしている特殊な時空間の設定である。牛鍋屋の一室に視点を固定し、そこにカメラと録音機をすえてつぎつぎと出入りしては飲み食いしていく人びとを描いていくという手法は、近代的な都市空間の確立を前提とした手法である。それは、都市が人と物とが交流し、多くの物資が多くの人びとによって消費される一大システムになったからこそ可能な枠組みであった。

十九世紀フランスの近代的な小説、たとえばバルザック（一七九九―一八五〇）のパリを舞台にした『ゴリオ爺さん』（一八三四―三五年）、『従妹ベット』（一八四六年）、『従兄ポンス』（一八四七年）といった一連の小説群はまさに近代的な人と物との一大交流システムとしての都市に時空間をかぎりながら、そのシステムの在り方をとらえようとした意欲的な作品であった。フロベール（一八二一―八〇）の『感情教育』（一八六九年）や、ゾラ（一八四〇―一九〇二）の『居酒屋』（一八七七年）をはじめとする『ルーゴン・マッカール叢書』のいくつかの小説作品は、さらに巨大化した都市で翻弄される人間を描きながら、実際には都市自体が作品の主要因になりつつあるという意味で、本質的に〈都市小説〉と呼べるものとなっている。

魯文の独自性は、この都市という人と物の交流システムのなかで、さらに狭くかぎられた飲食店の一室に時空間を限定したことにある。もちろんこれには式亭三馬（一七七六―一八二二）の『浮世風呂』（一八〇九―一三年）や『浮世床』（一八一三―一四年）という先例があった。魯文に先立つこと半世紀、近代的都市小説をはじめて書いたバルザックにさえ先駆けて、三馬が銭湯や床屋だけに時空をかぎって江戸の風俗を面白可笑しく描けたのは、パリやロンドンとくらべても、当時の江戸が、規模の点でもシステムの点でも、近代的都市としての性格をすでに整えていたからである。先述の空間と建物を重視するイーフー・トゥアンにならうなら、江戸のほうがある意味で空間の分節化がより進んだ近代都市であり、一部の空間を描くことで、都市全体をとらえることができたのだといえるだろう。

さらに、フランスの都市小説があくまで都市という空間のなかで時間が織りなす人間関係を重視する、つまり時間によって変化する人間の物語を重視するのに対し、三馬も魯文も都市を限定された空間に代表させ、あくまでその空間のなかに時間をとどめようとする。三馬は『浮世風呂』の時間を朝から昼までにかぎり、さらに魯文は空間だけを限定して、時間はあくまで飲食によって区切られるひとつの流れにすぎない。(51)

もちろん、『浮世風呂』のほうが人物のからみがあり、筋の展開もあって、その意味では「成功した」「面白い」作品かもしれない。しかし、空間限定型の都市小説としては、魯文のほうが過激である、ともいえる。銭湯や床屋を用いて三馬が人物のからみを描くのに対して、魯文はより狭い飲食店の一室という個別空間に場所を限定し、個人の語りを記述する。こうした個人化された空間で、内密な独白がおこなわれるのはきわめて当然なことだ。しかも、飲み食べてくつろぐとなればなおさらだ。魯文の描いた個室での独白は、あきらかに近代的な自我の表白に近づいている。鍋料理の醸しだす親密さ、それは、まぎれもなく近代における空間の分節化の結果、生じたものであった。

フランスにおいてこうした空間限定型の都市小説が出現するのは、筆者の知るかぎり、空間をパリの安ホテルに限定して、そこに暮らす住民の風俗を活写したウジェーヌ・ダビ（一八九八―一九三六）の『北ホテル』（一九二八年）や、強烈な方法意識に裏打ちされながらパリのアパルトマンに焦点を絞り、そこに住む人びとの生活を描いたミシェル・ビュトール（一九二六―二〇一六）の『ミラノ通り』（一九五四年）やジョルジュ・ペレック（一九三六―八二）の『人生 使用法』（一九七八年）といった、より時代のくだった現代的で実験的な作品をまたねばならない[52]。

もちろん、筆者は魯文の『安愚楽鍋』が現代的で実験的な作品だった、などといおうとしているのではない。そうではなくて、ここでは、限定された空間のなかで飲食のリズムによって分節された時間という、特異な時間と空間の関係が作りだされているという事実を指摘したいだけだ。再度バフチンの概念を用いれば、飲食を軸に親密な空間のなかで自在に流れうる時間というクロノトポスを、日本における都市生活の表象の在り方としていち早く提示した作品が『安愚楽鍋』であった。

要するに、仮名垣魯文の『安愚楽鍋』は、内容において牛鍋を開化の記号としているだけでなく、形式においても都市的な時空間を枠組みにしている点で、近代的なものを志向し、それを一定程度実現した作品とみなすこともできるのである。

七　洗練された鍋物文学

森鷗外（一八六二―一九二二）の短編「牛鍋」[53]は、仮名垣魯文の『安愚楽鍋』の刊行の三十九年後にあたる明治四十三年に発表された。明治四十三年は西暦では一九一〇年、すでに二十世紀である。仮名垣魯文は一八二九年（文政十二年）の生まれで、鷗外は一八六二年（文久二年）の生まれだから、このふたりの年の差は三十二歳、大体親子の差に等しい。幕末に生まれ明治の開化期に青年に達した鷗外にとって、牛肉も鍋物もとりわけめずらしいものではなかったにちがいない。

陸軍軍医総監の地位にある高級官僚の鷗外は、若いときにドイツへの留学経験もあり、西洋の本場の肉料理も食べていたし、また近親者の証言によると、休みなどにはよく子どもたちを連れて中華料理や西洋料理を食べにいったというから[54]、飲食にはそれなりに関心があったと思われる。

おそらくそんな鷗外にとって、肉食という新しさを残しながらもひろく庶民に受け入れられた牛鍋は、鍋料理として、むしろ日本的な食事であったはずだ。かつて開化のシンボルだった牛鍋も、その後四十年のうちにありふれた都市風俗のひとつになっていたと考えられる。

それをしめすように、鷗外の「牛鍋」からは、開化の記号としての牛鍋というメッセージはさほど伝わってはこない。登場人物も職人風の三十男とその連れの女性である。

しかし一方でまた、牛鍋の定着という現実があったからこそ、牛鍋を題材に見事に凝縮した時空間を作りだすことができたとも考えられる。評論家の三好行雄（一九二六―九〇）は、この作品について「これまであまり言及されてきたこともないようだが」と断りつつ、「鷗外の短編のなかで、もっとも完成度のたかい傑作だと信じている」と述べている。[55]

「鷗外の短編のなかで、もっとも完成度のたかい」と断じることができるかどうかは別にして、これが鍋料理の時空間自体をきわめて効果的に作品化した短編であることはまちがいない。

このほんの数頁の短編の舞台は牛鍋屋の一室。ここにさきほどの男女に女の娘をくわえた三人の登場人物が集って牛鍋を食べる情景を描いただけのものだ。

いきなり作品は「鍋はぐつぐつ煮える」という短い文ではじまる。食欲を刺激する鍋がクローズアップされる映像的手法だ。いきなり親密な鍋料理の空間の中心となる鍋料理そのものをとらえる印象的な出だしである。

つづいて手早い調理の描写。

> 牛肉の紅は男のすばしこい箸で反される。
> 斜めに薄く切られた、ざくと云う名の葱は、白い處が段々に黄いろくなって、褐色の汁の中へ沈む。

ここで三つの短文による男の簡潔な描写。

箸のすばしこい男は、三十前後であろう。晴れ着らしい印半纏を着てゐる。傍に折鞄が置いてある。

男の姿をさっと見せたかと思うや、カメラは男の素早く調理する手に移る。

酒を飲んでは肉を反す。肉を反しては酒を飲む。

ここでカメラが酒を注ぐ女性の手を写して男に連れがいることがわかる「酒を注いで遣る女がある」という一文が入って、今度は男に対応した女性の描写。

男と同年位であろう。黒繻子の半衿の掛かった、縞の綿入れに、餘所行きの前掛けをしてゐる。

対比を用いて鍋をはさんで対峙する人物を描いた映像的に鮮烈な描写だ。これによって、親密な空気が緊張感をはらんでいることがしめされる。しかし、この緊張感は対比的な映像からだけ生まれたものではない。鍋料理の「肉を入れて調理する」「調理して食べる」あるいは「肉を食べては酒を飲む」「酒を飲んでは肉を食べる」という二拍子のリズムを言語的になぞる小気味いい表現も、こうした緊張感を作りだす要因となっている。

魯文が『安愚楽鍋』で〈中心〉のない枠組みとしてしか利用しなかった鍋料理の時空間が、ここではきわめて緊密な時空間として再現されている。鍋とその周りの空間に限定されながら、飲食という行為の空間的展開によって時間が躍動感をともなって進展していく。

こうして設定された時空間のなかで、すでに緊張感として準備されていた男女のドラマが展開する。

「女の目は断えず男の顔に注がれている。永遠に渇してゐるような目である」とあり、今度は、食べる男とそれを凝視する女の対比だ。

この男女の秘めた情念を描くのに、ここで鍋料理のもうひとつの要素であるさきほどの反復性が効果的に用いられる。そして、この男女のあいだの緊迫した空気は、男が女の連れている娘に食べさせることなく自分だけ食べつづけることで強調される。反復されるのはこんな情景だ。

「永遠に渇してゐる目は動く顎に注がれてゐる。」
「永遠に渇してゐる目には、娘の箸の空しく進んで空しく退いたの見る餘裕がない。」
「永遠に渇してゐる目には、四本の箸の悲しい競争を見る程の餘裕はなかった。」

このように細部にまでいくえにも二拍子を刻まれ、娘の介入でさらに強調されるふたりの情念。ここで、その激しい情念の由来が、「死んだ友達の一人娘」という短い文がはさまれることで暗示される。

そして、飲食をめぐる猿の親子の浅ましさを描写した一段があって、最後にもう一度繰り返される「永遠に渇してゐる目」。

ここにあるのは、現に展開する食欲と内側にこもった性欲の対比にほかならない。目の前の食欲の旺盛さは、正確に潜在的な性欲の激しさに対応している。鍋料理本来の親密さのうちに隠された情念は、鍋をかこむ狭く濃密な空間ゆえにいっそう強いものとなる。そして、それを可能にしているのが、鍋料理という特異な時空間なのだ。それにしても、これほど見事に人間のふたつの欲望が短い作品のうちに重ねられた例もめずらしい。

牛鍋の「発明」から四十年ほどで、鍋料理をめぐる表象がまさに〈文学的時空間としての小宇宙＝クロノトポス〉としてひとつの完成をみたことを、この作品はしめしている。

□注

（1）熊倉功夫『日本料理の歴史 懐石を中心に』吉川弘文館、二〇〇七年、一〇—一八頁、三三—三七頁、六八—七二頁、八八—九〇頁。

（2）小泉和子「第二章 ちゃぶ台の歴史」、小泉和子編『ちゃぶ台の昭和』（河出書房新社、二〇〇二年）、八五—一二八頁。井上忠司「第二節 食事空間と団らん」、井上忠司責任編集『講座 食の文化第五巻 食の情報化』（味の素食の文化センター、一九九九年）所収。なお、銘々膳からチャブ台をへたダイニングテーブルへの移行の意味については本書一章を参照。

（3）フランスをはじめとした欧州の多くでは、コーヒーはデザートのあとで飲む。デザートと一緒ではない。

（4）Roland Barthes, *L'Empire des signes*, Flammarion, 1984. 初版は Editions d'Art Albert Skira 1970. 宗左近の邦訳では題名は『表徴の帝国』（ちくま学芸文庫、一九九六年）となっている。その後、新たに邦訳され刊行された『ロラン・バルト著作集』では『記号の国』となっている。石川美子訳『ロラン・バルト著作集7 記号の国』みすず書房、二〇〇四年。ただし、原題にある Empire は本来「帝国」という意味である。ちなみに以前の訳にあった料理関連語の誤訳が新訳では訂正されている。

（5）*Ibid.*, pp. 32-33. 邦訳『表徴の帝国3』、八―三九頁。

（6）渡辺涼『バルト以前、バルト以後 言語の臨界点への誘い』水声社、一九九七年。

（7）熊倉功夫『日本料理文化史 懐石を中心に』人文書院、二〇〇二年。

（8）北岡誠司訳、『ミハイル・バフチン著作集6 小説の時空間』新時代社、一九七八年、七―八頁（原著一九七五年）。また、この概念の説明と文学作品への応用については、この論攷の前編ともいうべき拙論「構造としての飲食 ゾラの『居酒屋』」（『学術研究 外国語・外国文学編』第52号「複合文化学特集」、早稲田大学教育学部、二〇〇四年）を参照のこと。

（9）ヌーヴェル・キュイジーヌとは、フランスで一九七〇年代に興ったフランス料理の新しい流れで、フランス料理の特徴ともいわれた濃厚なソースを廃し、素材の味を生かし、シェフの創意を活かす軽やかで現代的な料理である。レイモン・オリヴェ（一九〇九―九〇）やポール・ボキューズ（一九二六―二〇一八）らが代表的なシェフ。Jean-Pierre Poulain, Edmond Neirinck, *Histoire de la cuisine et des cuisiniers*, Delagrave, 2004, pp. 116-126. ジャン＝ピエール・プーラン、エドモン・ネランク著、山内秀文訳『プロのためのフランス料理の歴史 時代を変えたスーパーシェフと食通の系譜』学習研究社、二〇〇五年、一二四—一三七頁。

(10) たとえば、前掲書『日本料理文化史 懐石を中心に』、一七—一九頁。

(11) これは食卓を舞台として、「喪の会食会」と称して棺をテーブルにし、葬餞を模した食事会を開いて、食と死をテーマ的にむすびつけた、美食文学者グリモ・ド・ラ・レニエールに通じるものがある。グリモの死のイメージとむすびついた儀式性にも、フランス革命という血生臭い時代の刻印が押されている。グリモについては、澁澤龍彦「グリモの晩餐会」(『華やかな食物誌』河出文庫、一九八九年)、北山晴一『美食の社会史』(朝日選書、一九九一年、五六—八七頁)、福田育弘「飲食をめぐる想像力——「美食文学」の成立 グリモ・ド・ラ・レニエールとブリヤ・サヴァラン 18世紀から19世紀へ——」(『学術研究 外国語・外国文学編』第50号、早稲田大学教育学部、二〇〇一年)を参照。なお、グリモについては本書三章を参照。

いずれにしろ、日本でも、フランスでも、近代(「日本史」的には「近世」)の黎明期に飲食空間が象徴性をもったものになり、それによってさらに飲食への意識が研ぎ澄まされ、結果として個別の味わいを重視する近代的な意味での味覚が誕生したことはおさえておいていい事実である。

(12) 前掲論文「構造としての飲食ゾラの『居酒屋』」『学術研究 外国語・外国文学編』第52号、二一一—三七頁。

(13) 柳田國男『明治大正史 世相編』講談社学芸文庫、一九九三年、六七頁。以下の「 」内の柳田の引用はすべて同書の「第二章 食物の個人自由」の「二 小鍋立と鍋料理」(六三—六八頁)からのものである。

(14) すしや天ぷらをはじめ多くの日本料理では、本当の下ごしらえは別にして、調理の現場が会食者に見えるよう食事の場がしつらえられていることが多い。これは、歴史的には、神前で鯛や鱸(すずき)といった魚を箸と包丁だけできれいにさばいて盛り付ける「包丁式」という中世以来の料理儀式の伝統を受けつぐものであると思われる。こうした目の前で「作って、食べる」食事に慣れている日本人には、鍋料理の調理と消費の同時進行にあまり違和感はない。

これに対して、大きな肉を解体する西洋の料理では、調理場は血生臭い死の空間として会食者からは截然と隔離されている。《すき焼き》を見て「料理を作る時間と料理を消費する時間とを一瞬のうちに結びつける」とバルトが感心したのも当然といえば当然だった。いわれてみれば、鍋料理はカウンターで食べるすしや天ぷら以上に、調理と消費の時間差が縮まり、さらに場合によっては作る人と食べる人さえいとも融通無碍に交代してしまう。

ところで、柳田は日本の鍋料理を「世界無類」と形容しているが、中国には古くから「火鍋」の伝統があるので「世界有数」といえても、「世界無類」はやや勇み足である。

(15) オギュスタン・ベルク著、篠田勝英訳『風土の日本 自然と文化の通態』ちくま学芸文庫、一九九二年（原著一九八六年）。和辻哲郎の〈風土〉概念に触発され、それを批判的に検討することで練りあげられた〈通態性〉に関しては、とくに「通態性の概念」と題された節（同書、一八一―一九一頁）を参照。

(16) 熊倉功夫や原田信男といった日本の歴史学者の論孜や Jean-Louis Flandrin や Massimo Montanari といった西欧のアナール派系のおもに飲食の歴史を専門とする学者の著作を読むと、日本でもフランスでも、料理において〈温かいもの〉がだされるのは、近代に近づいてからであることがわかる。フランスでは、ほぼ十八世紀、日本では十六世紀ぐらいからだと考えられる。これは〈温かいもの〉を〈美味い〉という味覚自体が近代的なものではないかという仮説をたてさせるようなうながしているところがあって、興味深い。

(17) イーフー・トゥアン著、阿部一訳『個人空間の誕生 食卓・家屋・劇場・世界』一九九三年（原著一九八二年）。原著の題名は *Segmented worlds and self : Group life and Individual Consciousnses* で直訳すると「分節化された世界と自我 ―― 集団生活と個人の意識」である。

(18)ガストン・バシュラール、前田耕作訳『火の精神分析』せりか書房、一九六九年(原著一九三八年)。

(19)現在この作品は、坪内祐三編集『明治の文学 第1巻 仮名垣魯文』(筑摩書房、二〇〇二年)で適切な注がほどこされたかたちで簡単に読めるようになった。以下の引用もこの著作からのものである。

(20)二編の最後をしめくる「覆古(ふくこ)の方今話(いまようばなし)」のみふたりの人物の掛け合いになっている。これに関する考察は後段参照。

(21)興津要『仮名垣魯文 文明開化の戯作者』有隣新書、一九九三年、一三一頁。

(22)同書、八三頁。

(23)同書、八七頁。

(24)前掲書『明治の文学 第1巻 仮名垣魯文』、二七〇頁。

(25)前田愛「文明開化の食生活 江戸から東京へ」、『國文学』昭和五十九年三月号、七二頁。

(26)同論文、同誌、七三頁。

(27)同論文、同誌、同頁。

(28)原田信男『歴史のなかの米と肉 食物と天皇・差別』平凡社、一九九三年。

(29)前掲書『明治大正史 世相編』、九二頁。

(30)原田信男『江戸の食生活』岩波書店、二〇〇三年、一一九―一二〇頁。

(31)同書、四八頁。

(32)同書、四〇頁。江戸時代の風俗文化を伝える基本史料である喜田川守貞の『守貞謾稿』や喜多村信節の『嬉遊笑覧』には、獣肉食に関する記述がいくつかみられる。宇佐美英機が校訂して『近世風俗志』として岩波文庫（一九九六年）から五分冊で出ている『守貞謾稿』の第一冊目「巻之五 生業上」には「山鯨」という項があって、そこには「今世、獣肉割烹の店、招牌の行燈等に必ず山鯨と記すこと、三都しかり。けだし獣肉、上古皆これを食す。その後△△御宇、猥りにこれを食すること禁じ、今世はまた専らこれを食す。大略天保以来ようやく昌んなり」（二一四頁）とある。また「獣肉店」の項目には「追書。この招牌、山□あるひは山鯨と墨書し、丹をもって牡丹と紅葉を描き、また猪を牡丹、鹿を紅葉と異名する故なり。また嘉永前、豕を売ること公にこれなし。嘉永以来、公にこれを売り、この招牌たる行燈に墨書して曰く、琉球鍋。また獣肉としゃも鶏と兼ね売る者あり」（二二一―二二二頁）とある。天保期（江戸末期）には都会で獣肉を料理して売る店が都会ではけっこう繁昌していて、さらに嘉永期になると「豕」つまり豚を鍋にして食べさせる店もあったことがわかる。もともと、天皇支配が貫徹していなかった北と南、つまりいまの北海道と沖縄には、豊かな肉食文化があって、牛とともに日本の「本土」では食べられていなかった豚食文化があったことを、原田信男も前掲書『歴史のなかの米と肉 食物と天皇・差別』のなか（とくに「第六章 米を肉と国家領域」、二二三―二五一頁）で論じている。こうした北と南の領域を考慮すれば、日本の飲食文化を簡単に非肉食文化と規定することはできなくなる。

(33) 前掲書『江戸の食生活』、四八頁。

(34) 前掲書『明治の文学 第1巻 仮名垣魯文』、二七二頁。

(35) 同書、二七〇頁。

(36) 前掲論文「文明開化の食生活 江戸から東京へ」、前掲誌『國文学』、七三―七五頁。

(37) 長崎福三『肉食文化と魚食文化』農山漁村文化協会、一九九四年、一三九頁。飲食で贅沢をしたり禁を破ったりするのに、古今東西、人間はなにかの口実を必要とするもので、それは多くの場合、祝祭という特権的出来事やだれもが納得する正当な理由であり、その背後にはひろい意味でのイデオロギー、つまりある一定の表象が作用している。江戸の薬食いと現在のダイエットブームが同じ〈健康〉をキーワードにしていることは興味深い。江戸期は食事の粗末さを禁忌を犯して牛肉を食うことで補い、現在は肉をはじめ豊かな食材の氾濫ゆえにむしろみずからに禁忌を課し粗食をもとめている。そこには、飲食の表象の内包する禁忌と侵犯の複雑な関係の一端がしめされている。

(38) 前掲書『江戸の食生活』、四〇頁。

(39)『福澤諭吉全集 第20巻』岩波書店、一九六三年、三八―四一頁。

(40) 福澤諭吉著、富田正文校注『福翁自伝』、慶應義塾大学出版会、二〇〇一年、六一頁。

(41) 前掲書『江戸の食生活』、四一頁。

(42) 前掲書『明治の文学 第1巻 仮名垣魯文』、二七二頁。

(43) これについては福沢の「肉食之説」の全文を資料として載せた、大塚滋「文明開化と西洋料理」(『講座 食の文化 第二巻 日本の食事文化』味の素食の文化センター、一九九九年、二〇五―二一九頁)を参照。

(44) 荻原乙彦の『東京開化繁盛誌』、服部撫松の『東京新繁盛記』などの文献を引用しつつ、前田愛は当時の牛鍋は、肉のほかにネギやシラタキ、白菜や焼き豆腐を入れるいまの「すき焼き」と違って、もっぱら肉だけを食べるものであったことをあきらかにしている。それらの引用によると、『安愚楽鍋』ではおそらく醤油のタレで煮た肉をもっぱら「刻みネギとわさび醤油」につけて賞味しているが、そのほかにも味噌仕立てがあったり、薬味に山椒を使ったりと、いろいろな種類のものがあったことがわかる(前掲論文「文明開化の食生活 江戸から東京へ」、前掲誌『國文学』、七二頁)。おそらく「すき焼き」と称して、牛肉をほかの材料と煮込むようになったのは、大正時代、とくに関西料理の進出が激しくなる関東大震災以後のことのようだ(前掲書『肉食文化と魚食文化』、一四四頁参照)。バルトがみて、おそらくは賞味したにちがいない《すき焼き》は、肉があってもそれに特化されてはいない、本来の牛鍋がさらに〈脱中心化〉された形態の牛鍋料理だった。

(45) 前掲書『明治大正史 世相編』、九三頁。

(46)『新聞雑誌』第二十六号、一八七二年一月。

(47) 前掲書『明治の文学 第1巻 仮名垣魯文』、二七二頁。

(48) 前掲論文「文明開化の食生活 江戸から東京へ」、前掲誌『國文学』、七四頁。

『法の精神』で知られるモンテスキュー（一六八九―一七五五）は、ボルドーの高等法院長を務めた法服貴族だが、多くの富裕なボルドー人同様、ぶどう栽培とそれから作られるワイン取引で財をなし、買官して貴族になった人物で、自分の著作が売れることで、自分の名前が有名になり、みずから生産するワインが売れるようになってほしいと日記に書きつけている。これも魯文と同じように、自分の著作を自分の売る商品の宣伝に利用した一例と考えられる。ただ、魯文の場合はあくまで売文が本業で、健康食品販売はいっときの副業だったが、モンテスキューにとっては、著作の執筆はそれによって生計をたてていたのではないという意味で副業にすぎず、私たちからみると法律家が本業のように思えるが、彼自身はワイン生産が本業であると考えていたことが日記の記述からうかがえる。これも、彼とその家族がワインの生産と販売によって財産を築き、買官して法服貴族となった事実やワイン取引きを生活の糧としていた現実を考えれば納得がいく。いまでもモンテスキューが住んでいたラ・ブレード **La Brède** のシャトーの周囲には同シャトー所有のぶどう畑が広がっており、かなり上質な白ワインとまずまずの品質の赤ワイン（ともにAOC グラーヴ）を生産している。

(49) 前掲書『明治の文学 第1巻 仮名垣魯文』、二九三―二九六頁。

(50) 同書、三〇七―三一一頁。

(51) このような空間の偏重は、おそらく、ある土地なり景色なりに過重なまでの文学的な意味をになわせて作品で取りあげるという「歌枕」などにしめされる伝統によって培われてきたものだろう。この問題については、オギュスタン・ベルク著、宮原信訳『空間の日本文化』（ちくま学芸文庫、一九九四年、原著一九八二年）を参照。

（52）それぞれの作品の邦訳は以下のとおり。『北ホテル』（岩田豊雄訳、白水社、一九三八年）、『ミラノ通り』（松崎芳隆訳、竹内書店、一九七一年）、『人生使用法』（酒詰治男訳、水声社、一九九二年）。こうした空間優位の設定が現代的な大都市の人間模様を描く手法としてすぐれていることは、視点をある大都会のホテルに固定し、そこで起こるさまざまな出来事を描いた石ノ森章太郎のマンガ作品『ホテル』（小学館、一九八五年）が大ヒットして、テレビドラマになったことにもあらわれている。

（53）この短編「牛鍋」は、各種の『鷗外全集』や「文学全集」のたぐいに収録されているが、この作品が収められていて現在もっとも簡単に手に入るものは、ちくま文庫版の『鷗外全集1』（一九九五年）である。非常に短い作品なので出典頁はしめさない。

（54）森茉莉『父の帽子』（筑摩書店、一九五七年）や森於菟（もりおと）『森鷗外』（養徳社、一九四六年）など。ふたりはともに森鷗外の子どもである。またそれらに依拠した論文、八角真「鷗外の一側面 食物の嗜好について」（『明治大学教養論集』、一九六九年、通巻51号所収）、さらには文学者たちの食生活を描いた嵐山光三郎『文人悪食』（マンガジンハウス、一九九七年）の「森鷗外饅頭茶漬」の章（二〇―三一頁）を参照。

（55）『三好行雄著作集 第二巻 森鷗外・夏目漱石』筑摩書房、一九九三年、四八頁。

第五章　共食をもとめる思想

――『ぐりとぐら』にみる飲食の〈感性〉と〈心性〉

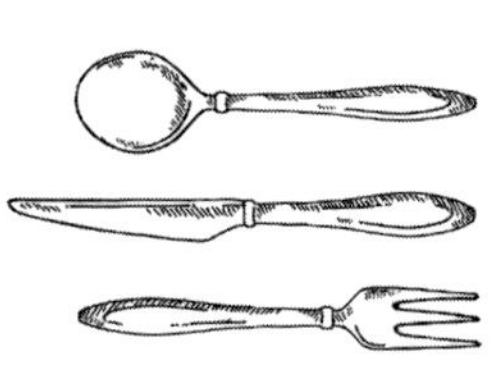

一 見える文化と見えない文化

文化には大きく分けてふたつの形態がある。

ひとつは、芸術品や建築物などの目に見える文化だ。もうひとつは、制度や習慣などの目に見えない文化である。

目に見える文化は、その文化に属している人にもいない人にも、それが文化であることがわかりやすい。エジプトのピラミッドや日本の寺院を見て、独自な文化を感じない人はいないだろう。わかりやすいので、意識されることも多いし、研究の対象にもなりやすい。これに対して、目に見えない文化は、多かれ少なかれ個人への刷り込みによって内面化されるため、普段は意識されることが少ない。意識されないので、検討の対象にもなりにくい。

しかし、目に見えるものより、目に見えないもののほうが、内面化されているがゆえにより拘束力が強いともいえる。しかも、拘束力が強いにもかかわらず、意識されることが少ないとすれば、それは文化としてより根深いものではないだろうか。

人は、生まれ落ちて以来、生命維持のため、だれもが毎日複数回、飲食という行為を繰り返している。飲食を外部の対象の主体内への摂取と考えれば、サプリメントや点滴もひろい意味での飲食なので、わたしたちは死ぬまで飲食から逃れられないことになる。

つまり、長いふだんの刷り込みによってかたちづくられるのが飲食という文化なのだ。そして、長い習慣的ともいえる刷り込みがあるがゆえに、飲食という行為は文化として個人の主体に深く根をおろしている。飲食とは、こういってよければ、わたしたち内部でひとつの〈制度〉となった行為と判断の体系であり、〈感性〉となった習慣にほかならない。フランスのアナール派歴史学の用語を用いれば「マンタリテ mentalité」(英語の〈メンタリティ〉mentality)〈心性〉となった習慣である。[1]

アナール派の概念をここでもちだしたのは、より個人的でより個別的な意味あいの強い〈感性〉に対して、〈心性〉のほうがある文化でより永続性があり、より普遍性のある主体の対象に対する内面的な価値観をさししめすのに適しているからである。個人的な好悪の原因となる〈感性〉にくらべて、アナール派的な〈心性〉は、ある時代をつうじてみられる集団的に共有された持続的な心の状態である。

ご飯にマヨネーズがうまいと思うのは個人の〈感性〉だが、日本人ならパサついたご飯よりも、ふっくらと炊かれたご飯が好きだというのが〈心性〉だといったらわかりやすいだろうか。

いずれにしろ、飲食行為は、それを文化としてとらえた場合、まさに目に見えない文化の典型であることがわかる。

もちろん、飲食という行為は、具体的なかたちをもつ料理や飲み物がなければはじまらない。そのため、食文化というとすぐ飲み物をふくめた料理話になってしまうが、じつは料理は飲食の一部でしかない。料理は無数の食べられることが可能なもののなかからあるものを選択して、食べるのにより適した形態に変化させる変成過程の結果として生じたものである。つまり、自然と人間

をつなぐ仲介項なのだ。さらに、料理は作る側と食べる側ともつなぐ。人と人とをつなぐ仲介項でもある。(2)

いろいろなものをつなぐ仲介項だから、飲食で料理がクローズアップされるのはいたしかたのないことかもしれない。しかし、この料理も、そのときどきにかたちをとって目に見えるものになるものの、美術品や文学作品のように存続することはむずかしく、永続的に目に見える文化とはならない。それにもともと、飲食は料理だけにかかわるものではない。食べ物への嗜好や食べ方、食べる時間や空間の設定など、多方面にわたって多様な意味をもつ複雑な文化的行為の全体が飲食なのだ。

そして、そのような文化的な行為としての飲食をささえるのは、行為の主体であるわたしたちがもつ〈感性〉であり、さらにその個人の〈感性〉を大きく規定するのがアナール派的にみればある社会のある時代の〈心性〉なのである。なにをうまいと思い、どのような行為をよしとするか、それはわたしたちの〈感性〉に、あるいはそのもとになる〈心性〉による。では、そのような飲食行為における〈感性〉や〈心性〉はなにによってかたちづくられるのだろうか。それは、まさに繰り返される飲食行為そのものによってかたちづくられる。

どこか堂々めぐりのようだが、飲食にはそのような目に見えない文化のときにスタティック（静的）でありつつ（習慣的な行動によって日本人ならふっくらとしたご飯を好み、フランス人ならパリッとしたパンが好きといった味覚が形成される）、場合によって臨機応変に変化に対応するダイナミックさ（パサパサしたご飯もチャーハンにするとおいしいと思うようになる、モッチリしたパンにもうまさを見出すといった、これまでとは異なった飲食行動の形成〉を合わせもった複雑な文化現象なのだ。

一度刷り込まれた飲食行為が意外と保守的な面をもちながら、一方でときに革新的な面をしめすのも、こうした飲食の両義性に由来している。

そのような文化的行為としての飲食の両義性をふまえたうえで、これから問題にしようとするのは、じつは変化しながらも現代にまで引き継がれている日本人の飲食行為の背景に横たわる、ある明確なひとつの〈心性〉である。

二　文化は「洗練」する

具体的な検討に入る前に、もうひとつ〈心性〉を背景にした文化的な行為としての飲食について確認しておきたいことがある。

それは、文化的な行為はすべからく表現されることで「洗練」されるということだ。ここでいう「洗練」とは、微妙な違いを理解するということである。

たとえば、飲食についてみれば、日本人ならほとんどの人がご飯について、これは「もちっとしている」「お米がたってしゃきっとしている」など、微妙な差異を感じとり表現できるはずだ。フランス人なら、同じ差異をパンやチーズに感じとることだろう。そして、このこまかい差異を見分ける「洗練」は、日々の習慣的行動にささえられながら、そのような表現によって確認され、補強されつつ、より深く身体化されていく。

またしても多少堂々めぐりのようだが、ここにも洗練が表現を生み、表現が洗練をうながすという相互構成過程が見出される。どうも目に見えない文化をあつかうと、この受動的で能動的、行動によって形成されながら、行動を主導するといった両義性は避けることができないようだ。

じつは、目に見えない文化のもつこのような特質について、重要な指摘をしたのは、フランスの社会学者ブルデューである。目に見えない文化、ブルデュー的にいえば「文化資本」として身体に蓄積される文化（「身体化される文化」）について、ブルデュー自身はいま確認したような両義性と相互構成を、主体の「性向」の総体構造としての「ハビトゥス」（身体化した慣習の図式）のもつ二面性としてとらえている。ここでは深くふれないが、ブルデューは、習慣的行動によって構造化されたもろもろの性向の集合として受動的な構造としての「ハビトゥス」と、状況の変化に応じて習慣的行動を新たに生成する性向の能動的な構造としての「ハビトゥス」をつねに考えていた。[3]

もう一度繰り返せば、文化的行為は表現によって洗練され、洗練された行為として表現されていく。表現はもちろん図像によるものであることもあれば（たとえば彫刻や絵画）、言語によるもの（文学や評論）であることもある。そして、そのように表現されたものは、個人の〈感性〉をとおしたものであっても、つねに一定程度集団的な〈心性〉の集約されたかたちの表現であり、それによってまた個人の〈感性〉が培われ、そして結果的にそうした個人の集合としての社会集団全体の〈心性〉

が養われていくのである。

しかも、飲食行為を導き、飲食行為によって形成される味覚は、こうした身体化された「ハビトゥス」のなかでももっとも原初的なものである。ブルデューは主著『ディスタンクシオン』のなかで、そのことを次のように述べている。

人生における最初の体験的習得の、もっとも強烈でもっとも変質することのないしるしが見出されるのは、おそらく食物の好みにおいてであろう。幼少時に習得したことというのは、生まれた世界から遠ざかったりその世界が崩れ去ったりしても、もっとも長く生き残るものであり、また生まれた世界へのノスタルジーをもっとも持続的に保ちつづけるものである。(4)

赤ん坊のときからはじまる長い飲食経験によって培われる味覚は、人間の身体のもっとも根源的な層に刷り込まれた感覚なのだ。

三　日本における飲食の表現

日本の児童文学や絵本、マンガやアニメでは、大人向けの文学作品以上に飲食が表現されることが多い。

これには簡単に理由がみつかる。子どもにとって飲食が大人以上に重要な事件であるからだ。これはふたつの面をもつ。子ども側からみれば、飲食は生理的欲求であり、その充足は快楽となり、それが表現されること自体が子どもたちの興味を引くということだ。しかし、作者である大人の側からみれば、そこには単純な生理的欲求でしかない飲食欲を社会的文化的規範に見合ったものに導こうという教育的意図がはたらいている。

もともと児童文学や絵本には、教育的な意図が強く作用している。それらを選んで子どもにあたえるのが、多くの場合、大人であることも忘れてはいけない。もちろん、より直接的に子どもをターゲットにしたマンガやアニメでは、子どもの関心や興味を喚起するという面が大きくなる。しかし、それでも多少とも教育的な配慮や効果がみられるのがふつうだ。飲食欲というもっとも原初的な欲求の社会化という課題は、子ども向けの作品にとって一貫したテーマなのだ。

子どもの関心を引きつつ、子どもの欲求を社会的に訓育していくのが子ども向け文学作品の大きな存在理由である以上、飲食がそうした作品であつかわれるのは考えてみれば当然のことだ。子どもたちはそうした作品にふれ、わくわくとした感情とともに自分自身の欲求を喚起しつつ、みずからの欲求を社会的で文化的な行為に変換していくのである。

しかし、もうひとつ、日本の文学表現に固有で特殊な理由、多少とも間接的な理由も考えておく必要がある。それは日本においては飲食の表現は長いあいだ公的で高級な表現形式のなかで抑制されてきたという事情と関係している。

そこに作用しているのは、『古事記』や『日本書紀』に表現された飲食物自体への「けがれ」意識である。

二章で述べたように、『古事記』の食物誕生神話では、食べ物は大気都比売神（おおげつひめのかみ）という女神の死骸の目や口、肛門や陰部から生まれたとされる。神々がこの女神に食べ物をもとめたところ、鼻と口と尻からさまざまな美味なものを取りだす女神の姿を見た、あの八岐大蛇（やまたのおろち）を退治した須佐之男命（すさのおのみこと）は、女神が食べ物を汚くして差しだしていると思い、その女神を即座に殺害してしまう。すると、その死骸の口と陰部もふくめたさまざまな体腔から蚕と五穀（稲、粟（あわ）、小豆、麦、大豆）がなったというのが『古事記』における食物誕生神話である。(5)

これとほぼ同じ内容が『日本書紀』の保食神（うけもちのかみ）による食物誕生の物語でも描かれている。(6)つまり、日本の神話においては、食べ物は死体の体腔から生じたという点で二重に「けがれ」ているのだ。食べ物は発生において、忌むべき死と性とに関連しているのである。要するに、神道では食べ物自体がすでに「けがれ」たものなのである。(7)

この食物誕生の神話は、ポジティヴにみれば殺人が食べ物を生む死と再生の物語とも読める。しかし、その後の日本の飲食表現は、飲食それ自体をほぼネガティヴなものととらえてきた。

飲食が描かれる場合、たとえば『万葉集』の梅見の宴（巻第五、八一五から八四六番までの三十二首）(8)や『宇治拾遺物語』（巻第七の六）(9)の宴会では、飲食行為や飲食物が直截描写されることはなく、飲食は梅の花や宴会の風情を補強する要素、ある種の興奮剤としてとらえられ、描写されてきた。高級

な表現形式において飲食物そのものや飲食自体に拘泥するのは卑しいことなのである。(10)

こうした傾向は、飛鳥時代に伝来し、奈良時代に広まる仏教の肉食がタブー視されたこととむすびついて、とくに動物性食材への「けがれ」意識として中世以降強まっていく。(11)

それと同時に、日記や書簡などの私的な文書では飲食について多くを語ることがあっても、だれかに読まれることを意図した公的な文学作品では飲食の表現は抑制され、季節をあらわす象徴的な表現となるか(その洗練された形態が俳句の季語)、ネガティヴなかたちで表現されることが主流となっていく。明治から昭和の近代文学をみても、飲食に強い関心をもち、みずからの作品で飲食の表現に腐心した作家、開高健が嘆くように、飲食表現が文学のなかでポジティヴなかたちで展開する事例はけっして多くはないのが実情である。(12)

このように日本において公的な文学(ハイカルチャーとしての文学)において飲食表現の禁忌の意識がはたらいていたのに対して、子ども向けの文学はすでに明治期の創設時代から、飲食をある程度表現してきた。そこには、すでに述べたようにもっとも原初的な欲求の社会化が子ども向け文学の使命であるという理由のほかに、伝統的なタブー意識をまぬかれた比較的マイナーなジャンルだったということが作用しているように思われる。日記や書簡で禁忌がゆるかったのと類似した現象である。

ハイカルチャーから離れるほど、禁忌の意識は希薄になる。児童文学から絵本へ、絵本からマンガやアニメへと、文字媒体から視覚媒体へ、本からテレビへと、社会的な〈高級〉認知度の低い新しいメディアになればなるほど、伝統的な飲食表現への禁忌意識は薄れていく。公的な表現、ハイカルチャーとしての文学において長いあいだ飲食表現への禁忌意識があったことが、かえってサブカルチャーでの飲食表現の開花を生んだともいえる。(13)

もちろん、この背景には時代の変化もあった。一九五五年から七〇年代初頭までのおよそ二十年間にわたった高度経済成長と、さらに一九八〇年代後半から九〇年前半のバブル景気を大きな展開点としながら、「一億総中流」化を背景に、だれもが飲食を楽しめる「飽食の時代」「グルメの時代」が到来し、雑誌やテレビを中心に飲食表現の氾濫をうながしたのはほぼ確実だからだ。貧しい時代なら、飲食にこだわることにはどこかしら罪悪感がつきまとうが、だれもがそれなりに豊かな食生活を送れるようになると、飲食へのこだわりは見識となりえる。

こうして、一九八〇年代になるとハイカルチャーである「純」文学にも、飲食表現が還流するようになる。村上春樹と村上龍の両村上のいくつかの作品が、そのよい証左である。その後、山田詠美や江國香織の作品では、しばしば飲食自体が作品の重要なテーマとなっている。

このような飲食表現の飽和状態とでもいえる現状からみると、飲食表現への禁忌といった〈心性〉は決定的に変化してしまったとみえるかもしれない。

しかし、そうした変化を引き起こしたのは、公的ではない私的な文化、高級ではないサブカルチャーでの飲食表現であることをここで思い起こしておいてもいいだろう。

そんな周縁的な文化のひとつである童話の世界で、味覚というものの在り方を典型的にしめす作品、刊行後半世紀以上をへてまだ読みつがれている作品がある。

一九六三年に刊行されたのち、その後も版を重ね、いくつもの続編が書かれながら、いまだに子どもの大好きな絵本のひとつにあげられる、絵本界の永遠のベストセラー『ぐりとぐら』（中川李枝子・大村百合子作）だ。(14)

四　五感を刺激する味覚の物語『ぐりとぐら』

『ぐりとぐら』は子ども向けの絵本だから話はいたってシンプル。「ぐり」と「ぐら」という双子のように瓜(うり)ふたつの二匹のネズミが、森でみつけた大きな卵を用いて大きなカステラを作り、その匂いに集まってきた小鳥からライオン、カエルからワニといった多くの動物たちとそのカステラを食べるという物語である。

まさに、ともに分かち合って食べるという「共食」の楽しさを描いた絵本である。

この絵本が子どもにうけるのは、ただでさえ子どもを惹きつける食べることの物語を、絵本という手法を駆使して、子どもの五感にうったえるように展開しているからだ。

まず、視覚的な鮮やかさ。青と赤の服を着て黄色い籠をもったネズミのぐりとぐら。白さの目立つ背景に鮮やかな三原色が目に飛び込んでくる。しかも、みつけた大きな白い卵からできあがるのは、黄色い大きなカステラだ。この配色の鮮やかさがまず読むものを惹きつける。

次に子ども向けの作品に欠かせない言葉のリズム。冒頭と中盤のリフレイン「ぼくらのなまえはぐりとぐら／このよでいちばんすきなのは／おりょうりすること／たべること／ぐり／ぐら／ぐり／ぐら」の一文はなんとも心地よい調子である。この本にふれた子どもたちの多くが、このリフレインを思わず口ずさんでしまうほどだ。

わたしの妹はちょうど『ぐりとぐら』の最初の絵本が出た年に三歳で、眠るときはほぼ毎回母にこの絵本の読み聞かせをねだって読んでもらっていた。おかげでわたしもこの「ぼくらのなまえは」ではじまるリフレインをすっかり覚えてしまった。それほど言葉自体のリズムと調子がいいのだ。絵本の多くがそうであるように、この作品もなんとなく楽しくなる言葉のリズムをもっている。聴覚に心地よく響き、すぐ覚えてしまう。

さらに、触覚も動員される。ぐりとぐらが大きな卵を最初に手で割ろうとして表面の堅さを思い知る場面では、触覚が痛みとして子どもの共感を呼ぶように活用されている。

こうして、ようやく味覚にもっとも関連した嗅覚が登場する。森の動物たちが集まってくるのは、ぐりとぐらが作っている「かすてら」の「いいにおい」を嗅いだからだ。

そして最後にくるのが、味覚である。そのふんわりと焼きあがった黄色いカステラの「おいしかったこと」。おいしいカステラの味にみんなが感動する。

飲食をテーマとする場面や作品、とくに食べたり飲んだりする行為をたんに描くだけでなく、味覚を問題にする場面や作品では、のっけから食べる場面が登場することはあまりない。というか得策ではない。視覚・聴覚・嗅覚・触覚とほかの知覚で盛りあげていって、最後に味覚がくることが多い。そのほうが、格段に効果的なのだ。『ぐりとぐら』がこれほどまでに子どもたちに愛されるのは、このように五感すべてを動員し、それを最後に本来の味覚に収斂させているからだ。このような味覚の全身体的な感覚性にもっとも敏感なのが子どもという存在にほかならない。

飲食は生存に必要不可欠な行為であり、毎日複数回だれもがおこなう行為である。いや、おこなわなければならない行為である。なかでも、すでに述べたように、子どもはまず飲食を快楽として経験する。

フロイトは生まれて間もない乳児から二歳ごろまでの時期を「口唇期」とした（本書三章参照）。この時期の乳幼児は口と唇によって世界とかかわり、世界を認識していく。[15] もちろん、それは飲食によってみずからの生存を保証しているから当然のことだ。

みなさんはハイハイしだした赤ちゃんがなんでも口にいれることを目にしたことがあるだろう。口と唇によって世界とかかわっているのだ。

もちろん、それは他の感覚ともかかわっている。感覚が未分化な赤ん坊は、対象物を口に入れながら、見た目や固さ、色や形、肌触りや匂いといったものも感じているにちがいない。とりわけ飲食は、毎回、口と唇をとおして空腹という苦痛を解除し、快感をあたえてくれる。飲食は感覚的な身体反応を呼び起こす。赤ちゃんがなにかを食べて、満面の笑みをうかべながら全身で喜びを表現しているのは、よくみる光景だ。逆にいえば、味覚では、視覚や聴覚、触覚や嗅覚がすべて作用していると考えられる。

赤ん坊や幼い子どもでは、食べたり飲んだりするさいに、こうした全感覚的刺激としての味覚がはたらいている。これが大人になるにつれ、知覚が分化し、目前の光景は視覚として、音は聴覚として、匂いは嗅覚として、肌ざわりは触覚として、味は味覚として、それぞれの別個の感覚器官をとおして別々に感じるようになると考えられている。[16]

それは、大人でも音に色を感じたり、味覚に図形を感じたりする共感覚者がいることからも推測できる。感覚刺激を感じる脳レベルでは、わたしたちはすべての感覚を連絡させ合っており、その連絡の度合いがいくつかの知覚のあいだで非常に強い人が共感覚者であると考えられる。[17]

いずれにしろ、大人以上に感覚的存在である赤ん坊や幼い子どもは、飲食行為を狭い意味の味覚だけに特化せず、全感覚的現象として受けてとめていることはまずまちがいないだろう。

最近の脳科学の一分野、ニューロガストロノミー（神経美食学とでもいうべき研究）では、こうした味覚の総合性が科学的に証明され、そのメカニズムがかなり詳細に解明されている。[18]

つまり、本来飲食行為では全知覚が身体的に反応しているのだ。あるいは、味覚という視点にたてば、味覚は他の感覚も参与する総合的な感覚であるといえるだろう。

料理は見た目というように、視覚が味覚に作用することは、とくに日本料理では昔からよくいわれてきた。また、そばやラーメンなどの麺類をすする音は日本人には美味しさの一部である。とくに、聴覚については、外国では麺類やスープを音をたてて食べることはマナー違反であるが、日本人にとってせんべいを食べるときのパリパリという音同様、これは麺類の美味しさの構成要素となっている。このことは、音をたてずに麺類を食べてみれば、すぐわかるはずだ。

じつは西洋でも音をわざとたてて飲み物を味わう場合がある。プロがワインを試飲するときだ。ソムリエがワインを鑑定するさい、少量のワインを空気とともにズズズーとすする。こうすると口中でワインの香りが広がり、ワインの質がよくみきわめられる。麺類を食べるときも、これが作用している。ズズーっとすすることで、つゆの味わいがより感じられるのだ。

さらに触覚。これも舌ざわりだけでなく、箸でつまんだときの煮た里芋の柔らかさやご飯のモッチリ具合など、すでにそこからひろい意味での飲食感覚として味覚が作用している。

そして、もちろん嗅覚。現在のニューロガストロノミーでは、味覚と嗅覚が分かちがたくむすびついて作用していることがあきらかになっており、このふたつを合わせて英語の「フレイバー」と呼び、通常「風味」と訳されている。飲食のさいに作用する感覚は、この風味を中心にさらに他の知覚も連動することが神経組織の成り立ちからわかってきた。

さらに、風味の中心になるのが、人間の場合、口中から鼻腔にぬけるさいの香りであることもあきらかになっている。

人間の嗅覚は犬をはじめとしたほかの動物にくらべ感度がいちじるしく低い。ただし、それはじかに鼻から嗅ぐ匂い、オルソネイザルとしての嗅覚でのことにすぎない。オルソネイザル嗅覚では動物にくらべてかなり劣る人間も、口に入れたものを飲み込んでそれが鼻腔へぬけるさいの匂い、つまりレトロネイザルの嗅覚にはきわめて敏感なのだ。それには、人間の進化の過程で、喉と鼻腔との距離が近づいたことが大きく関係している。他の動物にくらべて喉と鼻腔の距離が近く、レトロネイザルで感じる匂いをとらえるのに適しているのだ。

いずれにしろ、子どもほどではないが、わたしたちもものを味わうさいに、全知覚を動員し味わっていることはまちがいない。

『ぐりとぐら』の視覚や聴覚を刺激し、触覚に訴えつつ、嗅覚と味覚をはたらかせて動物たちが黄色いフワフワのカステラを味わう場面の叙述は、現代のニューロガストロノミーの観点からみても、理にかなった叙述であることがわかる。

五　谷崎潤一郎の「美食倶楽部」

これは大人を対象として味覚をテーマにした物語でも同じである。

たとえば、大正期に、「純」文学の作家としてはめずらしく実人生においても飲食に多大の関心を抱き、それを作品のなかでも表現した作家、谷崎潤一郎の初期の中編「美食倶楽部」[19]でも、同じ手法が応用されている。

「美食倶楽部」とは、上流階級の人士が美食のためにつどうある種の秘密クラブである。その会員のひとりG伯爵がこの物語の主人公だ。そんなクラブの実質上の会長であるG伯爵が中国人たちがひそかに集まる秘密の会館をみつけるのは、怪しげな雰囲気に惹かれてふと迷いこんだ東京のとある路地で(視覚)、ある建物から響いてくる心地よい音楽に導かれてのことだった(聴覚)。

さらに近づいていくと料理のえもいわれぬ匂いがして(嗅覚)、主人公はそこが秘密の会食クラブであることを確信する。匂いに導かれてドアに触れ(触覚)、入場を乞い断られると、懇願して別室にとおしてもらい、ドアの隙間から会食場面をかいまみる。

こうして中国人の秘密の料理を会得した主人公は、「美食俱楽部」の会員たちに、この世のものとは思われない料理をつぎつぎとふるまっていく(味覚)。最後にだされた料理では、食べる者の身体全体をとろかすような恍惚感がもたらされる。まさに、美とエロスに一生をささげた谷崎らしい法悦境だ。恍惚としたエクスタシーのなかで主体が解体するさまがここでは味覚をとおして描かれる。赤ん坊や幼児が飲食行為に全身で反応するのと同じである。食べる快楽がエロスと深くかかわっている行為だとわかる。

こうした根源的なエロスを演出するのが、G伯爵が中国人の秘密の会館をみつけるまでの過程に象徴的に表現されている。G伯爵がこの会館に惹きつけられていく過程には、視覚からはじまって聴覚、嗅覚、触覚が巧妙に作用していることがわかる。味覚を描くだけでなく、他の知覚すべてが動員され、それが味覚に収斂する。そんな巧妙な描写である。

ふだんの食事においても、料理がでてくれば、まず目で味わい、匂いを嗅いで食欲が刺激される。

ときには調理の音や（たとえば天ぷらを揚げる音）や食べるさいの音（たとえばそばをすする音）が食欲をそそり、おにぎりや鮨の指ざわり（触感）がおいしさを予感させる。あらためて、ニューロガストロノミーの分析をまつまでもなく、飲食の快楽とは、たんに狭い意味での味覚によるのではなく、視覚・聴覚・嗅覚・触覚といった他の知覚を総動員して感じられるものなのである。

だからこそ、味覚の効果を最大限に引きだすには、いきなり味わうのではなく、他の知覚による誘導作用を演出するのがもっとも効果的な手法となるのだ。

美食家、谷崎潤一郎はそのことをよく心得ていた。そして、『ぐりとぐら』の作者も。違うのは、『ぐりとぐら』の作者が、この演出効果を単純明快な共食の物語に仕立てている点であり、谷崎はそのさきにエロス体験による主体の解体をおいた点である。

『ぐりとぐら』も「美食倶楽部」も、わたしたちが日常的に経験している味覚の他の知覚による相乗効果を、物語の展開過程に巧妙に組み込んだ作品なのだ。

違いは子ども向けか、大人向けかということ。『ぐりとぐら』が子ども向けに共食の楽しみを描いた絵本であるとすれば、「美食倶楽部」は大人向けの飲食ファンタジーになっている。ちょっとありえない筋立てや最後に登場する人の口中を女性の手が撫でまわし食べる人をエクスタシーに導く料理は、まさに美女崇拝のマゾヒスト谷崎らしい風味の大人の味覚ファンタジーであることをよくしめしている。

六　完全平等主義の世界

しかし、『ぐりとぐら』は、谷崎の作品ように、演出された味覚それ自体の強烈さを描いた作品ではない。その味覚が共有されることが重要なのだ。しかも、忘れてはならないのは、本来なら弱肉共食の食物連鎖のなかで敵対関係にある動物たちのあいだで同じ食べ物が共有される点だ。

集まってカステラを分かちあう動物は、ゾウ・フラミンゴ・イノシシ・クマ・トカゲ・小鳥・カメ・ヘビ・ワニ・モグラ・リス・カニ・シカ・ハリネズミ・ウサギ・カエル・ライオン・オオカミ・フクロウ、ネズミ（ぐりとぐら）。弱肉強食のピラミッドが組めるほど多種多様である。それらの動物たちが、ネズミというもっとも弱者に位置する立場のものが提供する料理を仲よく分かちあう。

精神科医の大平健（一九四九―）は、飲食の在り方を童話や絵本の実例にそくして検討した『食の精神病理』で、飲食には「食う」で表現される攻撃的な側面と、「食べる」で表現される交流的な側面とがあるとしたうえで、「食べる（食う）／食べられる（食われる）」関係と「食べさせる／食べさせてもらう」関係を軸に、いろいろな作品の飲食の成り立ち、つまり飲食にかかわる主体と飲食行為との関係性（飲食の構造）の分析を試みている。[20]

ところで、このような飲食の構造という視点からみた場合、『ぐりとぐら』の世界には、「食う／食われる」という飲食の攻撃性がまったくみられないことがわかる。あるのは「食べさせる／食べる」の飲食の交流性だけだ。

しかも、「食べさせる側」も「食べる側」といっしょになって同じものを食べる。「食べる者」同士の交流だけでなく、「食べさせる者」と「食べる者」との交流も描かれている。その意味で、『ぐりとぐら』は完全平等主義の世界であり、究極の共食の物語なのである。

ただ、注意したいのは、弱者も強者も仲よく同じものを食べるという単純な平等主義ではない点だ。本来なら弱者であり、飲食の攻撃的関係のなかで、「食べられ」てしまうネズミが、「食べさせる側」にまわっているからだ。

大平健が指摘しているように、「食べさせる／食べさせてもらう」という関係は、もともと上下の関係である。「食べさせる者」は、「食べさせてもらう者」より上にいて、強い権力をもつ。「おれが食べさせてやっているんだ」という、世の男性が妻や子どもに対していうかつてのセリフを思いだしてほしい（いや、いまもそんなことをいっている男性がいるって？　ぐりとぐらを見習わねばいけませんね、そんな男性は）。

『ぐりとぐら』では、ネズミというもっとも弱い存在が、本来ならネズミを食べてしまいかねない天敵であるライオンやクマ、ワニやヘビ、オオカミやフクロウといった肉食動物に食べ物ものをあたえ、「食べさせる側」となる。しかも、あたえられるのは、ふんわりと黄色く焼きあがった美味しい「かすてら」だ。この完全で理想的ともいえる平等世界は、じつは、弱者が「食べさせる側」になるという逆転の構造を内包している。

『ぐりとぐら』の完全平等主義は、この飲食の攻撃的関係の交流的関係への転換を前提にして成り立っていることを忘れてはならない。それはあらかじめあたえられた自然なものではく、通常はおこりえない関係の転換によって作りだされたものである。

ここがいつも「食べさせられる側」にいる子どもたちに、この物語が受ける理由であるように思う。ふだんの生活で親に「食べさせられる」ばかりの子どもたちは、ぐりとぐらに自分をかさね、食べ物を「食べさせる」ことで、大人たちのようにふるまう自分を感じているのではないだろうか。ままごと遊びで、多くの子どもたちが「食べさせられる側」より「食べさせる側」を好むのも、多分、同じ理由からだ。

そして、この逆転のポイントは、おいしいカステラである。おいしいカステラがなければ、ぐりとぐらが食べられてしまったかもしれない。しかし、おいしいカステラの味を知った動物たちは、これからもぐりとぐらを食べることはないだろう。彼らを食べるより、彼らにおいしいカステラを作ってもらったほうがいいからだ。

ぐりとぐらの料理の智恵と技術がこの逆転を生み、理想的な共食を作りだした最大の要因といっていい。弱者も弱肉強食の世界で生き残ることができる。ただし、それには知識を身につけ、それを実践できるという条件が必要になる。子どもが現実世界で生きていくのに必要な智恵を身につけるよう呼びかけているのだ。この点では、大平健が注目した『三びきのこぶた』の物語と同じ構造が、より隠されたかたちで『ぐりとぐら』にも見出すことができる。

ただ、『三びきのこぶた』がその智恵の獲得過程自体を物語化したのに対して、『ぐりとぐら』では、それがもたらす理想的な世界が完全平等主義として描かれる。『三びきのこぶた』では、結末部分で暖炉に落ちたオオカミがこぶたに食べられてしまう。弱者と強者の完全な逆転である。一方、『ぐりとぐら』では、弱者が「食べる側」でなく「食べさせる側」となり強者といっしょに同じものを食べる。ここに、このふたつの作品の違いがよくしめされている。

弱者の知恵によるすべての生き物の平和な共存。これが『ぐりとぐら』の描く完全平等主義の世界であり、その共存を象徴するのが弱者の作った食べ物の共食なのである。

七　父親不在の家庭の食卓

しかし、ここにしめされたイメージ、作者の〈感性〉は、そのまま時代の〈心性〉ではない。この絵本が刊行されたのは、一九六〇年代。時代は高度経済成長のまっただなかにあった。当時、マスコミでは、遅くまで残業し休日もはたらく男性サラリーマンが「モーレツ社員」と形容されていた。もちろん、「モーレツにはたらく会社員」という意味だ。

すでに高度経済成長時代の初期の昭和三十三年（一九五八年）二月五日朝刊の『読売新聞』の「女の言い分　男の言い分」という投書欄には「仕事と心中する気なの」というタイトルの投書が紹介されている。内容は「数年来、休日なしの仕事、仕事、朝出たら帰宅はいつのこと、車を駆ってとびまわり、酒席の交際、不規則な食事、睡眠不足とお定りのコース」で「肝臓病になり」、「全快するまでまあ二年と宣言されて、一とき、シュンとなった」夫の仕事漬けを嘆く四十二歳の主婦の訴えである。

高度成長期には、こうした男の姿は当たりまえだった。当然ながら、家庭の食卓ではお父さんは不在であることがふつうだった。お父さんは、会社でよりよい成果を上げようと頑張り、遅くまで残業し、ときには休日出勤もいとわなかった。それは家族のためでもあった。必死にはたらけば、企業の業績が上がり、自分の給料も上がる。ボーナスもたくさん支給され、その給与で家族全体が養え、さらに戦後つぎつぎと売り出された家電製品を購入できて生活も豊かになった。だからこそ、母親も一生懸命に家で家事と子育てに専念した。このような分業がもっとも合理的だったからだ。一章でも述べたように、家族社会学者の落合恵美子がいう、夫が外ではたらき妻が専業主婦となる「近代家族」である。[21]

「昭和60年間の世相語　人それぞれの自分史・世間史」と題された、一九八六年四月五日の『朝日新聞』朝刊の記事は、文字通り昭和の六十年間の世相を表現する言葉を一年ごとにしめして解説したものだが、その「昭和44年（１９６９年）」の世相語には、三年後の沖縄の本土復帰をひかえて話題になった「沖縄選挙の年」と並んで、「オーモーレツ」があげられ、「ガソリンのＣＭオーモーレツ」が「黄金の60年代のモーレツ社員の挽歌（ばんか）となった」と解説されている。

この年、猛スピードで走る自動車が巻きおこした風で、モデルでタレントの小川ローザの純白のミニスカートがまくれ上がり、「Ｏｈ！モーレツ」と叫ぶ丸善石油（現コスモ石油）のハイオクガソリンのCMが一世を風靡し、子どもたちもしきりに「Oh！モーレチュ」という言葉を発していた。当時、中学生だったわたしもこのCMの強烈な印象をいまもよく覚えている。

しかし、この記事ではこのCMが「60年代のモーレツ社員の挽歌となった」といわれているものの、父親の仕事漬けはその後もつづいていく。それをしめす記事も少なくない。

昭和四十五年（一九七〇年）には、『読売新聞』の連載コラム「職場砂ばく」の九月十八日の回では、「ウマのように働き——突然昇進いや、あの世へ」というワーカホリックの男性の悲惨な急死が紹介され、「急死、10年で2倍に」（六面）と伝えている。

さらに、同じ年の十二月八日の『読売新聞』には、「マイホーム社員 モーレツ社員 結局はおなじこと？」という記事があり、マイホーム重視のサラリーマンも家族を養うためにはたらかねばならない点でモーレツ社員と同じだとしつつ、「全体でとらえれば、まだモーレツ性が優勢だが、しだいにマイホーム性が力を得つつある」（二六面）と予測している。

少なくとも、一九七〇年代になっても家庭の食卓には父親はかなりの頻度で不在だった。

厚生労働省が昭和二十年（一九四五年）から毎年おこなっている「国民栄養調査」の昭和四十九年（一九七四年）の報告書には、当時の家庭での共食状況を知るのに好都合な調査結果がある。「3日間のうち夕食を家族そろって食べた回数」を居住地の人口別に集計した統計だ[22]。それによると十大都市では、「3回とも全員そろって食べた」が四七・八％、「2回は全員そろって食べた」が一七・二％、「1回は全員そろって食べた」が一三・七％、「1回も全員そろって食べなかった」が二一・三％となっている。家族のだれが不在だったかはしめされていないが、時代の世相を考えると、その多くは父親だと考えていいだろう。家族の共食頻度は大都市では、半分以下であることがわかる。

このデータをみると、共食頻度は、居住地の人口規模が小さくなるにつれて上昇しているが、それでも全体としても三日間の完全共食率は五二・一％で、ようやく過半であるにすぎない。

一九七〇年代には、二度のオイルショックで、世界的にみて低成長時代に入っている。この「国民栄養調査」は、一九七三年から一九七四年にかけて日本を襲った最初のオイルショックの時期におこなわれている。そんな不況の時代にあっても調査の数字は、あいかわらず家庭での共食がけっして多くないことを示唆している。

日本では、このあと、一九八〇年代から一九九〇年代初頭までつづくバブル経済のために、むしろ仕事中心のライフスタイルと感性は一九九〇年代まで維持された。

事実、一九八五年以後、『朝日新聞』には、日本のサラリーマンのモーレツぶりを伝える記事が定期的に掲載されている。

これらの記事や統計からは、『ぐりとぐら』が描く共食は、現実においては各家庭で実現されていたとはいいがたいことが読みとれる。

まさに時代は経済優先の出世競争の時代であり、『ぐりとぐら』の完全平等主義とは裏腹だった。

こうした時代背景を考えると、この楽しい共食の物語は、共食の楽しさより経済活動が優先されるなかで、あるべき飲食の姿、あってほしい飲食の姿を描いた作品であったことがみえてくる。その意味で、この作品には実現困難なゆえにこそ希求される共食の理想像としての当時の人びとの〈心性〉が表現されているといえるだろう。

ただ、あえて先程の弱者と強者の潜在的な逆転現象という点だけをとりだせば、弱肉強食の競争社会のなかで知識と実践の重要性を主張する『ぐりとぐら』の物語は、「モーレツ社員」の出世主義、より豊かな生活をもとめて経済活動に邁進する人びとの姿に対応しているともいえるだろう。

しかし、『ぐりとぐら』がテーマとするのは、その逆転自体ではなく、あくまでもそれによってもたらされる理想の共食世界である。モーレツ社員には、むしろ『三びきのこぶた』のほうがふさわしい。やはり、『ぐりとぐら』は、時代の理想を描いた物語なのである。

こうした作品と現実とのずれに呼応するかのように、『ぐりとぐら』が描いた楽しい共食が一定程度実現されるのは、じつは高度経済成長が一段落し、経済のグローヴァリゼーションによって、日本のひとり勝ちが不可能になり、高度成長期のような右肩上がりの経済成長がもはや無理とわかった一九九〇年以降のことである。時代を先取りしていたという意味でも、『ぐりとぐら』の作者の〈感性〉は時代の〈心性〉と通じていたのである。

八　日本における共食とは

もうひとつ、より根源的な問題を『ぐりとぐら』は提起している。それは、日本における共食の意味と役割という問題である。

日本の食事はもともと銘々膳の個別配膳であり、父親と長男は脚が長く高い膳におかずが一品多くつくという事実に象徴的にしめされるように、家族間の地位の違いを確認し、家族内の秩序と道徳を訓育する場であった。これは公的な宴会においても、身分の差による膳や料理（おもに料理の数）の違いとしてみられるものであった。封建的な身分秩序の確認の場に、飲食が用いられたのである。子どもの欲求の社会化と同じく、大人にとっても飲食は欲求を社会化し、家庭内の秩序を可視化する恰好の場面であった(23)。

文化人類学系の研究によって、一部の類人猿の例外的事例をのぞいて（たとえばチンパンジーやボノボ）、共食はほかの多くの動物にはみられない人間の大きな特徴であることがわかってきた(24)。それはもっとも原初的な生理的欲求をコントロールすることで、人が社会的な存在となるということにほかならない。

こうして、共食はほぼ無条件に文化的社会的にみてポジティヴなものとみなされてきた。とくに、日本の近代においてはそうである。その源流は、家庭の民主化の一環として銘々膳を廃し、家族でひとつの食卓をかこんで楽しく食べるという団欒の奨励を主張した明治時代の社会主義者、堺利彦の『家庭の新風味[25]』にまでさかのぼることができる。

わたしたちは、『ぐりとぐら』にしめされるみんながひとつのものを食べて仲よくなる共食の在り方を、ほぼ無条件に肯定し、そこに積極的な価値を見出す。しかし、このような価値判断をうながす〈心性〉は、じつはそんなに古くからあったわけではない。かたちとして長きにわたって家族のメンバーによってともにとられてきた共同の食事があったからといって、それがそのまま「ぐりとぐら」的な共食と同じとはいえないのである。

現在の家庭での共食が団欒となっていると、かつての共食も団欒だったと思いがちだが、そうした現在の〈感性〉の過去への投影は、〈心性〉や〈感性〉の歴史を研究するアナール派の始祖のひとり、リュシアン・フェーヴルが「心理的アナクロニズム[26]（時代錯誤）」として厳しく咎めた態度である。現代の人びとの心理を安易に過去の人びとにあてはめては判断を誤りかねない。〈心性〉や〈感性〉を研究する難しさであり、また醍醐味でもある。

たしかに、日本にも人とともに食べる文化があった。古代より食事は一家が集まってとられることがふつうであった。しかし、それはいわゆる団欒、みんなが同じものを楽しく食べるというものであったといえるのだろうか。これが『ぐりとぐら』の提起する、より大きな日本における共食の問題である。

この問題については、すでに一章で詳しく検討したように、日本の近世から近代にかけて家庭では共同飲食がおこなわれていたが、それはいわゆる団欒といえるものではなかった。ここではその基層にある〈心性〉にまで遡りつつ、西洋の共食思想と比較しながらより深く考えてみよう。

九　西洋の強力な共食思想

日本にくらべ、西洋においては、共食の思想は根強い文化基盤をもっている。それは古代ギリシアのシュンポシオン（饗宴）に代表される共飲文化にはじまり、キリスト教の共食思想によって強化された。

古代ギリシアのシュンポシオンとは、ギリシアのインテリ市民たちがつどい、食事をしたあとにワインを飲みながら議論を酌み交わす宴会だった。

ちなみに、このシュンポシオンが英語に入ってシンポジウムになり、識者たちの討論会を意味するようになる。ただし、現代のシンポジウムではワインは飲まれず、せいぜいミネラルウォーターどまりである。アルコール飲料が出て懇談するのはおおむねシンポジウムのあとの懇親会である。現代のシュンポシオンは討論会と懇親会のふたつに分かれているといえそうだ。

さて、そんな古代ギリシア人やその後継者である古代ローマ人たちにとって野蛮な飲み方とは、北方の異民族（現代のフランスにあたるガリアに住んだケルト人やさらに北方のゲルマン人）たちがおこなうワインをひとりで飲むような飲み方、いわば個食ならぬ個飲、一人酒の習慣だった。[27] 飲食欲は共同体によって規制されてこそ、文化的な行為になるという強い〈心性〉がそこにははたらいている。これは古代ローマから中世のヨーロッパに受けつがれ、やがて食事のときにワインが飲まれるようになり、ワインの飲み方にしめされた共飲の思想は、共食の思想となっていく。

ここで、その共食の思想を強化したのが、キリスト教だ。キリスト教は飲食についてはそれを欲望としては戒め(いまし)ながらも、複数の人間が分かちあう場合には、そこに人と神、人と人のコミュニケーションを認め積極的に評価する。そのもっともわかりやすい事例が最後の晩餐である。イエス・キリストが処刑になるまえに弟子たちとともにとった食事で、そこでイエスはパンを自分の肉体にワインを自分の血に見立てて、それらを弟子たちに食べ飲むようにうながす。自身の味わう苦悩を追体験し、自分と一体化することをもとめたのだ。これはあきらかに一種の象徴的なカニバリズム(人喰い)である。

そしてその後、キリスト教ではこの最後の晩餐が典礼となってミサとして繰り返されていく。そこでの飲食は神との交流であると同時に、神を信じる者同士の交流でもある。生理的欲求を相互に抑制し、文化的価値を付されるかぎりにおいて、飲食は積極的に評価されるのだ。

古代ギリシヤ・ローマの文明とキリスト教文化を受けつぐ西洋で、飲食はコミュニケーションをはかる共食というかたちによってはじめて文化的な行為となるといってもいい。それほど共食の思想の強固な基盤があり、それをささえる〈心性〉が継続しているのである。

西洋史を専門とする歴史学者、木村尚三郎(一九三〇—二〇〇六)は、中世から近世まで長いあいだ西洋における家族とはひとつのパンや鍋を共有する集団であったとして、次のように述べている。

家族は「パンと大鍋（ポ）を一つにする。「火を起し、パンを食べる」居間（サル）、赤々と暖炉の火が燃え、そこに大鍋がかけられている居間が、長いあいだ家屋と家族の中心であった。その大鍋で作るものが、ポタージュである。要するに野菜とか雑穀、パン、豚の脂身などを入れ、家畜の乳で煮込んだ雑炊である。そしてこのポタージュが、もともとヨーロッパ人の日常食であった。「パンを分け合う人々」とは、したがって「ポタージュをすすり合う人々のことであり、これこそ家族の基本であった。日本流にいえば「一つ釜の飯を食う」仲間ということになる。[28]

このように、西洋における家族は共食する集団であり、共食することで家族が生まれるという感性はいまもきわめて強い。

たしかに、日本でも家族は「ひとつ釜の飯を食う」仲間であるが、それはパンを入れたポタージュの分かち合いの平等性とは異なり、家族の構成員個々人に飯が盛られ、膳も家族での地位によって大きさや高さが異なり、おかずさえもが違っていた。家族をしめす表現が似ていても、日本の食事は西洋の共食とはかなり異なっていたのである。

さらに西洋では、こうした共食の感性は、それが絵画や文学などの現実を再現する表象芸術[29]で繰り返し描かれることで強調されてきた。

ワインを飲みながらの古代ギリシアの討論会シュンポシオンの記録は、哲学書として何冊も後世に伝えられている。そのもっとも有名なものが、みなさんもよくご存知のプラトンの『饗宴』である。この著作はエロスをめぐってソクラテスをはじめとする当時の識者たちが意見を交わした対話の記録である。対話篇ともよばれる古代ギリシア哲学書の多くは、こうしたシュンポシオンの記録なのだ。西洋の哲学はこの古代ギリシア哲学を始祖とする。プラトンの『饗宴』が書かれたのは、なんと紀元前五世紀である。

こうして共食思想は哲学という文化の最高の形態とむすびつき、それが著作というかたちで残されたことで、決定的に共飲共食して語り合うということが文化的な行為、人間的な営みであるとイメージされ価値づけられていく。共食が文化的にプラスのものであるという社会的に共有された表象を、広い意味での表象芸術が作りあげていったのだ。

さらに、最後の晩餐に象徴的にしめされるキリスト教的な共食も、中世から絵画によって何度も表現されてきた。もっとも有名なものが、十五世紀末にレオナルド・ダ・ヴィンチが北イタリアの修道院の食堂の壁に描いた『最後の晩餐』である。もちろん、ダ・ヴィンチ以前にも「最後の晩餐」を描いた画家はたくさんいるし（イタリアのドゥッチョやジョット）、その後も多くの画家が題材として取りあげている（たとえばフランスのフィリップ・ドゥ・シャンパーニュ）。

ダ・ヴィンチの『最後の晩餐』が有名になったのは、もちろんダ・ヴィンチの画家としての卓越さもあるが、劇的な効果を表現するために遠近感を強調し人物全員を横並びにしたその構図のためだった。

いずれにしろこうした多くの宗教画によって、つどう人びとの絆を強くする共食の表象はさらに強化されていった。

フランス文学においても、十九世紀のバルザックやフロベール、モーパッサンやゾラといった作家たちの小説には物語のなかで重要な場面としてしばしば共食が描かれる。そこではいつも人が出会い、交流する。ときには、そこで愛憎がうずまき、嫉妬や羨望が描かれる[30]。

現代では、この共食を表現する伝統は、フランス映画に引き継がれている。たとえば、ローラン・ベネギ監督の『パリのレストラン』(一九九五年)はその典型だ。この映画の舞台は最初から最後までレストランである。レストラン閉店の前日にレストランのオーナーシェフの息子の友人たちがこのレストランにつどい、前菜からメインをへて、チーズ、デザートと食事が進むなか、つどう人びとの過去がフラッシュバックで挿入されることで彼らの人間関係が描かれ、レストラン閉店の理由もあきらかにされていく。すべてが一晩のディナーに凝縮されている点で、まさに究極の共食映画である。

こうして描かれ再現される共食の場面が、共食の表象をより強化していく。そのことによって共食は基層となる〈心性〉となり、食事のさいの当たりまえの価値観となったといえるだろう。

これに対して、日本の表象芸術では、飲食物は描かれても、飲食という行為はあまり描かれない。飲食行為は、すでにみたように、ハイカルチャーではなく周縁的なジャンルで描かれるようになり、その傾向がハイカルチャーに還流する。飲食場面を描いた谷崎潤一郎や開高健はむしろ例外だった。

ともに食事をとる文化をもちながらも、日本では伝統的にそのような強固な思想基盤も、共食を楽しもうとする強い〈心性〉もなかったのではないだろうか。むしろ、すでに指摘したように古層にあるのは「けがれ」意識という〈心性〉であり、現実の食卓は社会秩序の訓育の場として機能していたように思われる。

一〇　共食をもとめる思想

またたからこそ、石毛直道をパイオニアとして日本の多くの文化人類学者によって、共食を人間の特徴として積極的に評価するという主張がなされ、それが近代以降徐々に受け入れられてきた西洋的な共食の〈心性〉を補強し、共食の思想ならぬ共食の理想となったともいえそうである。文化人類学者の主張は、先の堺利彦の団欒信仰を学問的に補うものであるといったらいいすぎだろうか。

一章で述べたように、石毛直道ら日本の文化人類学者たちの研究によれば、大正期に銘々膳がチャブ台にかわっても、いわゆる「ぐりとぐら」的な団欒としての共食はなく、あいかわらず銘々膳的な食事であり、食事中の会話はつつしむのが一般的だった。団欒と称されるコミュニケーションの食事ではなく、家庭という社会的秩序を訓育する場としての共同飲食であった。

これが決定的に変化して、食事での団欒が現実のものとなったのは、ダイニングテーブルが都市の中産階級に普及し、チャブ台にほぼ取ってかわった一九七〇年代ごろであると石毛直道は分析している[31]（一章参照）。

そしていまでは、その団欒も子ども中心となり、さらにテレビをみながらの団欒へと変化し、一九八〇年代になると「個食」あるいは「孤食」という現象がクローズアップされてくる。

『ぐりとぐら』では、強きも弱きもみな同じカステラをいっしょに食べる。まさに楽しい団欒、みんなが仲よく楽しく交流する場としての共食である。しかし、日本の食卓において、このような共食が志向されたのは、比較的新しい近代以降のことであり、『ぐりとぐら』の描く楽しい共食への〈心性〉が大人の社会の現実となったのは、その刊行よりあとのことであった。こうして、『ぐりとぐら』に描かれた団欒的共食の〈感性〉はやがて時代の〈心性〉になり、さらに時代の現実となっていった。

しかし、そのような共食は、それが実現されるや、すでに別の孤食といった問題にむしばまれだす。こうして、「ぐりとぐら」的共食は、またもやあるべき食卓の姿になっていく。このような日本における共食の脆弱(ぜいじゃく)さは、もともと日本人は良くも悪しくも西洋のような強い共飲共食思想に裏打ちされた共食への根深い〈心性〉をもたなかったからではないだろうか。『ぐりとぐら』の受容の背景を探ると、そんな疑問がわいてくる。

いずれにせよ、つかのまの実現だったからこそ共食はもとめるべき理想の家庭像となり、そのため『ぐりとぐら』が読みつがれているといえるのかもしれない。

□注

（1）アナール派の著作は、フィリップ・アリエス、アラン・コルバンなどをはじめ多くの著作が邦訳されている。ここではフランスのアナール派の歴史家と日本人の研究者による二冊の入門的著作（前者は邦訳で読めるもの）をあげておく。L・フェーヴル、G・デュビィ、A・コルバン著、小倉孝誠編、大久保康明、小倉孝誠、坂口哲啓訳『感性の歴史』藤原書店、一九九七年（原論文一九三九―八三年）。福井憲彦『「新しい歴史学」とは何かアナール派から学ぶもの』講談社学術文庫、一九九五年。

（2）この点については文化人類学者西江雅之（一九三七―二〇一五）の以下の著作がとてもわかりやすい。『「食」の課外授業』平凡社新書、二〇〇五年。とくに、「第二話「食べ物」は「文化」である」（二九―四八頁）、「第三話 食べ物とコミュニケーション」（四九―七一頁）を参照。

（3）ピエール・ブルデュー著、石井洋二郎訳『ディスタンクシオン 社会的判断力批判 I II』藤原書店、一九九〇年（原著一九七九年）。原著は Pierre Bourdieu, *La Distinction critique sociale du jugement*, Les Éditions de Minuit, 1989. ブルデューにおいて本来「性向」と「ハビトゥス」は微妙に異なる概念だが（石井洋二郎『差異と欲望 ブルデュー『ディスタンクシオン』を読む』藤原書店、一九九三年、一二九―一三六頁）、ブルデュー自身が「性向（またはハビトゥス）」というようにほぼ近似の概念としてあつかっている（石井洋二郎『ブルデュー『ディスタンクシオン』講義』藤原書店、二〇二〇年、二七〇頁、二七三頁。なお、『ディスタンクシオン』の訳者でフランス文化と文学の専門家である石井洋二郎（一九五一―）の右の二冊のブルデュー理論の解説書はブルデュー入門として好著である。

（4）Pierre Bourdieu, *ibid.*, p.85. 前掲邦訳書『ディスタンクシオン I』、一二四頁。原文にあたって石井の訳を一部改変した。

（5）山口佳紀、神野志隆光校注・訳『古事記 新編 日本古典文学全集 1』小学館、一九九七年、六七―六八頁。なお、日本の古典については、原文・訳・注の充実した『新編 日本古典文学全集』（小学館、一九九四―二〇〇二年）を参照した。

（6）小島憲之、直木孝次郎、西宮一民、蔵中進、毛利正守校注・訳『日本書紀① 新編 日本古典文学全集 2』小学館、一九九四年、五九―六〇頁。

（7）熊倉功夫「食文化史における思想」、石井直道監修、豊川裕之責任編集『講座 食の文化史 第六巻 食の思想と行動』味の素食の文化センター、一九九九年、二九―四九頁。

（8）小島憲之、木下正俊、東野治之校注・訳『萬葉集② 新編 日本古典文学全集 7』小学館、一九九四年、五九―六〇頁。

（9）小林保治、増古和子校注・訳『宇治拾遺物語 新編 日本古典文学全集 50』小学館、一九九六年、二四四―二四六頁。

（10）この問題は、以下の議論もふくめ次の拙著ですでに検討したことがある。『「飲食」というレッスン フランスと日本の食卓から』三修社、二〇〇七年、六二―八〇頁。

（11）原田信男『歴史のなかの米と肉 食物と天皇・差別』平凡社、一九九三年。

（12）開高健『最後の晩餐』文春文庫、一九八二年（初出一九七七―七九年）。

（13）ここで展開される日本における飲食表現（飲食の表象）の特質については、拙著『「飲食」というレッスン』（前掲）で一度論じている。今回の内容は、それをふまえたもの。

（14）中川李枝子作、大村百合子絵『ぐりとぐら』福音館書店、一九六三年。

（15）フロイト著、中山元訳『エロス論集』ちくま学芸文庫、一九九七年。とくに冒頭の「性理論三篇」を参照。三章注17も参照。

(16) ローレンス・D・ローゼンブラム著、齋藤慎子訳『最新脳科学でわかった五感の驚異』講談社、二〇一一年（原著二〇一〇年）。

(17) リチャード・E・サイトウィック、デイヴィッド・M・イーグルマン著、山下篤子訳『脳のなかの万華鏡「共感覚」のめくるめく世界』河出書房新社、二〇一〇年（原著二〇〇九年）。

(18) ニューロガストロノミーに関しては、以下の著作を参照。ゴードン・M・シェファード著、小松淳子訳『美味しさの脳科学 においが味わいを決めている』インターシフト、二〇一四年（原著二〇一三年）。

(19) 谷崎潤一郎、「美食倶楽部」、初出は「大阪朝日新聞」、一九一九年一月—二月。参照したのは、種村季弘編『美食倶楽部』ちくま文庫、一九八九年、二二三—二七七頁。

(20) 大平健『食の精神病理』光文社新書、二〇〇三年。とくに「第二章「食」の成り立ち」七一—一〇四頁。

(21) 落合恵美子『二一世紀家族へ 家族の戦後体制の見かた・超えかた［第四版］』有斐閣選書、二〇一九年（初版一九九四年）、九三—一〇八頁。

(22)『国民栄養の現状 昭和49年国民栄養調査成績』厚生省、一九七七年五月、四〇頁。なお、この年以外の報告書で、これに類する家族の共食状況をしめす調査結果は、残念ながら載っていない。このあとの「国民栄養調査成績」では、国民が頻繁に外食するようになっていく実情をうかがわせるデータが増えていく。

(23) 本書一章参照。

(24) たとえば、石毛直道『食事の文明論』中公新書、一九八二年。あるいは、二十年をすぎて書かれたその続編ともいうべき、石毛直道『食卓文明論 チャブ台はどこへ消えた？』中央公論新社、二〇〇五年。後者では、人間の特質である共食の崩壊する現代の飲食事情を前に、「共食」の重要性があいかわらず説かれているものの、かつてほど現代の人間生活を編成する強固な主導概念であるとは主張されていない点が注目される。

（25）堺利彦『家庭の新風味』内外出版協会、一九〇四年。一九七九年に『新家庭論』と改題されて講談社学術文庫の一冊として復刊されている。本書一章参照。

（26）リュシアン・フェーヴル著、小倉孝誠訳「歴史学と心理学」、前掲書『感性の歴史』、三三頁。ちなみに、テレビや映画の時代劇は、おおむねむしろ積極的に「心理的アナクロニズム」を活用し、現代人に受けるように、現代の心理を過去に投影している。たとえば、NHKの「大河ドラマ」。

（27）Gilbert Garrier, *Histoire sociale et culturelle du vin*, Bordas, 1995, p.14. ジルベール・ガリエ著、八木尚子訳『ワインの文化史』筑摩書房、二〇〇四年、一一頁。

（28）木村尚三郎『家族の時代 ヨーロッパと日本』新潮選書、一九八四年、一三五頁。

（29）日本語で「表象」と訳されるフランス語は représantation［ルプレザンタシオン］、英語は representation［リプレゼンテーション］であり、その原義は、「再度提示すること」を意味する。ここから現実を再現する絵画や文学は「表象芸術」といわれる。ちなみに、多くの学術用語が西洋語ではそうであるように、représantation も representation もそれぞれの言語ではごくふつうの言葉である。

（30）拙著、前掲書『「飲食」というレッスン』、「五章 西欧の人々が飲食をどうとらえてきたか」、一八〇―一九九頁。拙論「共食の思想、個食の快楽――フランス文学における飲食の表象について――」、『日仏文化』、No. 76、日仏会館、二〇〇九年、二八―五一頁。

（31）たとえば、井上忠士「茶の間文化論」や石毛直道「食卓の変化」などの論攷。ともに、祖父江孝男、杉田繁治編『現代日本における伝統と変容 一 暮らしの美意識』ドメス出版、一九八四年所収。石毛直道「家族と食事――20世紀日本の食をめぐって――」、生活科学研究誌、大阪市立大学生活科学部同窓会、Vol.3 二〇〇四年。あるいは、石毛直道監修『講座 食の文化』（全七巻）味の素食の文化センター、一九八八―八九年、所収の諸論文を参照のこと。

第六章　いただきまーす！　アンパンマン

——日本的な飲食の感性を体現するヒーロー

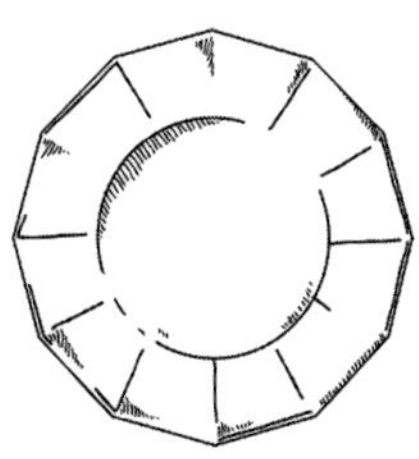

一　顔を食べさせるヒーロー

アンパンマンはとてもユニークなヒーローである。なんといってもヒーローが自分の顔を食べさせるのだから。

アンパンマンが絵本に登場した一九七〇年代、日本のテレビやアニメはすでに数々のスーパーヒーローを生み出していた。一九五〇年代後半には『月光仮面』や『七色仮面』といった、仮面をつけたヒーローが活躍するテレビドラマが人気を博している。日本でも一九五六年からテレビ放映されていたアメリカ製ドラマ『スーパーマン』の日本語版だ。一九六〇年代になると、不朽の名作であるアニメ『鉄腕アトム』が、同じ時期にテレビで放映された『鉄人28号』とともに子どもたちを魅了する。わたしも、アトムと鉄人に魅せられたそんな昭和の子どものひとりだった。このロボットを主人公にした二作は、その後『機動戦士ガンダム』や『新世紀エヴァンゲリオン』にまでつづくロボットアニメという日本独自の伝統を作りだした。

科学技術が社会に幸福をもたらすという科学のプラスイメージを体現するロボットヒーローは、人間の友人としてロボットに親近感を抱く日本独自のロボット文化にも大きく貢献した。彼らはマンガやアニメといった日本で発達した表現媒体をとおして描かれただけでなく、内容面でも日本的な変容を受けたヒーローであり、日本人の感性に依拠しつつ、日本人の感性に大きな影響をあたえた存在として重要だ。さらに、一九六〇年代後半からは『ウルトラマン』や『仮面ライダー』といった特撮を使ったテレビドラマも放映されて、日本的なヒーローはますます多様化する。

アンパンマンが絵本としてひそかに出発したとき、日本のスーパーヒーローたちはだれもが強大な敵と華々しく戦い、高度成長で潤う日本を守るため、悪者たちを打ち倒していた。それにくらべてアンパンマンはどうだろうか。ひもじい思いをしている人のもとに下り立ち、みずからの顔を食べさせていたのだ。しかも、贅沢な食べ物とはいいがたいあんパンを。

同時代のヒーローたちとくらべてみると、アンパンマンのユニークさがいちだんと際立っていることがよくわかる。しかし、ほかのヒーローたちが多少なりとも日本的な変容をこうむったヒーローであったように、アンパンマンも日本的な感性を表現したヒーローであることを忘れてはならない。いや、ほかのヒーローたち以上に日本人の感性の基層、あるいは感じ方の母型（心性）とつながっている。飲食に対する感性である。

二　アンパンマンに込められた〝本当の正義〟

アンパンマンの独自性は、当初から作者によって十二分に意識されていた。一九七三年に絵本として『あんぱんまん』(1)をだすものの「大悪評で、出版社からは「アンパンマンの絵本はこれ一冊で、もう描かないでください」(2)といわれたと、作者やなせは自伝的エセー『人生なんて夢だけど』で語っている。しかし、やなせはその後もアンパンマンをどうしても忘れられず、自身の編集する月刊誌

『詩とメルヘン』で「熱血メルヘン　怪傑アンパンマン」を一九七五年一月から翌年の五月まで一年半にわたって連載している。これは「熱血メルヘン」と副題があるように、一種の大人向け童話である。また、同じ一九七五年十一月には、最初の絵本が大人たちに不評だったにもかかわらず、フレーベル館から「フレーベルのえほん　9」として、『それいけ！　アンパンマン』を刊行している。さらに、一九七六年九月からは、やはり自身が編集している幼児向けの雑誌『いちごえほん』でも、「あんぱんまん」を、同誌が終刊となる一九八二年七月まで連載している。こちらは幼児向けということもあってここではじめてマンガ形式になる。作者のやなせがアンパンマンに強い愛着を抱いていたことがよくわかる。

「怪傑アンパンマン」の連載終了の翌月号に書いた「アンパンマン雑記帳」で、やなせはアンパンマン執筆の動機について、「あたりじゅうメチャメチャに踏み荒しても、被害者に謝りにいったりしない」スーパーヒーローたちへの違和感を表明し、「本当の正義とはいったい何だろう」[3]と問いかけ、「我々が本当にスーパーマンに助けてもらいたいのは、たとえば、失恋して死にそうな時、おなかがすいてたおれそうな時、あるいは旅先でお金がなくなった時、その他いろいろあるわけで、そういうこまかいところに気がつく優しいスーパーマンがいてほしい」[4]と述べている。

このあと、やなせは子どものころ遠出をして財布を落とし、ひもじく寂しい思いで遠い道のりを歩いて帰ろうと思っていると、友だちとその母に出会い、買ってもらったあんパンが体と心に染みわたったという体験を語っている。

世間の悪と戦う大文字のヒーローではない、弱い人を人知れず救う小文字のヒーロー。それがアンパンマンなのだ。

じつは、この「熱血メルヘン 怪傑アンパンマン」（以下、怪傑アンパンマン）では、アンパンマンの誕生と活躍だけでなく、作者やなせの分身であるヤルセ・ナカスがそのアンパンマンを連載マンガに描こうとする経緯も語られている。「怪傑アンパンマン」はアンパンマンの誕生とアンパンマンという物語の誕生とを同時に描いた作品なのだ。

二重の誕生物語「怪傑アンパンマン」は、アンパンマンというヒーローのレベルでは、アンパンマンがみずからの使命を自覚していく物語である。作中で「なぜ、ぼくはなんのために生れたのか。ぼくの生きる目的はなんだろう[5]」と自問するアンパンマンは、鷲に襲われ、顔の一部をえぐられたとき、「ふるえるほどの恐怖と絶望を感じたのに、それだけじゃない。心の中にうれしさがある」ことに気づき、「なんともいえない恍惚としたよろこびがふきあげ」、「もっと喰べられたいというおもいにかられる[6]」。あんパンでできたアンパンマンが自身の使命を自覚した瞬間だ。事実、このあとアンパンマンは海上で遭難した人類学者に自身の顔を差しだし、彼を救っている。

やなせが『アンパンマンの遺書』で「まったく構想をたてないで行きあたりばったりに書いていくものだから、支離滅裂なお話になってしまった[7]」というように、筋が膨張して収拾がつかなくなって終わる「怪傑アンパンマン」だが、アンパンマンがアンパンマンになっていく過程を語った物語として非常に重要だ。しかも、この作品はアンパンマンがヒーローとして無視され、それを描いたヤルセ・ナカスのマンガも認められないという、アンパンマンやその物語が当時の世間に受け入れられない事態そのものも描いている。そこにはアンパンマン的な小文字のヒーローの物語とその受容の問題が、いくえにも織り込まれているのだ。

三　なぜ〝あんパン〟だったのか

ところで、絵本の『あんぱんまん』以前にアンパンマンはすでに存在した。やなせ自身の証言によると、最初のアンパンマンは一九六〇年代に五分間のラジオコントの台本のひとつとして書かれたという。[8]ただ、これは本人もどういうものだったか覚えておらず、記録も残っていない。いま残っている最古のアンパンマンは、月刊『ＰＨＰ』の一九六九年十月号に発表された挿絵入りメルヘン「アンパンマン」だ。この作品は、同誌に発表された他の十一篇とともに翌一九七〇年に刊行された『十二の真珠』[9]に収録されている。

ここに登場するアンパンマンはあんパンを模した衣装を着込み、お腹からあんパンをだして配るおじさんだ。あくまで人間という設定である。出会った子どもにあんパンを差しだすが、お腹がいっぱいだし、ソフトクリームのほうがいいと、もらってもらえない。しかも、「世界マンガ主人公かいぎ」を開いていたスーパーマンには、ニセモノとして告発されてしまう。その後、戦争のつづく国にあらわれ、飢えた子どもたちに空からあんパンを配るが、飛行機と間違えられてあえなく高射砲で撃たれてしまう。なんだか、アンパンマンのようなヒーローが当時の日本には居場所がないことをしめす、少し悲しい内容だ。

総務省統計局は、戦後、ふたり以上の一般世帯の『家計調査報告』を毎月刊行しており、そのパン類の項目に一九五四年（昭和二十九年）から食パンとその他のパンにくわえてあんパンが登場している。あんパンの世帯単位の年間消費量は四・八四五キロの一九五四年を頂点に漸減し、一九六四年（昭和三十九年）に一キロ台に落ち込み、一九六八年（昭和四十三年）にはあんパンという項目自体がなくなっている。そして、一九六九年（昭和四十四年）には、あんパンと入れ替わるように、菓子パンという項目が登場する。アンパンマンが世の中に登場した一九六九年は、それまでパン類消費の中心だったあんパンが国の統計から姿を消し、多様な菓子パン文化が開花しつつある時代だった。

しかし、あんパンは明治初期に木村屋の創業者木村安兵衛とその息子の英三郎が日本古来の米麹(こめこうじ)をパンに応用して、六年の試行錯誤ののちに生み出した日本的な西洋食の先駆である。あんパンの創作と受容の過程を詳述した岡田哲『明治洋食事始め』は、「安兵衛と英三郎があんパンをつくらなかったならば、その後の日本のパン食文化は、どのような展開になったのがあやぶまれるほど、それほどに画期的な発明だった[10]」と日本の飲食文化におけるあんパンの重要性を力説している。安価なあんパンは人気を呼び、日本的菓子パン文化の展開へとつながっていく。戦前にあんパンに親しんだやなせだからこそ、パンといえば、あんパンだったのだ。

やなせは、『読売新聞』に複数回にわたって連載され、のちに単行本として刊行されたロングインタビューで、次のように語っている。

あんパンというのは、外側がでんぷんで中はあんこ。一番簡単でけっこうおいしい。日もちして、しかも安い。それとまた、名前がいいんですよ、「あんパン」ってね。日本人の発明の中でほとんどトップに近い[11]（後略）

やなせの高いあんパン評価は日本のパン受容史からみて的を射たものといえるだろう。その後、アニメ化されて増殖するキャラクター群も、あんパンがあってほかの菓子パンが可能となったように、アンパンマンがいてこそ意味がある。

しかし、西洋の主食であるパンに和菓子の代表的材料である餡（あん）をアレンジしたあんパンは、餡の甘さが疲れを癒し、パンの部分は飢えをしのぐよすがともなる。やなせもそうしたあんパンの特色に注目し、「アンパンひとつで遭難者が命びろいすることがある。食事にも、お菓子にもなる[12]」と述べている。

和洋折衷のあんパンは、お腹を空かした人を救うのにもってこいの食べ物でもあるのだ。

四　かじられるヒーロー

人間だったアンパンマンは、一九七三年に絵本となったときに、顔全体があんパンといういまの姿になる。

当初のアンパンマンはいまより胴体が長く、マントには継ぎがあたっていた。継ぎがある点について、やなせは『アンパンマンの遺書』で「正義のためにたたかう人はたぶん貧しくて新しいマントは買えないと思ったから[13]」と述べている。アンパンマンは、派手な装いで人目を引くヒーローとは異なる、あくまで小文字のヒーローなのだ。

ここで注目すべき点は、飢えている人にみずから顔を差しだし、その顔をかじってもらうということだ。最初にアンパンマンをかじるのは、砂漠でお腹を空かせた男の旅人で、旅人はアンパンマンが差しだした顔をかじり、元気を取り戻す。かじられて顔のほぼ半分がなくなったアンパンマンは、次に森で迷子になり、お腹を空かして泣いている子どもをみつけ、背中に載せて家に送る途中、その子どもに顔をかじらせて、ついに顔全体がなくなってしまう。その後、雨にあい弱ったアンパンマンは、パン工場の煙突に墜落し、のちにジャムおじさんとなるパン作りのおじさんに顔を作り直してもらう。

絵本には、しっかりとかじられたアンパンマンの顔が描かれている。顔を差しだしてかじってもらっているため、かじられた部分は、歯型のあとがつき、生々しく不規則でぎざぎざだ。かじる行為をうながされた相手も、最初はためらいを見せる。砂漠で飢えた旅人は「そんなおそろしいことはできません」と断るし、背中に乗った子どもも「かおがなくてもだいじょうぶなの」と心配する。(14)

作者のやなせは『アンパンマンの遺書』で「この最初の絵本で、ぼくが描きたかったのは、顔を喰べさせて、顔がなくなってしまったアンパンマンが空を飛ぶところだ(15)」と述べている。自分を犠牲にして相手を助ける姿を描きたかったのである。自分を相手に食べてもらう、これほどわかりやすい自己犠牲もない。しかし、助けられる人びとは弱い立場の善良な人たちだから、このようなあきらかな自己犠牲にためらいを感じる。作者はそうした反応もしっかり書き込んでいる。

こうして顔をなくしたアンパンマンはエネルギーを失って弱ってくる。やなせはさきほど引用した文章につづけて、「顔がなくなってしまったアンパンマンは、エネルギーを失って失速する。この部分が描きたかったのだ(16)」とも述べている。エネルギーを失い弱ったアンパンマンは、アンパンマンの行為がまさに自己犠牲であったことをしめしている。

すでに、一九七三年に「キンダーおはなしえほん」としてはじめて刊行された『あんぱんまん』のあとがき「あんぱんまんについて」には、「ほんとうの正義というものは、けっしてかっこうのいいものではないし、そして、そのためにかならず自分も深く傷つくものです。そしてそういう捨身、献身の心なくして正義は行なえません(17)」と記されている。そこに込められているのは、未来の大人に向けて語った『わたしが正義について語るなら』で「傷つくことなしには正義は行えない(18)」という、やなせの重いメッセージである。

アンパンマンがかじられる姿は、絵本とほぼ同時に刊行された『アリスのさくらんぼ[19]』のメルヘン「飛べ！　アンパンマン」でも、またアニメ化以前にやなせが原作だけでなく作画もおこなっている一連のアンパンマン絵本でも、たびたび描かれている。

たとえば、一九八三年から八四年にかけて刊行された二十五冊の「アンパンマン・ミニブックス」では、アンパンマンは六作品で弱った人にかじられており、さらに丸呑みされる作品が三、みずから一部を差しだす作品が一で、全体の四割の作品でアンパンマンは食べられている。さらに、一九八七年から一九八八年一〇月のアニメ化をはさんで、一九八九年までに十五冊刊行された「アンパンマンのぼうけん」では、アンパンマンは四作品でかじられ、一作品がかじられて帰ってくる姿からはじまっている。つまり、まだ三分の一の作品でアンパンマンはしっかりかじられているのだ。ストーリーの内容を考えると、ばいきんまんと戦う物語では、アンパンマンはかじられていない。主題が敵役との戦いになっているからだ。

ところで、作曲家いずみたくの提案で音楽をいずみが担当してミュージカルになったアンパンマンについて、ＮＨＫの教育テレビの番組『知るを楽しむ　人生の歩き方』で、やなせは「子どもたちにいちばんウケたのは、このアンパンマンが頭をかじらせるところでしたね[20]」と、語っている。当時アンパンマンの絵本の表と裏の見開き頁には、さまざまな形にかじられたアンパンマンの姿が描かれており、一九八〇年に出たマンガ絵本『アンパンマン』には、だんだんかじられて最後になくなってしまうアンパンマンの九つの顔が順に紹介されている。

しかし、幼稚園の先生や評論家から残酷だとクレームがついたのも、この場面だった。その後のアニメ化では、「頭をかじらせるのではなく、頭の部分をアンパンマンが自分でちぎって「食べなさい」と渡す」[21]ようになっていく。しかも、ちぎられたあとの生々しいぎざぎさも徐々になくなり、かなりすっきりとした円形に描かれるようになる。

五　強者が弱者に差しだす

アンパンマンがかじられるというのはどういうことなのか。

前章にも登場した、童話に造詣が深く、童話を治療に利用している精神科医の大平健は、『食の精神病理』で、童話の世界を手がかりに、飲食をめぐる関係をふたつに分けている。ひとつは「食う／食われる」という攻撃的関係、もうひとつは「食べさせる／食べさせてもらう」という交流的関係である。[22]

たとえば、有名な「赤ずきん」。おばあさんに食事を届ける赤ずきんをオオカミが食べようと思い、まず先回りして赤ずきんになりすましておばあさん宅に侵入しておばあさんをパクリ、ついでやってきた赤ずきんもパクリ、しかしその後、満腹になって寝ていたところを猟師に見つかり、その猟師がふたりをお腹から救いだし、代わりに石をつめると、そうとは知らないオオカミ、目を覚まし、井戸に行って水を飲もうとして石の重さで井戸に落ちて死んでしまう。

この童話について、大平は「食う／食われる」の攻撃的な関係は、「食べさせる／食べさせてもらう」という交流の関係に勝てないというお話だと説明する。というのも、「食べさせる／食べさせられる」関係の基盤には、あたえる者からあたえられる者への愛情があるからだ。その証拠に「食べ物を贈るという意味の「饋」は「愛」という字の原義である」と大平は補足する。[23] 攻撃的関係にしかたてないオオカミは、愛情のある関係に嫉妬し、交流関係を装いながら、結果として交流関係になることはできず、死を迎えざるをえないというのだ。太平は、これに似た構図が多くの童話に見出せるという。

では、この構図をアンパンマンに適用したらどうなるだろうか。

通常のヒーローものは「食う／食われる」関係であることが多い。より強者であるヒーローが悪い敵をやっつけるという構図だ。弱肉強食の論理である。しかし、アンパンマンではこの構図が一見すると逆転している。強者であるアンパンマンが弱者である人物に食べられるのだから。ただし、ここで重要な点は、アンパンマンがみずからすすんで自分の顔を食べてもらおうと差しだすことだ。自己犠牲なのだが、そこには相手へのいたわりと愛情がこもっている。

こうして「食う／食われる」という弱肉強食の食の攻撃的な論理はじつにあっさりと無効にされ、それがそのまま「食べさせる／食べさせてもらう」という交流の論理に転換される。多くの童話が複数の人物のやりとりをとおして表現する食の交流による攻撃の無効化を、アンパンマンは瞬時にして実現しているのだ。しかも、「交流の究極の形態」と大平が定義する、自分を食べさせる「一体化」によって。

やなせは、アンパンマンがなぜ幼児にウケたのかわからないと、これまでにも引用した数多くの著作で何度も述べているが、その理由のひとつは、食の攻撃に対する交流の優位を、たったひとつのかじられる場面としてきわめて鮮明に描いているからではないだろうか。

だから、敵役のばいきんまんと戦っても、アンパンマンは懲らしめるだけで、再起不能なまでに痛めつけたり、殺したりはしない。たしかに、アンパンマンとばいきんまんは善と悪との関係だが、光と影の関係でもある。一方がいなければ他方はいないという、いわばもちつもたれるの関係にある。ばいきんまんという闇の存在があるからこそ、アンパンマンは輝くことができるのだ。

たとえば、アンパンマンには、ウルトラマンのスペシウム光線のような、多くの子ども向けヒーローがもっている必殺技がない。アンパンマンの技、アンパンチは相手を倒すための技ではなく、あくまで懲らしめるための技である。だから、アンパンマンはガッチャマンのように変身もしないし、武器ももっていない。懲らしめるには、アンパンチだけで十分なのだ。

そう、アンパンマンの世界とは、ヒーローものでありながら、日本のほかの多くの子ども向け番組やディズニーのアニメで描かれるような善と悪との完全な二項対立の世界ではない。アンパンマンワールドは勧善懲悪であっても、善者完勝・悪者滅亡の世界とはならないのである。

アンパンマンとばいきんまんは善悪の対立というより、理性ある者といたずら者、素直な人とひねくれ者の関係に近い。大人と子どもの類推と読みかえてもいいかもしれない。ただ、いたずら心は、子どもだけでなく、人間にはだれにでもあるので、それをちょっと懲らしめるのがアンパンマンなのだ。

現代の微生物学では人間に害をもたらす細菌は意外と少なく、乳酸菌のような人間に役立つ善玉菌のほうが圧倒的に多いことがわかっている。この事実をふまえ、分子生物学者の福岡伸一（一九五九―）は、大腸でコロニーを作る多くの細菌が飲食物を人間が消化できる栄養素に分解することで人間の消化活動をになっており、細菌との共存こそが、人間の生命維持に必要であると述べている。[24]

そもそも、アンパンマンのもとであるパンを作るにはイースト菌が欠かせない。この点について、やなせはエセー『もうひとつのアンパンマン物語』で、次のように説明している。

バイキンは食品の敵です。しかし実はパンを作るのもイースト菌なんです。
戦いながらアンパンマンとバイキンマンは共存しています。
ボクらの心には善と悪があります。
善と悪は戦いながら共存しています。
そのことをボクはストーリーの中に入れたかったのです。[25]

現代的な生物学の視点にたてば、「バイキンマン」は人体に有害な一般の菌だけでなく、人に有益な菌を代表していると考えていいだろう。だからこそ、アンパンマンは「バイキンマン」を抹殺せず、共存の道を探るのだ。

六　「いただく」行為から「いただきます」へ

そもそも攻撃的な食の関係をなるべく排除しようという感性は、かねてより日本人にはあった。たとえば、日本の古典文学で例外的に飲食物や飲食場面が多い『万葉集』だが、食べ物が出てくる歌を実際に読んでみると、意外と食べ飲んでいる行為自体は描かれていない。とくに動物についてはそうである。

四章で述べたように、当時すでに仏教の伝来にともなって六七五年に天武天皇によって牛・馬・犬・猿・鶏の肉を食べてはならぬと肉食禁止令がだされ、肉食への禁忌意識が強まっていた。その後、「薬食い」という口実で滋養強壮のための摂取が例外的に認められていたとはいえ、公式には明治初期までつづく肉へのけがれ意識である。ただし、貴族の狩りの対象であり、田畑を荒らす害獣だった鹿と猪は禁止の対象から除外されていた。狩りをしたら、当然貴重なタンパク源としてその肉を食べたはずである。いま以上に貴重なタンパク源だったのでなおさらだ。

では、鹿と猪を詠った歌は、どのような歌なのか。

こんなときに便利なのが、万葉学者の中西進が編集した『万葉集事典』である。[26]どんな事物がどの歌に出てくるか項目別に分類されている。鹿と猪の歌は全部で五十九首。ただし、それらはほぼすべて牡鹿が牝鹿をもとめて鳴く声に恋の思いを託して詠んだ歌である。食欲ではないもうひとつの欲望、性欲のメタファーなのだ。しかし、ひとつだけ鹿が食材として登場する歌がある。日常生活や言い伝えをテーマにした歌を集めた「巻十六」にある長歌である。

内容を要約すると、狩りで鹿をねらっていると、その人のもとに鹿がやってきて、わたしはたちどころに殺されるでしょう、ですから、わたしの角や皮を道具の材料に、肉や内臓を食材にして、どうか十二分に活用してください、と自分の身を差しだすというものだ。

食べるという能動的行為はいっさい描かれず、食べられるほうがみずからを食べる者に身を捧げるという形で描かれている。しかも、この歌は芸能を生業とした乞食が鹿の面をつけて家々をめぐり、施しを受けたさいに詠ったものだという。[27] マージナルな者が、鹿になり代わって詠った歌なのである。なんとまぁ奇妙なねじれというか、もって回った表現というか、とにかく相当な迂回表現ではある。能動的な飲食という行為が、徹底して受動的な行為として描かれているのだ。

そもそも、これまでも随所で確認してきたように、日本の神話においては食べ物自体がけがれたものとしてイメージされている。[28]『古事記』の食物誕生神話によると、神々から食物をもとめられた大気都比売神が鼻や尻から美味なものを取り出しているのを見て、汚して差しだしたと勘違いした須佐之男命が大気都比売神を殺害すると、その死体の目や陰部といった体の穴から五穀が生じたという。つまり、日本では食べ物自体が死体の体腔から生成した点で、すでに大きな問題をはらんでいるのである。

このため、日本においては、食べ物を摂取する飲食行為自体が卑しい行為とみなされ、文学表現において忌避されつつ、その一方で、この忌避意識ゆえに飲食物は情景（風情）や季節感（季語）をしめす濃密な記号となっていく。と同時に、それは食べる主体が飲食行為から秘匿されていく過程でもあった。こうして、日本の古典文学では、食べ物自体のけがれを背景に、食べる行為は秘すべきものとなり、食の直観的な表現は卑しいものとされてきたのである。

ただ、『万葉集』の鹿のように、食べられる側がみずから身を差しだし、食べていただく場合にのみ、飲食行為は表現可能となる。じつは、鹿の歌とまったく同工異曲の蟹の長歌が鹿の歌の直後にあり、これは鹿と蟹が当時宴会の御馳走であったためと考えられる。

そもそも、タベルという語は、民俗学者の柳田國男によれば、古くは「タブという動詞の受身」で、「給わる」の意であったという[29]。つまり、食べるという語自体が受動性を意味していたのだ。さらに、同じ民俗学者の宮本常一は、「メシというのは召すものという意味です」と述べ、主食も受動的にイメージされていたと指摘している[30]。

いずれにしろ、日本人は食べる行為を「いただく」行為として表象してきたのである。この感覚が現代においてもしっかり残っていることをしめすのが、食事のときに多くの人が口にする「いただきます」という言葉だ。高い食文化をもつフランスにも、イタリアにもない食卓の慣用表現である。

フランス語には「ボナペティ」という表現があるが、これは「召し上がれ」という意味で、これから食べる人の言葉ではない。あくまで招いた側、食事を用意した側が、食べる人に食べる行為をうながすために発せられる言葉である。事情は英語でもドイツ語でも同じである。人に会うと「もう食べましたか」をあいさつ代わりに口にする、フランスと並ぶ食の国、中国にも、「いただきます」にあたる表現はない。

もちろん、キリスト教をはじめとする世界の多くの宗教では食事前に神に感謝するお祈りがあり、これが「いただきます」にあたるということはできるだろう。しかし、食事の前のお祈りは日本人が思うほど欧米人がふつうにおこなっていることではなく、現代では宗教行事のさいや熱心な信者しか口にしない。しかも、こちらは自覚的に神を思い、さらにその恵みに感謝するという意識的な行為である。これに対して、日本人の「いただきます」は日常で何気なく使われる言葉であり、だからこそより根強く感性の母型（心性）として残っているともいえる。

ただし、この食前の「いただきます」という言葉も、食後の「ごちそうさま」とともに、意外とその歴史は浅いようだ。さきほどの熊倉によれば、食卓が銘々膳である箱膳から家族全員がかこむように畳の上に坐るチャブ台に変わっていく昭和初期（一九二〇年代後半）に広まったらしいと、自身も参加した国立民族学博物館が一九八三年末から一九八四年初頭にかけて大々的におこなわれた「家庭の食事にかんするライフ・ヒストリー調査」をもとに推測している。[31]

その発信源は、どうも学校教育だったようだ。熊倉は学校で教わったという人の証言を複数紹介している。事実、昭和十六年（一九四一年）に刊行され、各種女学校の礼法教科書として使用された甫守謹吾『新制現代女子禮法』には、「食事の時は、（中略）先生に一禮して「戴きます。」と挨拶し、静かに行儀正しく食事をする。終わった時にも「戴きました。」と挨拶し、一禮して静かに席を離れる」[32]とある。

門松由紀子は、こうした事例を教科書からいくつか引いて、学校教育をとおして明治後期から大正初期に「客としての礼」としてはじまった食前食後のあいさつが学校に登場し、昭和初期に家庭に広まったようだと述べている。[33]

たしかに、甫守の礼法教科書のさきほどの文章は「第二章 生徒の心得」に記されたもので、問題になっているのが学校生活の一場面であることは「先生に一禮して」という表現からもわかる。

さらに、こうした推測を確証するかのように、昭和九年（一九三四年）刊行の西川文子の『ハイハイ学校提唱講話』という学校教育の講話集には「御飯はいただきますではじめ、ごちさうさまで終りませう」という一文が掲載されている。[34]学校では食事のさいに、「いただきます」「ごちそうさま」と生徒たちが唱和させられたにちがいない。

柳田國男は、「いただきます」に込められた思いの由来を、神前での食事や貴人との会食のさいに人が謹んで食物をいただいたという感性にあると指摘している。これがやがて三度の食事にまで広がったと柳田は分析し、評論『毎日の言葉』で「イタダキマスという言葉の近頃の普及も、大半はこの考えかたに伴なうもの」[35]と指摘している。

この柳田の評論は、昭和十七年（一九四二年）から十八年（一九四三年）に『婦人公論』に連載されたたものなので、「いただきます」が当時すでにごく当たりまえの食前のあいさつになっていたことがわかる。

ところで、柳田は「イタダクという語の濫用は、料理法の放送者であったように私などは思っております[36]」とも述べている。当時ラジオでは料理番組が放送されていたので、どうもそこで「イタダク」や「イタダキマス」という表現が使われ広まったようだ。

篠賀大祐は柳田のこの指摘に注目して当時のラジオ番組を調べているが、録音も資料もなく確証はないものの、料理番組があったことは事実だと述べている[37]。

いずれにしろ、学校教育と並んで、当時しだいに普及しつつあったラジオという新しいメディアが「イタダキマス」という表現を社会に広めたことはたしかなようだ。

しかも、柳田は、多くの人が「イタダク」や「イタダキマス」を「ただの女の言葉、上品な言葉とばかり考えて」いるとも指摘しいる。当たりまえになった表現は、それを生み、それを広めた背景にある思いを忘れさせる。柳田は、当たりまえの表現の背後にある、日本人の飲食の感性を指摘し、表現の背後にあるみえにくくなった思いを人びとに思い起こさせたのだ。

いずれにしろ、歴史の浅い「いただきます」という食前のあいさつが急速に定着した背景には、そうしたあいさつにこめられた思いがすでに日本人に長く存在していたからといえるだろう。自然からの恵みを感謝する気持ちである。これは貴人との食事では、食事をふるまってくれる人への感謝となり、ひいては現代のように食事を作ってくれた人への感謝となる。

七　作り手と食べ手の関係

そう、もうお気づきになられたと思うが、アンパンマンが体現するのは、まさにこうした日本人に深く刻まれた飲食の感性（あるいは感性の持続形態である心性［本書五章参照］）である。アンパンマンは飲食を能動性としてではなく、徹底した受動性において提示する。『万葉集』でみずから身を差しだした鹿や蟹の偉大な後継者、それがアンパンマンなのだ。

しかし、あきらかに後継者は祖先よりさらに進化している。かつての鹿も蟹もいずれ人間に捕えられることを覚悟して、その意をくむかのように、みずからを食べる主体である人間に差しだした。いわば弱者が強者に進んで恭順したというかたちだ。それに対して、アンパンマンは空を飛び、みずから弱者を探すヒーローである。場合によっては、ばいきんまんやその他の敵とも戦う強者でもある。その強者が、弱者にみずからの顔を食べるよう差しだすのだ。

この自身を相手に食べてもらうというアンパンマンの行為は、日本的な共食のある極端なかたちでもある。

ここで、柳田國男の弁当についての論をみてみよう。柳田は、『明治大正史 世相編』で弁当について「弁当の原理は影膳などともよく似ていた」と述べていることはすでに指摘した。(38)

影膳（陰膳）とは、長期の旅行に出かけている人や亡くなった人など、その場にいない人の無事を祈って供える食膳である。これと弁当の原理は似ていると柳田はいう。食べ手は家にいる作り手を思いながら食べるという意味で、共食の一形態だというのだ。

弁当や陰膳から、日本人の飲食の感性においては、これまで何度も述べてきたように、かならずしも同じ空間にいて食べなくても共食となりうることがわかる。さらに、共食において重要なのは、作り手と食べ手との関係であることもみえてくる。作り手が食べ手のことを思い、食べ手がその思いを受け取ることに、共食の軸があるのだ。

アンパンマンは自分を相手に食べ物として差しだす。いってみれば、究極の作り手だ。そして、食べるほうは、アンパンマンの思いを感じながら、アンパンマンを食す。まさに相手の思いを相手の身体の一部としていただくのである。

しかも、陰膳や弁当と違い、このとき作り手のアンパンマンと食べ手の弱者は空間を共有している。いや、作り手と食べ手は食べるという行為を通じて、まさに一体化する。

ある意味、食べ物はすべて食べられる人の血肉となって一体化する。しかし、アンパンマンは人に身を差しだして食べられてしまう『万葉集』の鹿や蟹とも異なっている。鹿と蟹はみずからを食べ物として人に差しだし食べられて人と一体化する。しかし、それは一体化というよりも吸収であり、個としては消滅である。しかし、同じく自身の顔を差しだすアンパンマンは相手に食べられるが、死にはしない。自身の一部を食べ物として差しだしているだけだ。自分の一部を食べ物として相手にあたえている。その意味で、アンパンマンは食べ物の作り手なのだ。

こう考えると、アンパンマンは自分の母乳を赤ん坊にあたえる母親に似ていることがわかる。自分の一部を相手にあたえて一体化するのだから。
こうしてアンパンマンは日本的な飲食の感性を体現しているだけでなく、日本的な共食の在り方の究極形態をも表現していることがみえてくる。

八　食べることなく食べさせる日本的共食の体現

ところで、アンパンマン・ワールドには、なんと千六百ものキャラクターが登場する。(39)そんなキャラクターのなかには、アンパンマン以外にも、みずからを食べさせるキャラクターがいくつも登場する。たとえば、アンパンマンの仲間として一番古いしょくぱんまんだ。

通常、しょくぱんまんはパンや給食を運ぶだけで、みずからを食べさせることはないと思われている。しかし、しょくぱんまんを描いた最初の絵本『しょくぱんまん』（一九八二年）では、お腹のすいた子どもに太陽の日差しでトーストになった顔をスライスしてあたえている。

次に古い盟友カレーパンマンも、カレーを口からだして敵を攻撃したり、カレーライスを作ってみんなにふるまうのが得意だ。頭の丼や釜に料理の入ったてんどんまん、カツドンマン、かまめしどんも、ときとして頭の料理を人に食べられてしまう。そして、だれかに中身を食べられると力が弱くなる。この点も、アンパンマンと共通している。

しかし、彼らは顔全体を食べさせるわけではない。さらに彼らとアンパンマンで決定的に異なっている点がひとつある。それは、彼らが物を食べるのに、アンパンマンはいっさい食べないということだ。やなせ自身『わたしが正義について語るなら』で「他のキャラクターはいろいろ食べたりするけれど、アンパンマンは泣かないし何も食べない[40]」と認めている。ただ、その理由については「なぜかと言われてもなんとも言えないですけどね」と説明を避けている[41]。

アニメでアンパンマンの声を長年担当している戸田恵子も『アンパンマンになりたい私』で「丸6年になり、約300本も録音をしているのに、アンパンマンが食事をするシーンは一度も見たことがありません[42]」と述懐し、やなせたかしとの対談『アンパンマンVSアンパンマン』で「食べ物が出ると「おいしそうですね」とはいうんですよ」と食べないアンパンマンが食べる人の気持ちを理解していることに驚いている[43]。

事実、原作である絵本の『アンパンマン』には、アンパンマンの飲食シーンは一度もでてこない。アニメでも、アンパンマンは食卓につくが、食べることはない。

たとえば、ジャムおじさんとその仲間たちが集まって食事をするシーンがあっても、みんなが食事をしているのに、アンパンマンはただニコニコ笑って座っているだけだ。しょくぱんまんとカレーパンマンの前には食器が置かれているが、アンパンマンの前には食器すらみられない。アンパンマンは共食の団欒には参加するが、みずから食べることはけっしてない。アンパンマンにとって共食とは自身を食べてもらうことなのだ。

アニメ『それいけ！アンパンマン』のホームページでは、アンパンマン自身が「ぼくは、物を食べないけど、お腹はすかないんで。そのかわり、顔を毎日替えるんだよ」と語っている。頭のなかのアンコをエネルギーとしているので、物を食べる必要がないのだそうだ。

そのアンコのある頭を食べてもらうことに、アンパンマンの喜びがあり、アンパンマンにとっての共食がある。こうしてアンパンマンは日本的な共食のひとつのかたちを見事なまでに体現する。アンパンマンは食べることなく食べさせる。しかし、食べる楽しさは知っている。まさにその点で他の存在を超越した絶対のヒーローなのだ。

作者のやなせは「なぜアンパンだったか」とみずから問いかけ、「パンは外国、アンコは日本のもので、洋服を着ているが中身はまぎれもない日本人と同じだ」[44]と説明している。マントをはおり、スーパーマン風のスーツに身をつつんだアンパンマンは西洋の技術を身につけつつ（きっとアンパンマンが空を飛べるのは、そのような技術のおかげにちがいない）、どこまでも日本人なのだ。日本人である以上、日本人の飲食の感性を体現していてもおかしくはない。

しかも、アンパンマンは食品だから賞味期限がある。やなせはその事実を指摘し、「焼きたての一番おいしい時に食べてもらうのがアンパンマンのねがいであり本質」[45]であると述べている。

アンパンマンの歌というと、「なんのために生まれて　なにをして　生きるのか」[46]という哲学的な歌詞のあるアニメの主題歌「アンパンマンのマーチ」が有名だ。しかし、初期に作られた「怪傑アンパンマン」には、「おいしさだけが生きがいさ」という文句があり、リフレインは、なんと「うまいぞアンパンマン」（傍点筆者）である。

アンパンマンが、なぜ子どもたちにこれほどウケつづけているのか。おそらくその背景には、飲食という行為をいただく行為と受け取る日本人の感性があり、さらに作り手との食べ手の交流に共食を感じ作り手に感謝する思いがあり、そして美味しいものを美味しいときにいただくことを尊ぶ気持ちが作用しているのではないだろうか。

いただきまーす、アンパンマン、おいしくいただけるうちに！

□注

（1）『キンダーおはなしえほん』、一九七三年十月号、フレーベル館（『キンダーおはなしえほん傑作選8　あんぱんまん』として一九七六年に復刊）。

（2）やなせたかし『人生なんて夢だけど』フレーベル館、二〇〇五年、一九四頁。

（3）やなせたかし「アンパンマン雑記帳」、『詩とメルヘン』一九七六年六月号、サンリオ、六二頁。

（4）同誌、六二―六三頁。

（5）やなせたかし「熱血メルヘン怪傑アンパンマン②」、『詩とメルヘン』一九七五年五月号、サンリオ、五六頁。

（6）やなせたかし「熱血メルヘン怪傑アンパンマン③」、『詩とメルヘン』一九七五年七月号、サンリオ、五五頁。

（7）やなせたかし『アンパンマンの遺書』岩波書店、一九九五年、一七四頁。

（8）読売新聞解説部『時代の証言者8「漫画」水木しげる／やなせたかし』読売ぶっくれっと（no.48）、読売新聞社、二〇〇五年、四一頁。

（9）やなせたかし『十二の真珠』山梨シルクセンター、一九七〇年。
（10）岡田哲『明治洋食事始め』講談社学術文庫、二〇一二年（初刊行二〇〇〇年）、一三九頁
（11）前掲書『時代の証言者8「漫画」水木しげる／やなせたかし』、四二頁。
（12）やなせたかし著、PHP研究所編『明日をひらく言葉』PHP文庫、二〇一二年、一〇七頁。
（13）前掲書『アンパンマンの遺書』、一六九頁。
（14）やなせたかし『キンダーおはなしえほん傑作選 あんぱんまん』フレーベル館、一九七九年（初刊行一九七三年）、四頁、二〇頁。最初、アンパンマンは「あんぱんまん」と平仮名表記だった。その後、カタカナ表記となる。後年、『未来のおとなに語る わたしが正義について語るなら』（ポプラ社、二〇〇九年）で、やなせはその理由について以下のように語っている。「最初に平仮名で書いていた「あんぱんまん」をなぜ片仮名にしたかというと、ぼくの子どもの頃のパン屋さんは全部「パン」で、それが強烈に記憶されていたのですね。「ぱん」だと「まんじゅう」という食感の気がします。アンパンは日本人が発明したものです。いかにも日本的で、かたちもいいし、ファストフードにもなればスナックみたいにも使える。おやつになります。ぼくは子どもの時にアンパンが好きでした。そうやってアンパンマンが誕生しました。」（同書、一二四頁）
（15）前掲書『アンパンマンの遺書』、一六九頁。
（16）同書、一七一頁。
（17）やなせたかし『キンダーおはなしえほん傑作選8 あんぱんまん』フレーベル館、一九七九年（初刊行一九七三年）、三三頁。
（18）前掲書『未来のおとなに語る わたしが正義について語るなら』、一二七頁。
（19）やなせたかし『アリスのさくらんぼ』サンリオ出版、一九七三年。
（20）『知るを楽しむ 人生の歩き方』、「やなせたかし 正義の味方はカッコ悪い！ 横尾忠則「「少年」の心

得」日本放送出版協会、二〇〇八年、一八頁。
(21)同書、同頁。
(22)大平健『食の精神病理』光文社新書、二〇〇三年、七一―一〇四頁。
(23)同書、八六頁。
(24)福岡伸一『動的平衡2』木楽舎、二〇一八年、一二四―一三一頁。
(25)やなせたかし『もうひとつのアンパンマン物語 人生は、よろこばせごっこ』PHP研究所、一九九五年、八八頁。
(26)中西進『万葉集事典』講談社文庫、一九八五年。
(27)山口佳紀、神野志隆光校注・訳『古事記 新編 日本古典文学全集 1』小学館、一九九七年、六七―六九頁。
(28)熊倉功夫「食文化史における思想」、石毛直道監修、豊川裕之責任編集『講座 食の文化 第六巻 食の思想と行動』味の素食の文化センター、一九九九年、二九―四五頁。
(29)柳田國男『毎日の言葉』(初刊行一九五六年)、『柳田國男全集 19』ちくま文庫、一九九〇年、四三六―四三八頁。
(30)宮本常一『宮本常一著作集 24 食生活雑考』未來社、一九七七年、五〇―五三頁。
(31)熊倉功夫『文化としてのマナー』岩波書店、一九九九年、四四―四九頁。
(32)甫守謹吾『新制 現代女子禮法』金港堂書籍、一九四一年、八―九頁。
(33)門松由紀子「教科書にみる食事作法」、小泉和子編著『ちゃぶ台の昭和』河出書房新社、二〇〇二年、一五八―一五九頁。
(34)西川文子『ハイハイ学校提唱講話』子供の道話社、一九三四年、四一―四四頁。
(35)前掲書『毎日の言葉』、四三五―四三六頁。

（36）同書、四三六頁。
（37）篠賀大祐『日本人はいつから「いただきます」するようになったのか』kindle Edition、企画 平岡稔浩。
（38）柳田國男『明治大正史 世相編』講談社学術文庫、一九九三年（初刊行一九三一年）、九七頁。
（39）『アンパンマン スーパー大図鑑 1600キャラクターせいぞろい！』フレーベル館、二〇〇三年。
（40）前掲書『未来のおとなに語る わたしが正義について語るなら』、一五九頁。
（41）同書、同頁。
（42）戸田恵子『アンパンマンになりたい私 笑顔の達人になる法』風雅書房、一九九四年、五〇頁。
（43）やなせたかし、戸田恵子『アンパンマンVSアンパンマン』フレーベル館、二〇〇〇年、一一六頁。
（44）前掲書『明日をひらく言葉』、一〇七頁。
（45）前掲書『もうひとつのアンパンマン物語』、五三頁。
（46）jasrac 2101541-101

おわりに

飲食はコミュニケーションであり、つながりであると、よくいわれる。

この著作での議論をつうじて、飲食のつながりの在り方、つまり飲食という行為が人をどのようなかたちでなにになげるかがみえてきたように思う。

それは、飲食は人と人をつなぐだけでなく、人を環境としての自然につなぐものだということだ。飲食の人と人をつなぐ役割については、これまでも多くの議論がなされてきた。だからこそ、人がともに飲み食べる共食がプラスの価値をになう行為として評価され、推奨されてきた。飲食の社会的側面だ。

この側面について、世間では孤食はよくないといわれがちだ。しかし、あなたがコンビニで買った弁当やサンドイッチをひとりで食べているとしよう。一般にはこれは孤食だ。しかし、そんな孤食の背後には、コンビニの弁当やサンドイッチを調理した人がいるし、それらの素材となる飲食物を育てた人がおり、さらにそれらをコンビニまで運んだ人がいる。

個人の意識では、あるいは第三者の目からは、孤食とうつる行為も、じつは多くの人の労働を前提に成り立っている。つまり、飲食はどこまでも人間集団の労働を前提にした社会的行為なのだ。

あなたが食べるものすべてをひとりで自給自足しているのではなければ。

いや、たとえ自分で田畑を耕し、自分で食べるものをすべて自分で作っていても、それが家族や協力者とともにおこなわれていれば、厳密な意味での孤食ではない。

そもそも肉体的にたいして強靭ではなく、大きな牙や身体能力にめぐまれないホモサピエンスが、共同で狩りや採集をして暮らしてきたことは多くの人類学者が認めている。

さらに、自分ひとりですべてをまかなっていても、そこでは飲食物をもたらしてくれる環境としての自然の存在が前提とされており、その自然にはたらきかけることで人は飲食物を手に入れる。

そう、飲食は自然へのはたらきかけであり、原理的に自然とつながる行為なのだ。

現代社会では、飲食物の消費と飲食物の生産のあいだに複雑な仲介項が介在して飲食物の生産の現場が見えにくくなり、飲食行為は自然から切り離される傾向が強い。しかし、それでもほとんどの飲食物が、自然に人間がはたらきかけてもたらされるという事実に変わりはない。

飲食は人間が生物として自然とかかわる生態学的行為なのだ。

こうして、飲食には人と人とのつながりという社会的側面と、人と自然とのつながりという生態学的側面の両面があることが見えてくる。前者はいわば人間同士の横のつながりであり、後者は自然と人間の縦のつながりといえるだろう（ただし、縦といっても人は自然の一部なのだが）。

これまで検討してきてように、日本の美食とフランスのガストロノミーの違いは、この両面のどちらをより重視するかという違いだった。

地球の持続可能性が課題となる現代において、ほぼ確実に飲食における自然とのつながりという側面が今後より重要な問題になってくることは容易に予想される。化学肥料や農薬への警戒感や有機農業の増加、食品添加物や遺伝子組み換え食品にたいする危険性への意識はそれをしめしている。

さて、この著作で議論を深めることができなかった問題もこうして見えてくる。

ひとつは、飲食における人と自然とのつながりの在り方である。この点については文化人類学者のレヴィ＝ストロースが『神話論理 III 食卓作法の起源』（原著一九六八年、邦訳二〇〇七年、みすず書房）の末尾で提示した「料理の三角形」をもとにすでにある程度の道筋をつけたものの（二章注85参照）、生態学的な物質循環の視点からさらなる分析と考察が必要だろう。

ふたつめは、社会的つながりにおいて、飲食は人をつなげる親和力だけでなく、人と人とを切り離す差異化力も有しているという問題だ。美食やガストロノミーはときにこうした差異化力として作用する。フランスの社会学者ブルデューが「ディタンクシオン」（差異化・卓越化）として概念化した社会的作用が飲食にはあるということだ。この点はまだまだ論じるべき内容に満ちている。

このふたつの課題を確認したうえで、最後にこの著作の刊行を企画し、構成まで考えてくださった編集者の小山香里さんと、二十年以上にわたってつねにわたしの健康と味覚を配慮しつつ毎日の食卓を整え、共食の相手でもある妻美紀子に心から感謝の意を表したい。

【初出一覧】＊加筆・修正をしたうえで掲載しています。

第一章　「共食と団欒――食事を楽しむ感性の誕生――」
『学術研究　人文科学・社会科学編』第69号、早稲田大学教育・総合科学学術院、二〇二一年

第二章　「日本人の飲食の感性を考える――美食と共食――」
『学術研究　人文科学・社会科学編』第67号、早稲田大学教育・総合科学学術院、二〇一九年

第三章　「ガストロノミーあるいは美食はどう語られ、どう実践されるか
――ガストロノミー・美食言説とガストロノミー・美食という概念――」
『学術研究　人文科学・社会科学編』第66号、早稲田大学教育・総合科学学術院、二〇一八年

第四章　「構造としての飲食――魯文の『安愚楽鍋』から鷗外の「牛鍋」へ」
『学術研究　外国語・外国文学編』第53号、早稲田大学教育学部、二〇〇五年

第五章　「日本人の飲食表現を考える
――『ぐりとぐら』『アンパンマン』『おでんくん』に見る飲食の〈感性〉と〈心性〉」
『学術研究　複合文化学編』第56号、早稲田大学教育学部、二〇〇八年

第六章　「いただきまーす！アンパンマン――日本的な飲食の感性を体現するヒーロー」
『ユリイカ』（8月臨時増刊号）青土社、二〇一四年八月

〈著者略歴〉

福田育弘（ふくだ・いくひろ）

早稲田大学教育・総合科学学術院教育学部複合文化学科教授。

1955年名古屋市生まれ。早稲田大学大学院文学研究科フランス文学専攻博士後期課程中退。1985年から88年まで、フランス政府給費留学生としてパリ第3大学博士課程に留学。1991年流通経済大学専任講師、1993年同助教授を経て、1995年早稲田大学教育学部専任講師、1996年同助教授、2002年より同教授。その間、2000-2001年に南仏のエクス=マルセーユ大学で在外研究。2016年4月から6月、パリ第4大学（ソルボンヌ大学）で在外研究、地理学科飲食のマスターコースでおもに日本の飲食文化についての講義を担当。

専門は、文化学（とくにポストコロニアルの文化と文学、飲食表象論）、フランス文化・文学。

著書に『ワインと書物でフランスめぐり』（国書刊行会）、『「飲食」というレッスン』（三修社）、『新・ワイン学入門』（集英社インターナショナル）など。

訳書に、ラシッド・ブージェドラ『離縁』（国書刊行会）、ロジェ・ディオン『ワインと風土』（人文書院）、ミシェル・ビュトール『即興演奏』（河出書房新社、共訳）、アブデルケビール・ハティビ『マグレブ　複数文化のトポス』（青土社、共訳）、ロジェ・ディオン『フランスワイン文化史全書』（国書刊行会、共訳）など多数。

ともに食べるということ ── 共食にみる日本人の感性

2021年4月26日　初版第1刷発行
2022年7月16日　初版第2刷発行

著　者　福田育弘
発行者　阿部黄瀬
発行所　株式会社 教育評論社
〒103-0027
東京都中央区日本橋3-9-1 日本橋三丁目スクエア
Tel. 03-3241-3485
Fax. 03-3241-3486
https://www.kyohyo.co.jp
印刷製本　萩原印刷株式会社

定価はカバーに表示してあります。

落丁本・乱丁本はお取り替え致します。

ISBN 978-4-86624-038-1